# 打狗漫騎

## ——高雄港史單車踏查

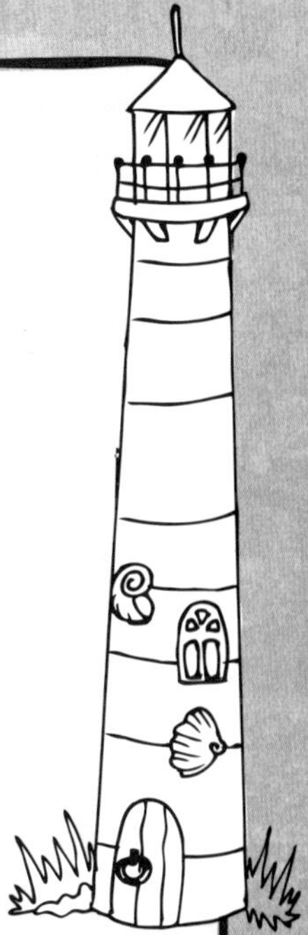

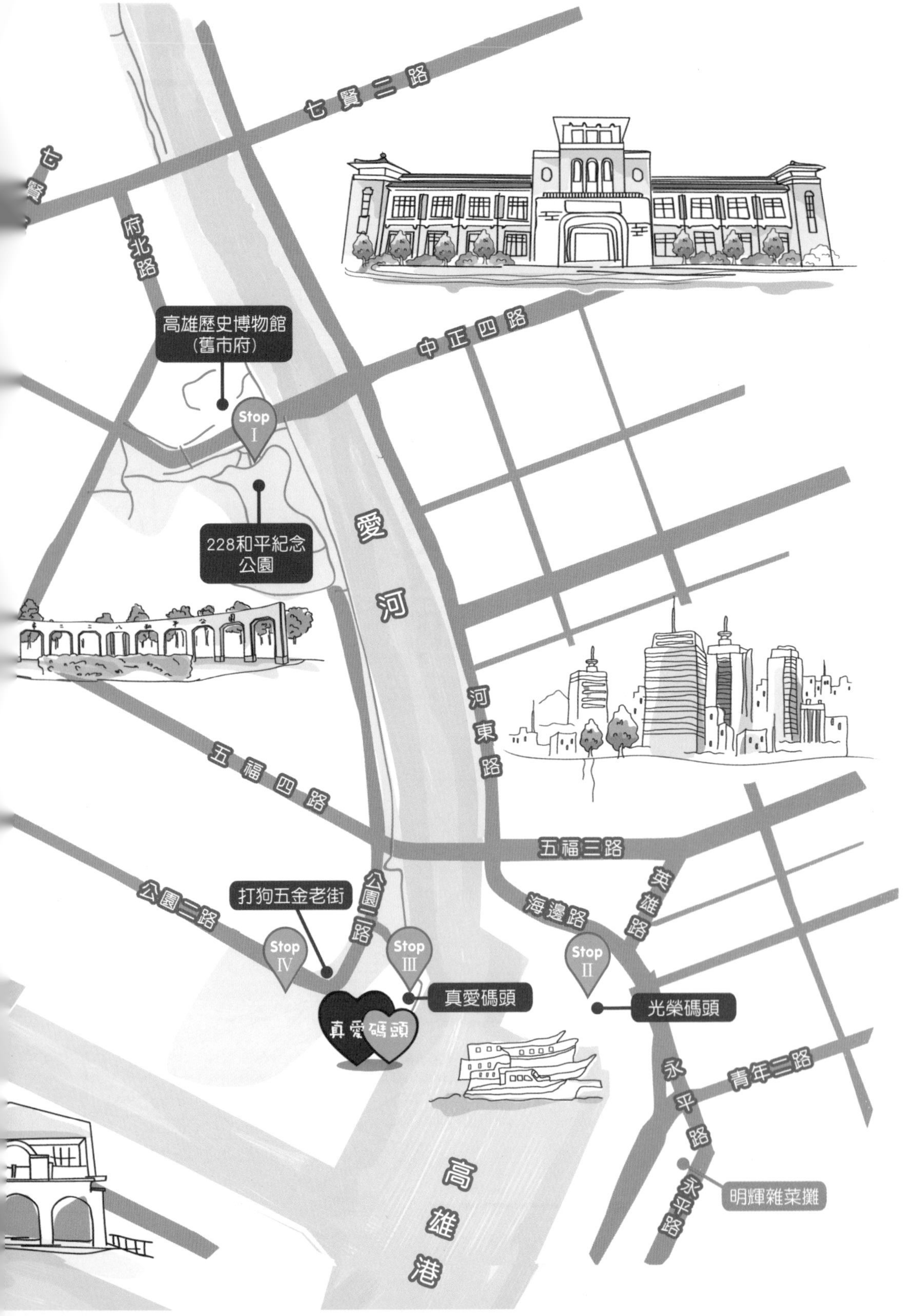

七賢二路
七賢
府北路
高雄歷史博物館
(舊市府)
Stop I
中正四路
228和平紀念公園
愛河
河東路
五福四路
五福三路
公園二路
打狗五金老街
公園二路
海邊路
英雄路
Stop IV
Stop III
Stop II
真愛碼頭
光榮碼頭
真愛碼頭
永平路
青年二路
高雄港
明輝雜菜攤
永平路

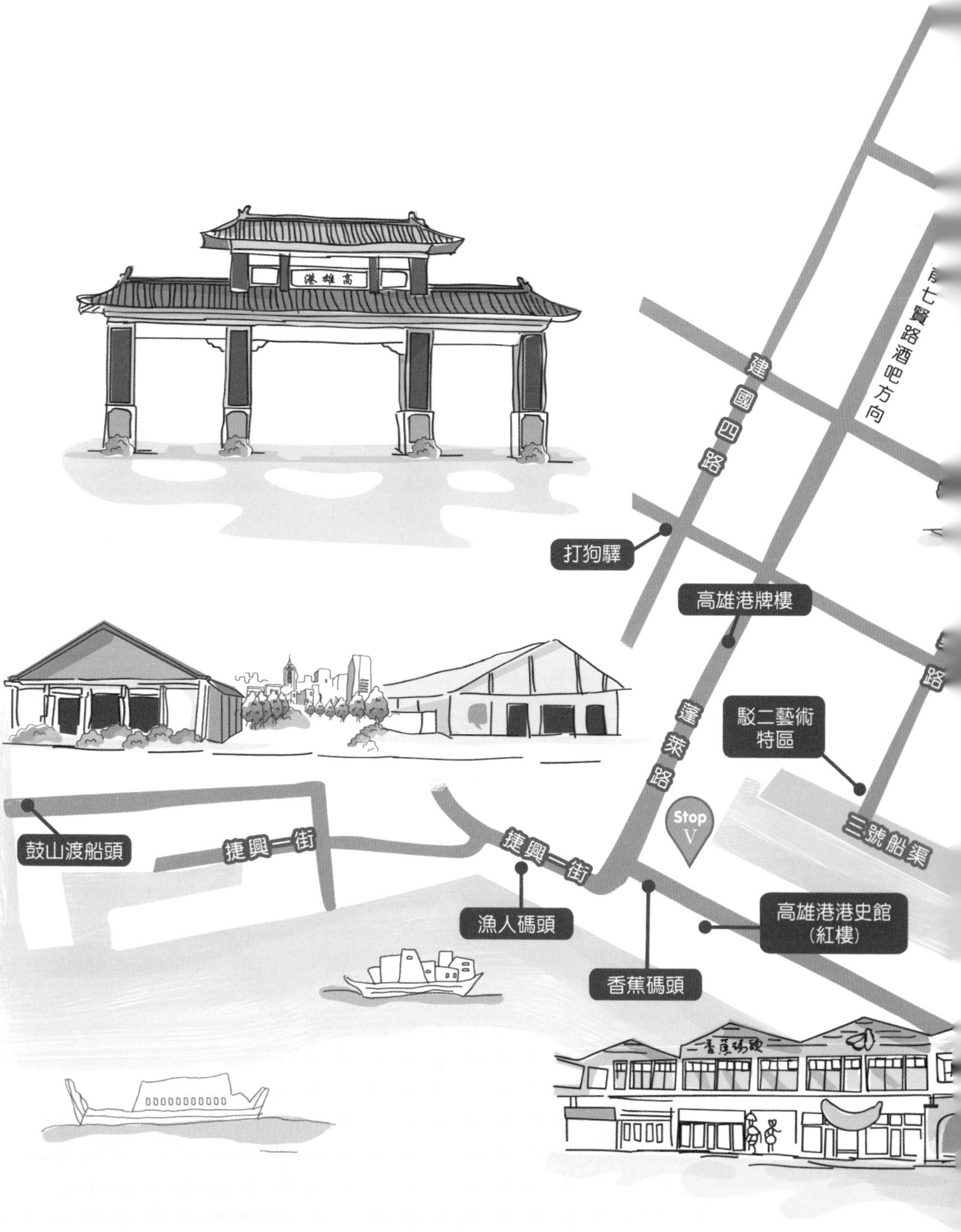

高雄港
七賢路酒吧方向
建國四路
打狗驛
高雄港牌樓
蓬萊路
駁二藝術特區
Stop V
三號船渠
鼓山渡船頭
捷興一街
捷興一街
漁人碼頭
香蕉碼頭
高雄港港史館
(紅樓)
香蕉碼頭

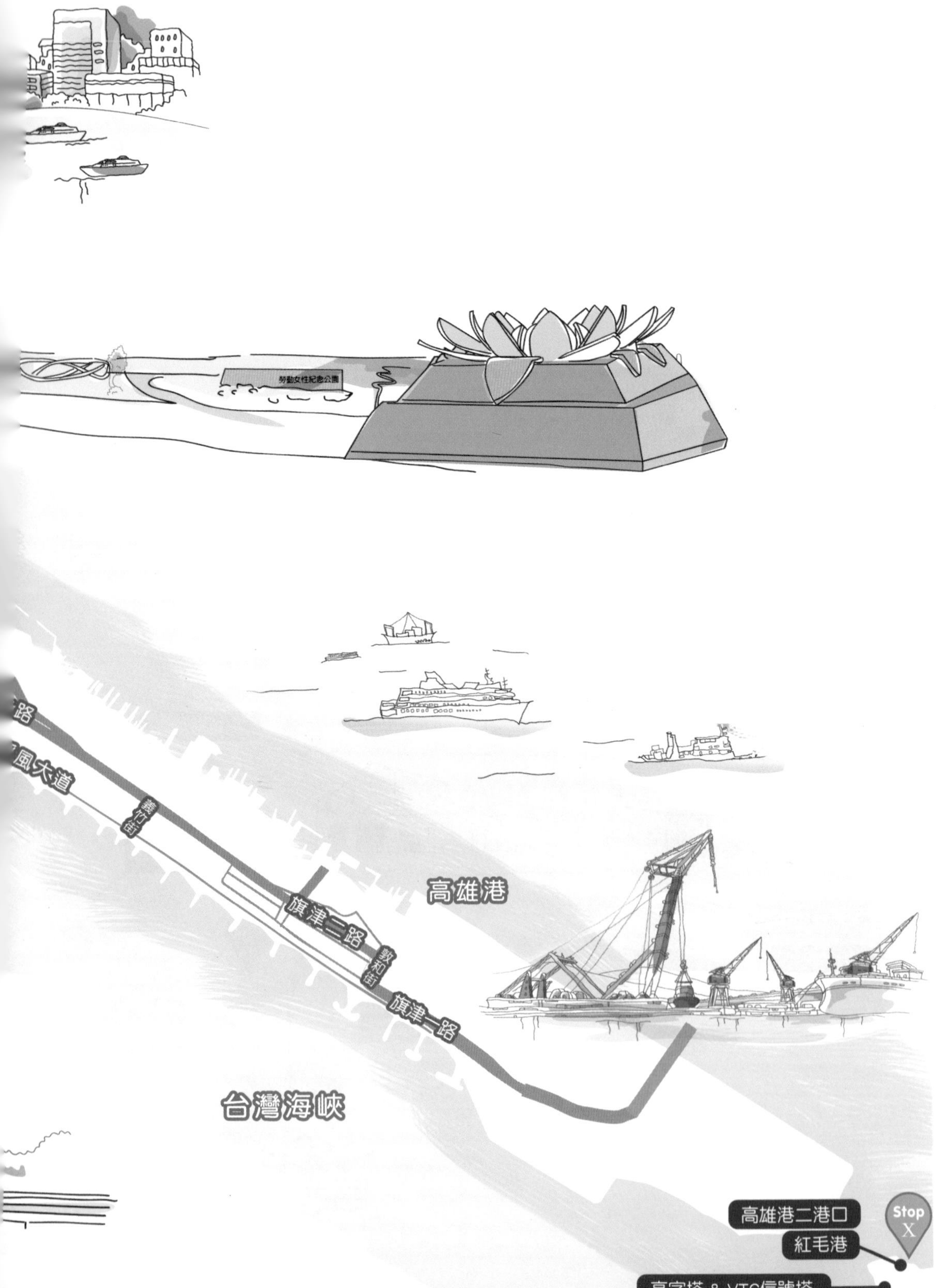

勞動女性紀念公園
路
風大道
高雄港
旗津二路
敦和街
旗津一路
台灣海峽
高雄港二港口
紅毛港
高字塔 & VTC信號塔
Stop
X

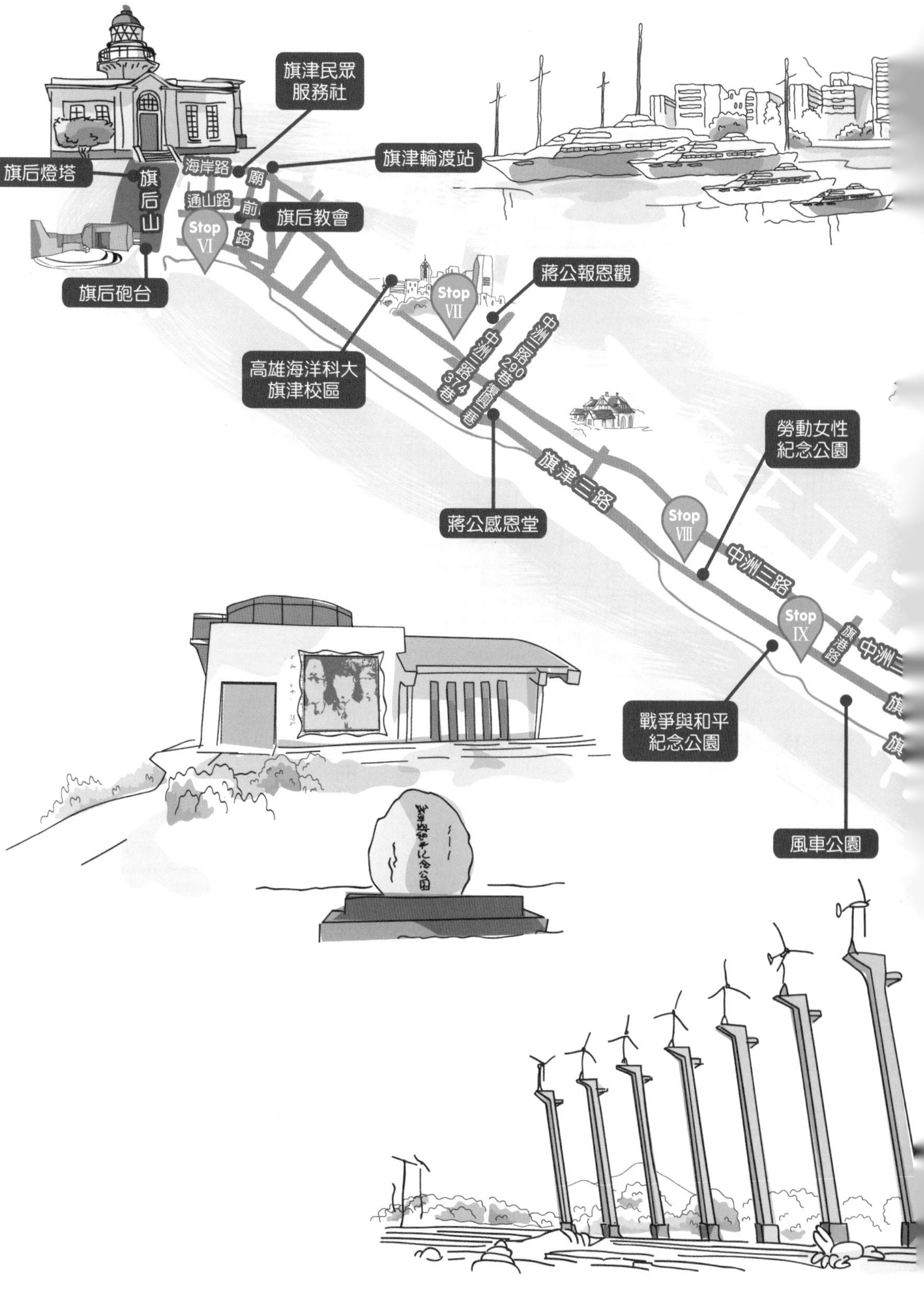
旗津民眾服務社
旗后燈塔
海岸路
旗津輪渡站
廟前路
旗后山
通山路
旗后教會
Stop VI
旗后砲台
蔣公報恩觀
Stop VII
高雄海洋科大旗津校區
中洲三路374巷
中洲三路290巷
蔣公感恩堂
旗津三路
勞動女性紀念公園
Stop VIII
中洲三路
Stop IX
旗港路
戰爭與和平紀念公園
風車公園

# CONTENT

# 序一

高雄市長 陳菊

高雄市是一座具有特殊魅力的城市，陽光、海洋，與熱情的人們，交織成我們的城市意象。尤其是我們的高雄港區，從鹽埕、鼓山到旗津，一方面它既是台灣最重要的港口、國家的門戶，同時它也是獨具色彩、風情萬種的老高雄。

陳奕齊的《打狗漫騎：高雄港史單車踏查》一書，帶著我們以二輪漫遊，行過城市的時空走廊，看見現代的風情，也看見歷史的足跡。在負笈歐洲多年後，回到他深愛的故鄉高雄，奕齊以他深厚的人文底蘊，帶著深情的眼眸，觀照高雄港區的百年歷史。這其中，有在地回憶的詳實陳述、有社區文化的深入探掘，當然也有關於城市建設的種種反思。

這些年，我們也致力於單車城市的創造，自行車道總長度至二〇一四年底，已經達到七百五十五公里，蜿蜒於高雄的每一個角落，相信所有讀者，也可以隨著書中奕齊的腳步，一起來鐵馬迎風，遨遊高雄港區，體會港都采風，相信絕對不虛此行。

當然，從港區的歷史演進，我們可以看見，對於都市發展，一路走來，在這片土地上的人們，也都未必有著完全一致的想像。一方面，有許多市民期盼透過景觀建設的更新，創造地方再發展的契機；另一方面，也有許多市民珍視歷史記憶，期待透過文化資產的保存，發現城市固有的生命力。期待我們更能透過深入的公民對話、實踐草根民主，在新與舊之間、城市建設與記憶保存之間，謀求新的平衡點。

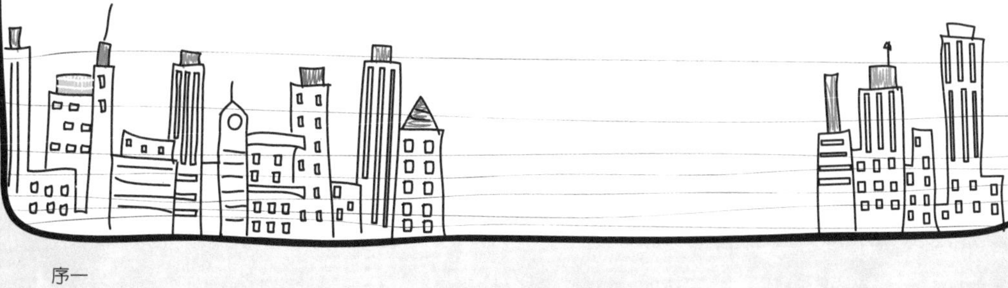

# 序二

醫生詩人、前南社社長　曾貴海

這是一本可讀，可收藏，可指引旅者的好書。

作者在自序中坦言本書是一本高雄港區的深度與知性旅遊ＤＩＹ，也是高雄發展身世的閱讀，企圖透過歷史變遷，重構台灣戰後史觀的詮釋文本。因此，我認為替本書做延伸的理解式導讀，不能幫忙讀者打開更明亮眼光的「一點靈」，只能靠讀者投身其中，獲得相關的知識，了解高雄港的身世和歷史脈絡，才能在被遺漏的縫隙中，尋求更周全的理解和詮釋。不過，這是一本富有情節的旅遊誌，它的故事性與趣味性十足，更富含對勞動者的人文關懷。因此，它不只是一本知性的旅遊書，更是詮釋城市歷史的著作；書中採用的田調、文獻和採訪的資料異常豐富，也成了生動的敘述材料，更像小說般鋪陳出感人的情節，它不但立足於地方和當事者角度的觀點，也沒有淪入形而上學理智直觀的調性。

西方哲學中的idea（理念）來自ide（看）這個動詞，原意是看到的東西，idea是由心靈的超然旁觀產生的認知，而「看到」則是側重接觸。因此，作者的單車和眼視，組成了他的看觸，而田調、文獻和採訪則組成了知性的部分。也因此，除了知性的史觀重建外，本書還有作者親身接觸的感性體驗，甚至在歷史的微暗中，不斷地與歷史的過去和現在互相觀看對話，這些「看」，或隱或現地在各個篇章中，如「勞動女性紀念公園」、「戰爭與和平紀念公園」、「愛河」等章節，帶領讀者進入地方的情感倉庫，尋找藏匿的記憶，重新體驗社會

結構變遷的悲喜苦樂。

M. Hedegger（海德格）被認為是影響地方感最重要的哲學家，他認為存在乃是扎根於地方的存在，而Harvey則認為地方只是暫停，每個移動中的暫停，使「空間」得以轉變成「地方」，但地方並不允許多少存在的歸屬感，「經常」總是隨著創造、維持和崩解的過程而變化，這些變化固然牽涉到資本主義下地方建構的政治經濟學，而形塑了歷史的樣貌，但地方也自行在差異中建構了自己。

本書是一本立足於庶民立場的生活史觀，旁徵博引，結構流暢，視野廣闊。希望它是開啟高雄歷史真相的一張拼圖，透過旅遊與地景的故事，展開深度閱讀大高雄歷史開發的卷軸。

希望每個高雄市民都能閱讀這本書，獲得更深沉和更廣闊視野的素養，並引發社會建構的參與熱情與動力。

# 序三

皮膚科診所醫師 蔡炳煌

奕齊將本書初稿給我「先睹為快」時，我太太就先搶去看。因為長期以來，我忙診所業務，對於共同的嗜好——讀好書，向來都是「婦唱夫隨」，太太以其「一目十行」的功力先「掃描」、「篩檢」一遍，三個「讚」的，就推薦我看。

一夜挑燈，隔天太太便鄭重宣布，「豈止三個讚」所以「非看不可」！除了文筆優美、內容充實有趣且可信之外，書中穿插的「歷史一點靈」，簡直比小說還精彩，讓老花眼也像用了一點靈目藥水一樣，徹夜亮晶晶！

剛好隔天禮拜天晚上，五歲半的孫女怡津在真愛碼頭上團體直排輪課，我們一家照例都會去加油湊熱鬧散步吹海風。我就把書稿帶著，到那邊找燈光通明又有座椅的地方「夫唸婦聽」，把有關真愛碼頭的內容唸了一遍，時而稍停，舉目四望。或遠或近、或明或暗、或幻或真，像似走入時光隧道，走入海底，翻攪起沉澱的歷史。遇見海蟑螂，遇見大諧星，遇見叱吒風雲的政治人物，從絢爛而迅速枯朽的皇宮美夢看到高雄的經濟體質，從電影情節般的各種事件中，體會先民血淚汗交織而成的生活滄桑。

就這樣，對我來說，「真愛碼頭」由「名詞」變成了「動詞」，由「風景」變成了「故事」，由平面的「地理」乘以「歷史」的縱深，而像一幅肖像被吹了一口仙氣，變成活生生的人一樣！

在診所，常聽自己對病人說「走好了病」。不管內科病皮膚病，適當的運動的確有益疾病的治癒。又所謂「上醫醫國」，咱台灣福爾摩沙先天不錯，但「後天失調」，中毒外傷百病纏身一直在渴求良醫。其中一種很嚴重的「台灣病」就是滿腦袋盡裝「三天地外」的「如夢似幻」的「錦繡河山」。近廟欺神，對於自己的五臟六腑生做啥款卻一點也不關心，只顧吃喝拉撒，取之用之，汙染破壞之，靠它活著卻一點敬畏感恩都沒有！

治療這種「忘本病」是「走為上策」，這不是落跑，而是用雙腳去「親吻」我們「自己的」土地。運動之外，加上服用這帖活血行氣排毒醒腦的良藥——也就是奕齊這本厚實有料，「吃」了保證有效的書，由高雄港出發，一步一腳印，走出整個台灣的甦醒與強健！

「走馬看花純散心，上車下車隨人行；吃吃喝喝忙血拼，回家胖了N公斤。」與「做點功課再出門，史地人文有概念；吃喝行走皆保健，知性感性兩得兼。」相信大家都會選擇後者。誠如書中建議的「服用之法」，空腹飯後也好三餐臨時也好，「有呷一定有走氣」！這本書絕對能讓你認識「自己的土地」，終而認識「你自己」。很快地，你將成為一個「有意識」的高雄人、台灣人，或，「高港遊」的「嚮導達人」！

# 序四

高雄醫學大學性別研究所退休教授　成令方

當你帶外地來高雄旅遊的朋友，沿著愛河水岸遊走觀光景點時，你說得出各個景點的故事嗎？承認吧，絕大多數的我們，滿腦一片空白！承認吧，我們對這城市的理解，其實非常膚淺非常片面。

很多人就立刻拿出手機，請教谷歌大神。但大神的資訊，是沒有社會脈絡的片段訊息，很容易看過後從記憶中流失，也沒法和這本書中豐富有趣的故事相比。要理解一個城市的景點，需要這些景點對我們說出有感覺、有意義的故事，故事在我們的記憶中生根，然後每一個人都可以加上和自己相關的故事，讓這城市這景點活起來，成為我們共同的故事。有趣味、有生命的故事，就像一首歌，不斷向在地人、漂泊遊子或尋鮮探密的旅行者，呼喚出內心的渴望，於是歌聲繚繞。這本書就像是值得珍藏的歌譜，百年世代的讀者在其中都可以找到自己會哼唱的歌。

我們很多人都愛唱情歌。這本世代歌集的第一章「愛河」故事，有本省女子和外省男子的戀情遭女方父母反對，男女相約綁繩殉情，結果女方溺死愛河，男方解開活結掙脫的情節。這樣的殉情故事有省籍矛盾，也有男方的陰謀，還有揭發真相的記者竟被視為是「破壞基本國策」，被整肅成階下囚。

情慾流動的歌曲在解嚴前，其實一直在暗夜中沸騰銷魂。愛河岸邊的日治時代酒家、民國時代的公娼館、韓戰越戰期間供美國大兵放鬆的酒吧，都與當時的國際局勢與國民政府政策有密切的關係。參與其中的女性，隨著年代的變遷，除了本地籍，還有山東青島的移民、

原住民，以及東南亞籍女性。慾望流動，不僅是女人個人的歌曲，也是性產業相關商家討生計的歌曲，還穿插著黑道保鏢勢力（例如左營海軍子弟組的「海兵幫」）囂張鬥狠的歌曲，以及美軍離開後留下的台美混血兒悲傷的歌曲。

這些羶色腥的小故事好似小報的八卦版，其實是陳奕齊精心編織出來的歷史故事大網。他以當時的東亞政治、國民黨的獨裁治理為經，以政治經濟、族群矛盾、性別關係、社會組織、文化風氣為緯，讓讀者看到情慾交流世界的各個面貌。

除了愛河，《打狗漫騎》還帶我們理解，曾經是軍港的13號碼頭（現在親水休憩的「光榮碼頭」的一部分），有抽中「金馬獎」兵役的心碎情歌，也有碼頭苦力聚集形成的「雜菜攤」餐飲故事。12號碼頭就是現在的「真愛」碼頭，當年是走私船來品的入口，也是髒臭油污垃圾的「黑龍江」，還存有曾經是頂級餐廳「海上皇宮」的殘骸，每一個節點都有經濟發展的痕跡。

來到第四個景點鹽埕區，因曾經風光一時的拆船業而發達的五金街。我們聽到的故事有影帝柯俊雄父親的牛車運輸工會，有船隻爆炸嚴重死傷，還有不顧拆船工人工安，以他們廉價生命堆積出來的拆船王國榮景。

書中有十個景點，每個景點都是由十多個小故事編織而成。每一個小故事都引用學術研究的參考資料，每一章的故事都是由近百個註解堆積起來的，但完全沒有學術論文的厚重難嚥，行雲流水輕鬆的筆調，只有具個人魅力的說書人可以辦到。陳奕齊就是這樣的奇才。

這本具有多元功能的書，可以和父母長輩、同學好友、子女晚輩、旅遊探索者分享。更重要的是，我們可以藉此認識國境之南這座大工業城「百年風華」的美麗與哀愁。大力向各位推薦，可以放一本在床頭。

# 自序

陳奕齊

我一直相信，「旅遊」可能會改變一個人，只要我們用「旅者／旅人」（traveler）的心情，而非走馬看花、吃吃喝喝的「觀光客」（tourist）姿態。而改變一個人最劇的旅行個案，我想，非拉丁美洲浪漫的革命家切．格瓦拉莫屬。

一九五一年，患有氣喘的二十三歲醫學院學生格瓦拉與死黨阿爾貝托，以一輛摩托車滿載行囊和無限憧憬，親身體會這個受到殖民者蹂躪五百年而傷痕累累的拉丁美洲大地，以及親炙這大地上依舊深受苦難不義鞭笞的眾多生命。這是革命前夕的摩托車之旅。

現實上，如格瓦拉者畢竟少數，吾人不奢求旅行可以改變一個人，並產生「知行合一」的效果，但期待至少透過旅行能有「知易行難」之功能，並加深我們對於所處城市歷史脈動的認識。不幸的是，或許拜電子跟數位媒體媚俗傳播之賜，抑或是台灣人長期過勞之故，讓台灣人的旅行次數與機會雖然增加了，但仍僅止於一路的吃吃喝喝。若吃吃喝喝之旅可以昇華成為一國飲食文化的催生動力也不錯，但看下來，暴發戶式的大吃大喝，似乎仍是台灣民眾觀光模式的主旋律。

於是，膚淺的活動式人潮，湧向了各觀光景點與現場，宛如一陣蝗蟲過境之後，便「揮揮衣袖，不帶走一片雲彩」，徒留滿地垃圾。至於以媚俗熱鬧的活動抵換選票的政府，不只任憑那些曾留下各種歷史足跡的現場無端消失，更有甚者，則常以發展為名，淪為城市歷史

文化的主要殺手。學者說這是「發展主義」之弊；我則認為，此乃是「無知」所導致，以為「發展」只能有一種長相跟想像。惡性循環之下，不要說城市裡的「知性」旅行，連可以在城市悠哉探險、品嚐城市的獨特風味，以感受城市的心跳呼吸聲，都在這種「躁動式」的觀光人潮急速湧入與快速退散之間，讓原可雋永體會與細緻品味城市紋理的心情，也都不可得了。

此外，近年以有閒階級品味所帶動的單車小摺風，在高雄市不斷地蔓延、拓染開來。市政府也隨此風潮加速單車道的修築，尤其沿著高雄港區的單車道，在假日或晚間，常會有許多單車族錯身而過。這種掠過耳際的單車「風」，是呼嘯的，而不是那種在城市大街小巷中穿梭的傳統鐵馬，由近而遠的「幾拐！幾拐！」聲。美其名是單車「休閒」，但這種休閒的內涵除了運動健身之外，幾乎與城市的呼吸脈動脫鉤，不再是城市紋理的一環，畢竟，在哪一個城市踩踏單車，似乎已無多大關聯，只有單車道的好壞之別罷了。

城市不該是外在於我們的「他者」，不該只是一個容器，單純地容納各路逐工作而落腳或離去的流動者。流動，曾被許諾成全球化之下的進步表現，駐足在地與深根則被視為是滯後與保守的。但是，連全球性的匯豐銀行都懂得喊出「global bank, local knowledge」，以實踐全球化的真實義——「全球在地化」（glocalization）之時，認識並凸顯出所居所住城市的獨特性，便顯得至關緊要，不是嗎？

基於以上種種心情與考慮，個人便心生寫一本可讓人藉由城市探險的方式，感受屬於城市的生命點滴，以此貼近城市呼吸與脈動的另類旅遊書。高雄人曾經頭疼的是，外地朋友來訪，可以帶他們去哪裡玩耍？雖然現在不同了，有好多地方可去可看，但問題依舊沒有解決：到愛河、到高雄港區是要「看」什麼？看河跟港嗎？這河跟港和台灣其它地方的河與港有什麼不同？那景致相較於國外的河與港，又有勝出之處嗎？為了解決「看」什麼的焦慮，我們還是得從高雄城市的近現代身世與故事之謎著手，否則「看」將只能停留於表像式的直觀「視界」，而無法成為歷史想像式的縱深「世界」。更何況，高雄港區此刻正因許多工程而處於外觀巨幅變動之期！

因此，這本以具體場景或地點來拉開高雄港歷史身世卷軸的書籍，便如此誕生。過去十年中的大部分時間都滯留在海外，讓個人遲遲無法兌現帶領朋友導覽高雄港區的承諾。這本遲到五年以上的另類旅遊書，是個人將導覽解說落實為文字，創造出一種儘管「缺席」也可以導覽的可能性，以彌補長期以來虧欠朋友的芭樂票。

配合高雄市的單車風潮，以及市府的單車道興建，本書「站點」的選取，幾乎都是以單車可輕易抵達的地點為主，希冀單車族能夠「內在於」城市，認識城市與親近城市，而非對於踩踏經過之處全然無感，而產生「外在於」城市的窘況。同時，許多站點也是市民或觀光客會造訪的景點，若能藉此讓造訪者更深刻地認識尋訪駐足之處所曾寫就的人文風貌，提供到訪者親近城市脈動與傾聽歷史呼吸聲的機會，那麼，不論歷史過往書寫的是美麗，還是哀愁，我想都會讓旅人更容易愛上高雄的。

本書因為有具體場景、地點可資造訪，並讓探訪者有歷史想像的起飛基礎，而可被當成另類的旅遊書籍之外，本書也是一本歷史書籍。但筆者並非歷史學者，側重的也不是城市編年史本身；再者，由於筆者本身的專業是政經社會科學，所以場景地點的歷史事件背後，筆者採取的是政治經濟與社會科學的角度，進行事件解釋與歷史敘事。因此，本書更像是一本戰後高雄政經發展的歷史書。如果高雄現代身世的譜寫，反映的是台灣戰後政經發展的城市微縮表現，那麼本書雖是以高雄港區為主，但隱而不諱的企圖，實是希冀以高雄港區之發展，以為管窺台灣戰後政經發展歷史圖像的潛望鏡。是故，本書是一本高雄港區的深度與知性旅遊DIY，也是一本戰後高雄發展身世的圖譜，更是一本由政經視角切入歷史發展，企圖重構台灣戰後發展「史觀」的書籍。

當然必須指出的是，個人認為歷史事件與現象解釋的取徑，不論是採取政治經濟學、社會學或文化人類學式的各種切入點，尊重史實乃是基本前提，這是本書以註腳附上資料出處的主要理由。此舉也方便那些想要在城市進行更深入探險的讀者，能以本書所提供之索引，做為進一步探深挖掘的基礎與可能。

本書的完成，得力於許多人的幫忙。怡萍的陪伴、造訪與照片拍攝，提供本書不少可「觀」的照片，一切點滴在心。此外，陳婉娥、姚開陽、吳庭和、何浩明、柯坤佑、陳以箴、周孟涵、洪琬棋、陳坤毅、李怡志、戰爭與和平紀念公園、旗山農會等朋友跟單位的協助，更讓本書蒐羅的照片更具可看性。好友翁緯華在舊報紙資料收集上的幫忙，不僅豐富了本書的故事內容，更可為史實的交叉比對之用，委實感動。同時，協同訪問與採擷口述歷史的伙伴：廖沛怡、詹力穎、陳婉娥、胡耿豪、孔瓊徵等，不僅讓本書歷史故事更具「人味」，也讓本書運用的歷史素材在檔案、舊報紙之外，有更多口述資料可供使用；當然，這一切還是得歸功感謝這些接受訪問的受訪報導人，沒有你們的生命故事，本書必定枯燥許多。至於，慨然贈序的前輩朋友曾貴海醫師與蔡炳煌醫師，對於他們的提攜愛護，銘感五內。還有陳美君的耗時校讀，大大降低本書疏誤之處，委實感恩。

值此台灣觀光業在國民與外人抵台旅遊推促之下蓬發，但國內旅遊卻在媒體全台飲食大發現的推波助瀾之下，幾乎淪為「吃吃喝喝蝗蟲過境旅」；至於外國人抵台觀光，則淪為廉價旅行團的「上車睡覺，下車尿尿吃飯兼拍照」。無論本國人或者外國人，從來就沒有正視過我們所居所住的城市，遑論傾聽屬於城市的歷史心跳聲。記得十八世紀的義大利劇作家哥爾多尼（Carlo Goldoni）曾言：「聰明的旅人，從來不會看低自己的家鄉。」這份心情，真的值得吾人把握學習。捫心而問，除了吃之外，對於我們所處的城市，我們又了解了多少呢？

就在準備啟程之際，想起英國親王菲利普那句名言：「觀光業？不過是國家在賣春！」（Tourism? It's just national prostitution!），然而這句尖酸刻薄的話，套在台灣，都仍嫌恭維；畢竟，我們連自己的「春」（可賣的優勢）在哪、是啥都不知道的時候，我們賣了身，還會被嫌髒，端看中國觀光客對台灣的品頭論足，便略知一二，不是嗎？

於小時候生活咖啡館

# 出發前夕……

一九九〇年代之前，親近高雄港是一件不可能的任務。圍籬屏障四周、檢查哨亭佇立碼頭入口，港區圍籬還配有幾處駐衛，高雄人對港口的想像，除了船舶進出的運輸經濟之外，高雄港猶如生活中的空氣一般，幾乎是一種無感的存在，遑論對「它」的認識。因此，二〇〇〇年之後，正當香蕉棚旁邊的「漁人碼頭」以休閒飲食的廣場向市民敞開之際，業者的宣傳廣告竟是以「解放五十年禁區」為名來吸引市民，實不用對此過度訝異。

而今，高雄港區開放了，環繞港區單車道的建設也日益完善，利用單車親近港區的市民與觀光客的確也增多了，但稍加觀察便不難發現，許多曾經寫下港區政經文史發展的有趣與知性景點，遊客不是匆匆而過，便是毫無感知，縱或偶有人潮聚集，也是受到定點活動舉辦所吸引，而非對造訪之處有所認識或產生歷史想像的共鳴之故。

是故，底下便選出十個可供駐足探訪的「站」為景點，據此引領讀者，用知性的想像走進每一景點，述說空間裡頭曾展演過的重要歷史，以攤開一幅相對較深入與全面的高雄港區身世卷軸。個人一直深信，對一個城市的認識深度，會決定吾人對一個城市的情感濃度，而高雄的現代身世，既然是由港區經濟活動開始寫起，如同日治時期的高雄市長松尾繁治（一九三四年九月至一九三七年十一月）所言：「高雄港是高雄的生命線！」認識高雄港，無疑是認識你我所處城市的年輪紋理的重要一步。

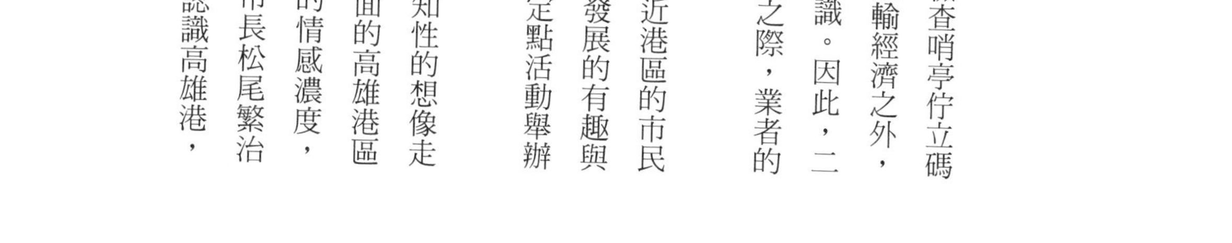

這十個所謂的「景點」，當中殊勝之處並非令人大飽眼福的驚豔景致，而是那些可供旅人用想像貼近、徜徉其間的人文與政經歷史風味。這十個站環繞著港區，在空間尺度上屬於廣義的港區經緯天地，可讓人眼觀港區內外；在時間刻度上，則可縱覽戰後高雄的歷史脈動。此外，我一直認為，歷史重要之處本非諸多事件的珠串堆砌，而是每個歷史事件背後展演的政經與社會文化意涵；換言之，我以政經跟社會人文視角對各事件進行庖丁解牛式的解剖，同時撇開博聞強記的歷史典故書寫，改以系統式分析、認識這個城市脈動的主旋律，為每一站重建歷史骨架。

本書每一站所寫下的故事，看似各自獨立與散落，但整體而言卻可拼湊出一個高雄戰後政經發展身世圖譜的梗概。再者，由於高雄屬於新興都市，打從日治時期高雄成為南進基地，並以軍需工業化發展伊始，再至戰後被打造成為台灣出口導向經濟的前哨站，沿循著高雄的發展足跡按圖索驥一番，則一頁簡略但五臟俱全的台灣戰後政經發展的歷史圖像，也能藉由旅程的行進與展開，盡收於知識的行囊之中。

## 本書服用之法

本書規劃的十站景點，是以愛河為起點，途經「13號光榮碼頭」，然後轉入對岸「12號真愛碼頭」，穿入公園路「五金街聚落」，直駛至「3號香蕉碼頭區」等五站。之後，搭乘渡輪抵達旗津島，開始旗津島的探訪之旅。旗津島的起點，則以旗后山為始，沿著中洲路往

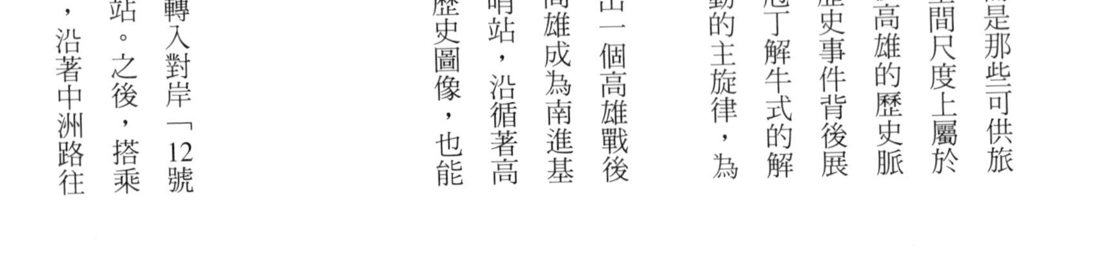

實踐里與復興里的「大陳聚落」而去；然後，前往旗津路上的「勞動女性紀念公園」，再探訪斜對面的「戰爭與和平紀念公園」，最後則沿著旗津海岸邊的踩風大道，直抵「二港口區」。

書中每一站所提及的場景，並不是侷限、固定的旅遊定點，而是讓旅人可按自己的需求與好奇心，自行按文找點。以第一站愛河空間為例，文字提到的場景包括河畔中正路上的「二二八和平紀念公園」、府北里最後一間公娼館、七賢三路僅存的酒吧、城中城等。

再者，本書是以單車為規劃路線的主要交通工具，旅人可以隨著單車的踩踏，進行每一站周邊景點的探險，串起更為立體的故事生命。事實上，站和站之間，也有許多景點可供尋訪，如愛河邊的高雄歷史博物館、位於公園路五金街與3號香蕉碼頭之間的「駁二藝文特區」，除了常有各類藝文活動和展覽可供尋訪之外，也有許多文創小店可滿足紀念品採購之需。又如從3號碼頭前往鼓山渡輪站時，哈瑪星的許多歷史老街廓與古蹟也頗值得一訪。由於這些景點資訊取得容易，因此書中便不再介紹。

此外，台灣人最熱衷的口腹欲望，也可以在這十個站所圈起的港區空間中找到各種小吃店家或攤販得到滿足。尤其愛河邊的鹽埕區，緊鄰的哈瑪星，以及旗津街上，隨時可見滿足觀光客脾胃的飲食。由於沿途隨時可見，本書也不另外筆墨提及；不過提醒讀者，請勿盡信觀光書籍所介紹的小吃，最好能用自己的味蕾為雷達指引，進行探險，必定會發現許多意外之喜。

最後，想攜帶本書出發的讀者，最好的服用方式便是先讀完這本另類旅遊書之後，從第一站啟程出發，進行高雄港區的知性探險。次佳的方式，則是抵達本書站點後，以放鬆的心

情閱讀每一站的介紹。

當然，讀者也可以分梯次逐一探訪，並以每站為點，進行更深入的探訪挖掘，寫出屬於自己的城市與港區探險心得。十八世紀英國重要的詩人兼作家山謬・強生（Samuel Johnson）曾表示，旅人若想要在旅行中帶回知識財富，首先則必須帶著知識去旅行。歐洲在旅人的眼中之所以為玫瑰色，乃是外來旅者可以在這一拐彎碰見某個熟悉歷史事件的場景，亦可能在下一個抹角處邂逅景仰之人的歷史足跡。於是，被勾起的好奇心，便會引領著我們想望曾在那片天空下的人物的心情，透過仍舊在那片天空下生活的人們的點滴，體會、感受那專屬於被造訪的城市的生命氣息。但，如果吾人對一切皆茫然無知的話，那歐洲的色彩味道，對我們而言，將只剩下精品與巧克力的顏色，不是嗎？

唯有帶著知識，旅行才會是一次優質的旅行，也才會如十九世紀的知名美國作家梭羅（Henry David Thoreau）所言：「一次好的旅行，將會帶來對『故鄉』價值的重新體認，並讓我們更能徜徉在其中。」讓我們用城市的「旅人」（traveler）而非「觀光客」（tourist）的心情與態度，來重新認識這個孕育我們的城市，這是本書之所以採用這種方式呈現的初衷與心情。

Stop

第一站

I

# 愛河

# 閱讀愛河的顏色

愛河，曾經是市民親水休憩之所，也曾以「黑水溝」之臭名，使人避之唯恐不及，更曾在二二八事件中，因血水染紅河面，見證高雄要塞司令彭孟緝與守備大隊陳國儒如何率隊百人以手榴彈和機關槍，沿著壽山、鹽埕區一路鎮壓至愛河畔的血腥歷史。

愛河從清澈見底的小河，淪為臭氣薰天的黑龍江，再到目前夜晚燈光灑下，河面便折射出片片波光灩影，猶如一支支迷人舞曲的美景。這樣的愛河夜晚，宛如蕩漾一派玫瑰色的浪漫，遠觀似剔透，近看則迷濛，好似晃動後的失焦與失真；實則是愛河猶如人生起落，交錯各種人生的故事。愛河的篇章，無須多愁詩人的襯托，只需如實的擁抱——不管那是美麗的一夜，還是哀愁的一頁！

▲有河流穿梭的城市通常很美。從這張愛河空中俯瞰圖中，向港口方向看去，分別是七賢橋、中正橋與五福橋。（圖片取自高市府都發局全球資訊網「空中高雄」）

## 愛河很政治——「黑色」的愛河？

愛河得名，源自一個美麗的誤會。原本愛河在不同的河段有不同的稱呼，直到日治時期整治這條產業運輸河之後，始有「高雄運河」的稱號；高雄市民慣以「愛河」統稱此河，則起因於一件烏龍的新聞標題。

據稱一九四八年之間，高雄市民陳木潘❶接手日人遺留的河面觀光遊艇，並由詩人呂筆起名為「愛河遊船所」，意謂情侶到此一遊，感情可隨河面遊船的搖曳而浪漫加溫。然而是年的一次颱風天竟吹落了「遊船所」，只剩「愛河」二字招牌孤懸空中。時至一九四九年六月二十六日，《新生報》高雄分社正式於鼓山區成立之後，某位從北部奉調至此的林姓記者在赴任之日，正巧發生運河浮屍命案並予以報導。於是，民眾一方面錯把孤懸空中的「愛河」二字招牌當成河名，另一方面是《新生報》林姓記者以「愛河浮起豔屍一具」的新聞標題

▲圖為一九六〇年代陳啓川擔任高雄市長時所發行的旅遊紀念明信片。彼時愛河尚稱乾淨，也是觀光客必遊之地。（陳奕齊收藏）

報導此事，引起各報跟進。再加上諸如「愛著卡慘死」的譬喻，抑或是洋溢著幸福滋味的「永浴愛河」等語，種種原因讓「愛河」之名不脛而走，也逐漸成為市民慣用的名稱。❷

順帶一提，現今因為網路資訊容易張貼、流傳變動的特性之故，遂讓烏龍催生愛河之名的報紙，有訛記成《台灣新聞報》之說。事實上，《台灣新聞報》乃是《台灣新生報南部版》於一九六一年六月一日改組獨立後的新名稱❸；雖說《台灣新生報》南部版與新聞報乃同源，並同樣隸屬省營「台灣新生報業股份有限公司」旗下，但基於改組先後之關係，《台灣新聞報》之說算是訛誤。

此外，愛侶殉情的故事，在國民黨威權年代中也不能亂報，否則牢獄之災隨時可能降臨。例如這位讓「愛河」得名的林姓記者，他在《台灣新生報》的同事姚勇來，便因為報導跳河殉情而惹禍。

話說二二八事件之後，蔣介石鼓勵台灣女子與外省男性通婚，藉此降低省籍矛盾。❹而一九五〇年在淡水河畔，果真發生一件跨省籍的殉情案。本省籍的女主角陳素卿與外省籍男子張白帆相戀，女子雙親雖不知男子已婚，依舊反對兩人的交往。於是，兩人遂相約綁繩跳河殉情，不過狡獪的張某在身上留下活結而獲救。

事後，媒體吹捧張某乃一大情聖，並對阻礙其交往的陳女雙親大肆撻伐；台大校長傅斯年等名人

碧波中結成連理
眞個是永浴愛河
一對少男女南遊後雙雙殉情
高雄愛河裏浮起微笑鴛鴦屍

好人陳清運
刑總送獎金

▶一九五〇年代的報紙，已經開始以「永浴愛河」為標題，報導在愛河殉情的新聞。（陳奕齊翻攝）

▲古早年代的愛河，已是市民跟觀光客造訪的熱門景點。（圖片取自Taipics.com，公衆領域）

更以詩為弔，發起「將陳素卿補葬台大校園」的活動。見獵心喜的國民黨特務，將此事加工成「本省外省的浪漫情史」，卻沒想到記者姚勇來發現事件中的諸多疑點，深入追查，終於揭露事件背後的秘密——原來這是張白帆藉以擺脫陳女的假殉情計畫！但姚勇來的真相報導一出，竟被視為是「破壞基本國策」之舉，招來特務不滿而將其列進安全資料，姚勇來也因此在一場整肅中淪為階下囚。❺

## 愛河命名政治學

正當「愛河」之名遠播全台，並成為許多不被祝福的愛侶殉情之地的同時，各種政治上的角力也激烈進行著，讓「愛河」被迫更名為「仁愛河」。

一九二三年四月，日本裕仁皇太子抵台視察遊覽，入住打狗山下的賓館。裕仁太子於四月二十七日離去後，正時逢太子壽誕，故台灣總督田健次郎將該賓館改稱壽山館，打狗山也一併更名為壽山。等到蔣介石轉進台灣之後，這般造神風氣不但不落人後，反而更加盛行。只要一到蔣介石生日，台灣社會必定掀起一波又一波簽名祝壽、懸旗結綵、打造富麗堂皇的壽堂、吃壽麵壽桃、鑄銅像獻壽❻、化妝遊行❼、祝壽美展、祝壽歌唱、祝壽猜謎、祝壽釣魚比賽❽等諂媚獻殷的活動，熱烈與瘋狂的程度一點都不輸當前的「廟會建醮」，恰似這廟「三月迎媽祖」，那廟「十月瘋蔣公」，以互別苗頭。

此外，十月是普天同慶的雙十和老蔣生日，任何觸霉頭的新聞都得小心過濾處理。如同資深記者盛竹如所言：「雙十節這天，不能發生不吉利的新聞，任何火警、兇殺、搶劫、車禍等社會新聞案件一律不播出，就連地震都不能發生。」、「十月三十一日蔣介石總統華誕，所有報紙的電影廣告，任何不吉利的片名都會被塗抹掉，例如『決死突擊隊』成了『〇〇突擊隊』……」❾當然，除了蔣介石誕辰之外，其連任總統之日也得「舉國歡騰」。在一九六〇年蔣介石三連任總統之時，新竹南寮國小的一群學童搭乘渡船橫越頭前溪，準備往學校參與活動，卻不幸發生沉船事件，造成二十多名學童溺斃之慘劇，但由於時值救星偉人的好天良夜，此事件果然成了當年報紙新聞

▶威權年代下，蔣介石誕辰可是舉國大事。圖中蔣介石笑得開懷，宛如早將念茲在茲的反攻復國大業拋諸腦後。（圖片取自Taipics.com，公眾領域）

◀一九六〇年，時任美國總統的艾森豪訪台，陪同的蔣介石宛如跟身旁的艾森豪炫耀其粉絲之衆。（圖片取自Taipics.com，公衆領域）

中「不能報導的祕密」。後來，前中研院院長李遠哲的畫家父親李澤藩，便用畫筆將心中對此事的鬱悶畫成〈斷我心腸（舊港翻船）一九六〇〉此一畫作。[10]

同樣與國民黨系出「列寧式政黨」[11]之源的中國共產黨，在二〇一二年十一月舉辦「第十八次全國代表大會」期間，即要求電視台播出的歌曲中不能有「死」跟「下」等不吉利的字眼，否則一律禁唱。[12]如果人類歷史是彼此的倒影，那從中共現今的種種荒謬行徑看來，不也是當年台灣威權政權離譜統治光景的映射嗎？

由於「十月瘋蔣公」的各種祝壽活動越演越烈，迎合統治者的創意發想益發困難，因此腦筋動得快的政客，竟開始用「獻公園」的方式來祝壽。例如一九七〇年十月三十日，台北市議會便通過楊黃秀玉議員的提案，把台北圓山公園正名為「中正公園」，並在公園內建造一座蔣介石銅像做為國人之精神堡壘，並為蔣介石祝壽。[13]在輸人不輸陣的情況之下，落居高雄的萬年立委黃玉明，也在同年矯情地以高雄市民身分發起請願運動，要求高雄市政府把「愛河」正名為「仁愛河」，「壽山」加乘為「萬壽山」，並在河畔興築「仁愛堂」，山巔打造「萬壽塔」，並敦請南部佛教高僧及三十位百歲人瑞舉辦萬人法會，發功加持遠在陽明山的蔣公，以期仁德蓋世之蔣公，能與山河並壽。[14]

事後觀之，黃玉明在高雄搞出來的套裝馬屁之舉，應可睥睨全台。因為一九六九年九月十六日下午，蔣介石車隊欲回陽明山官邸之際，不慎在仰德大道發生車禍，從此蔣介石的健康便每況愈下。[15]不過說來也離奇，不知是否偉人跟救星被叫慣了，真以為自己的命令可如呼風喚雨的神諭一般，早在車禍發生的前二十天，蔣介石便親自下了一道「手諭三軍『杜絕車禍』的指示」，要求在三個月內杜絕車禍發生，責成交通部主其事，並由省市相關單位、警務處與警備總部相互配合，否則將予嚴懲云云。[16]

結果，蔣介石手諭不僅無法阻絕車禍的發生，還在車禍中嚴重折損自身陽壽。因此，以河山雙報的壽禮、新建壽堂，與壽塔為玄異的「生基風水」之壽墳，再輔以高僧法會中的拔渡功德迴向與人瑞的共聚集氣，總算完成替蔣介石補運固元、延年益壽的生基改命之功。運用風水玄學做為包裝的政治文化，令人不敢恭維，高雄何其有幸，如此迎合統治者，堪稱「創舉」。

當然，愛河跟壽山的更名一定需要市長同意，時任高雄市長的楊金虎也因此樂於做個順水人情。而楊金虎乃是高雄市升格為直轄市之前，首位以選票打敗國民黨籍候選人陳武璋，以號稱「黨外」之姿榮膺市長寶座之人。[17]然而，我們不難發現這種諂媚的政治文化對政治人物而言，似乎是百利而無一害。畢竟非國民黨籍的楊金虎，在任內可說深受各種政治干擾，並深陷市府顧問洪劍鋒的「賣官鬻爵」案之中，於一九七三年二月卸任之後即遭收押偵辦，並求處徒刑五年，而後因病才以四十萬元交保。[18]此案經楊金虎一再上訴，纏訟至一九九〇年楊氏往生為止，官司仍未定讞。

事實上，楊金虎是否「賣官鬻爵」，我們並無法確知。但可以確定的是，從威權時期一路承襲下來，未經任何清理、重整的台灣法院，其獨立性與公正性原本就相當可疑。有的人收錢是政治獻金，有的人則是貪瀆，檢察官與法院不叩問「對價關係」的客觀證據，而改從想當然爾的道德瑕疵出發，並長期混淆道德上的「罪行」(sin)與法律上的「罪刑」(crime)之差別，讓台灣法律的公正性有受到「政治力」滲入的空間。

同樣的賣官行徑，起訴或不起訴的界線考慮，容易有政治操作的可能。但身處國民黨威權洗腦年代的楊金虎，在某種程度上卻也分享著「黨國高於人民」的意識形態。這一點無庸置疑，否則他怎麼會在「述競選市長的政見」首條即寫下：「(一)建設全省最大中山堂來報答 孫國父建國之大恩，建設全省最大中正像來報答 蔣總統復國之仁。」⓳之語？

如果這是威權年代下的制式作文比賽範本，尚可理解；但詎料楊金虎竟在卸任時的〈告別市民書〉手稿中，對於其所倡建的「中山堂」遲遲未見起步仍念茲在茲，而非向將楊氏拱上市長寶座的市民一一細述其未完之政治心志，抑或對其它洋洋灑灑十九條的政見兌現率侃侃而談？⓴

畢竟楊金虎政見第十一條即提出增加中洲輪渡船數量之承諾；設使當年楊金虎能夠兌現這項政見支票的話，楊金虎卸任市長半年後的那場造成二十五位加工區年輕女工罹難的中洲渡輪工殤死亡記事，

楊金虎還在關心政治
／邱國禎

楊金虎參加自由日慶典

高雄市的政壇耆宿中，參與政治活動時間最長，政治境遇最坎坷的，應屬已有八十四歲高齡的楊金虎老先生。隨着時光的飛逝，雖然有將近十年不問政事，但是，他的形象仍未被市民自記憶裏抹去，這使他老懷彌慰。

從民國二十五年當選日據時期第一屆高雄市會民選議員起，到民國五十七年六月就任高雄市長，六十二年因案下台後，而以「待罪之身」不再過問政治活動止，楊金虎在高市政壇馳騁長達三十八年。談起過去這段曲折、詭譎的過程，他總有不勝唏噓之感。

他形容自己八十幾年的人生是「波瀾起伏崎嶇重叠」，其中「不論成功失敗，譭譽褒貶，喜怒哀樂」，都是難以用筆墨寫盡，最近兩年來，每天下午他總喜歡頂着薄暮餘暉漫步於後

47

▲身陷「賣官鬻爵」官司的楊金虎，在一九八〇年出席公開活動時，黨外雜誌寫手邱國禎還為此寫了一篇文章。（陳奕齊收藏）

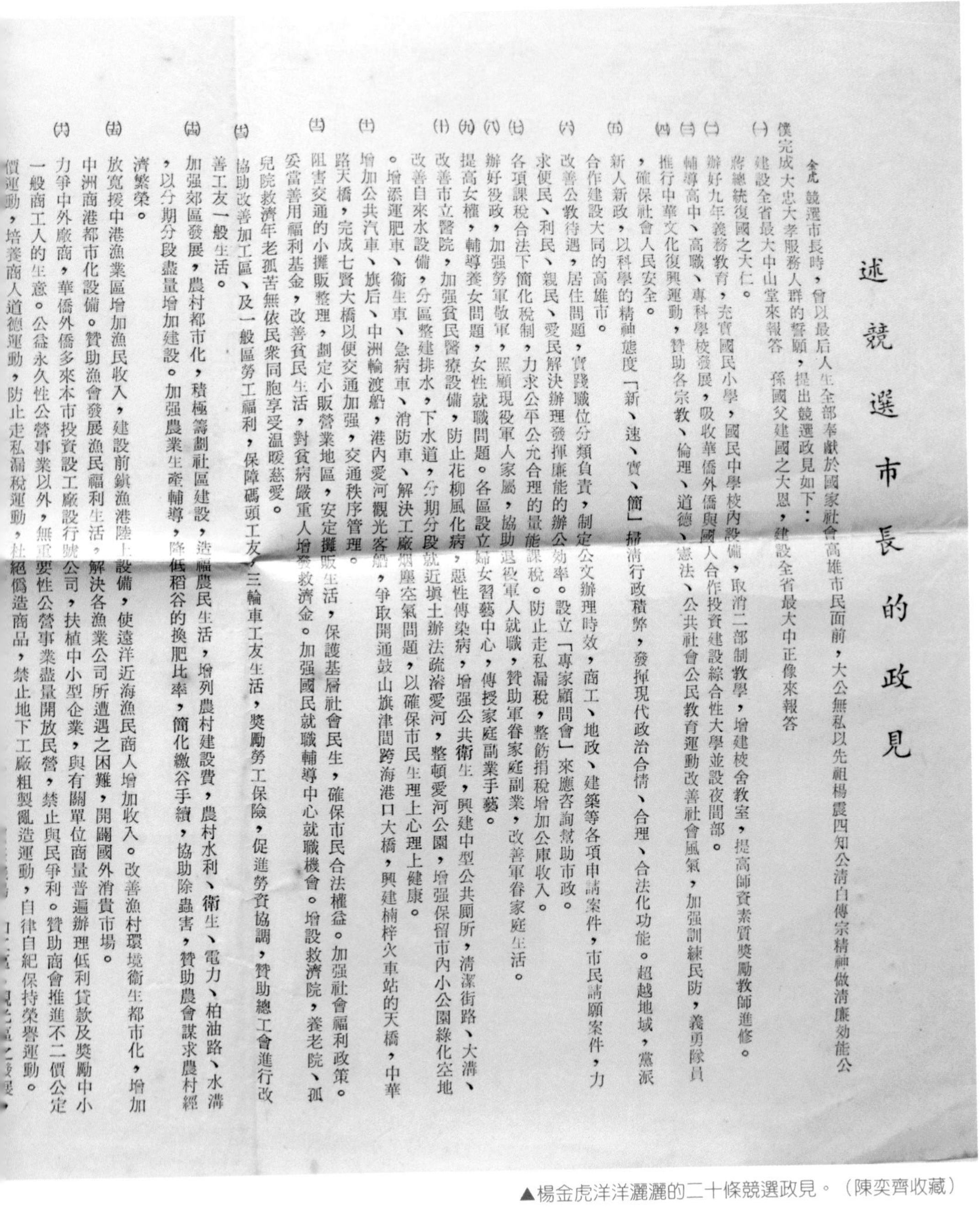
述競選市長的政見

金虎競選市長時，曾以最后人生全部奉獻於國家社會高雄市民面前，大公無私以先祖楊震四知公清白傳宗精神做清廉効能公僕完成大忠大孝服務人群的誓願，提出競選政見如下：

(一)建設全省最大中山堂來報答　孫國父建國之大恩，建設全省最大中正像來報答　蔣總統復國之大仁。

(二)辦好九年義務教育，充實國民小學，國民中學校內設備，取消二部制教學，增建校舍教室，提高師資素質獎勵教師進修。

(三)輔導高中、高職、專科學校發展，吸收華僑外僑與國人合作投資建設綜合性大學並設夜間部。

(四)推行中華文化復興運動，贊助各宗教、倫理、道德、憲法、公共社會公民教育運動改善社會風氣，加强訓練民防，義勇隊員，確保社會人民安全。

(五)新人新政，以科學的精神態度「新、速、實、簡」掃清行政積弊，發揮現代政治合情、合理、合法化功能。超越地域，黨派合作建設大同的高雄市。

(六)改善公教待遇，居住問題，實踐職位分類負責，制定公文辦理時效，商工、地政、建築等各項申請案件，市民請願案件，力求便民、利民、親民、愛民解決辦理發揮廉能的辦公効率。設立「專家顧問會」來應咨詢幫助市政。

(七)各項課稅合法下簡化稅制，力求公平公允合理的量能課稅。防止走私漏稅，整飭捐稅增加公庫收入。

(八)辦好役政，加强勞軍敬軍，照顧現役軍人家屬，協助退役軍人就職，贊助軍眷家庭副業，改善軍眷家庭生活。

(九)提高女權，輔導養女問題，女性就職問題。各區設立婦女習藝中心，傳授家庭副業手藝。

(十)改善市立醫院，加强貧民醫療設備，防止花柳風化病，惡性傳染病，增强公共衛生，興建中型公共厠所，清潔街路、大溝、改善自來水設備，分區整建排水，下水道，分期分段就近填土辦法疏濬愛河，整頓愛河公園，增强保留市內小公園綠化空地。增添運肥車、衛生車、急病車、消防車、解決工廠烟塵空氣問題，以確保市民生理上心理上健康。

(十一)增加公共汽車、旗后、中洲輪渡船，港內愛河觀光客船，爭取開通鼓山旗津間跨海港口大橋，興建楠梓火車站的天橋，中華路天橋，完成七賢大橋以便交通加强，交通秩序管理。

(十二)阻害交通的小攤販整理，劃定小販營業地區，安定攤販生活，保護基層社會民生，確保市民合法權益。加强社會福利政策。妥當善用福利基金，改善貧民生活，對貧病嚴重人增發救濟金。加强國民就職輔導中心就職機會。增設救濟院，養老院、孤兒院救濟年老孤苦無依民衆同胞享受温暖慈愛。

(十三)協助改善加工區、及一般區勞工福利，保障碼頭工友，三輪車工友生活，獎勵勞工保險，促進勞資協調，贊助總工會進行改善工友一般生活。

(十四)加强郊區發展，農村都市化，積極籌劃社區建設，造福農民生活，增列農村建設費，農村水利、衛生、電力、柏油路、水溝，以分期分段盡量增加建設。加强農業生產輔導，降低稻谷的換肥比率，簡化繳谷手續，協助除蟲害，贊助農會謀求農村經濟繁榮。

(十五)放寬援中港漁業區增加漁民收入，建設前鎮漁港陸上設備，使遠洋近海漁民商人增加收入。改善漁村環境衛生都市化，增加中洲商港都市化設備。贊助漁會發展漁民福利生活，解決各漁業公司所遭遇之困難，開闢國外消費市場。

(十六)力爭中外廠商，華僑外僑多來本市投資設工廠設行號公司，扶植中小型企業，與有關單位商量普遍辦理低利貸款及獎勵中小一般商工人的生意。公益永久性公營事業以外，無重要性公營事業盡量開放民營，禁止與民爭利。贊助商會推進不二價公定價運動，培養商人道德運動，防止走私漏稅運動，杜絕僞造商品，禁止地下工廠粗製亂造運動，自律自紀保持榮譽運動。

▲楊金虎洋洋灑灑的二十條競選政見。（陳奕齊收藏）

是否就能避免？何況，非國民黨籍的楊金虎，當年可是在輿論一面倒的抨擊聲下，倚靠著民眾無比的熱情，並凝結成盛況空前的選前大遊行隊伍，才奇蹟般地殺出國民黨的圍堵而當選的。㉑

無論如何，該是闔上愛河命名政治學的最後一頁了。愛河命名的風風雨雨，迨至一九九二年一月一日，市議會與市府順應民意，恢復了「愛河」與「壽山」之名後㉒，愛河的命名政治學終告一段落。

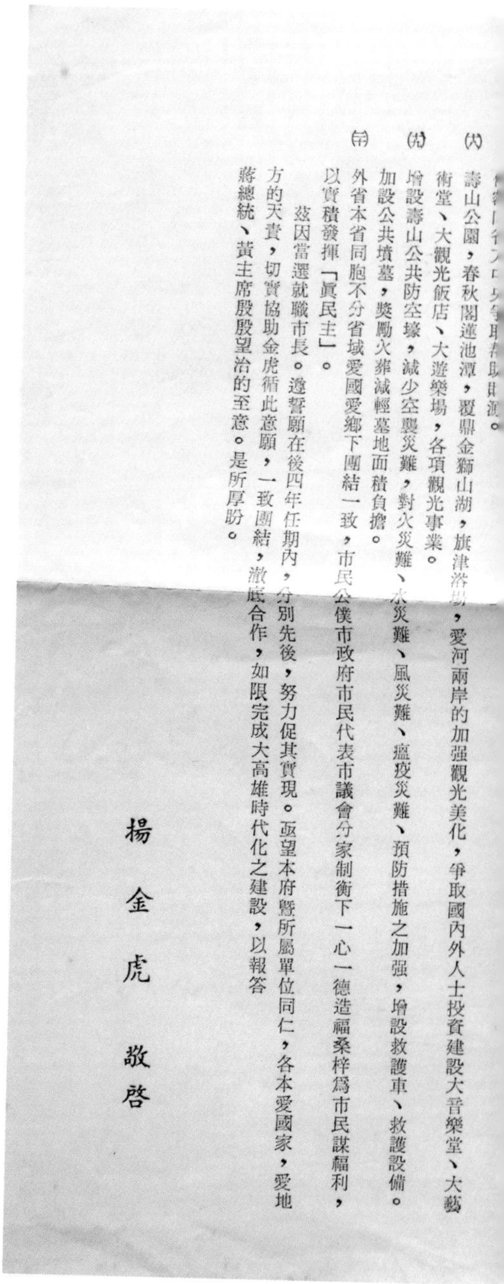
……財源。
(十八) 壽山公園，春秋閣蓮池潭，覆鼎金獅山湖，旗津浴場，愛河兩岸的加強觀光美化，爭取國內外人士投資建設大音樂堂、大藝術堂、大觀光飯店、大遊樂場，各項觀光事業。
(十九) 增設壽山公共防空壕，減少空襲災難，對火災難、水災難、風災難、瘟疫災難、預防措施之加强，增設救護車、救護設備。
(二十) 加設公共墳墓，獎勵火葬減輕墓地面積負擔。
外省本省同胞不分省域愛國愛鄉下團結一致，市民公僕市政府市民代表市議會分家制衡下一心一德造福桑梓爲市民謀福利，以實積發揮「眞民主」。
茲因當選就職市長。遵誓願在後四年任期內，分別先後，努力促其實現。亟望本府暨所屬單位同仁，各本愛國家，愛地方的天責，切實協助金虎循此意願，一致團結，澈底合作，如限完成大高雄時代化之建設，以報答蔣總統、黃主席殷殷望治的至意。是所厚盼。
楊金虎 敬啓

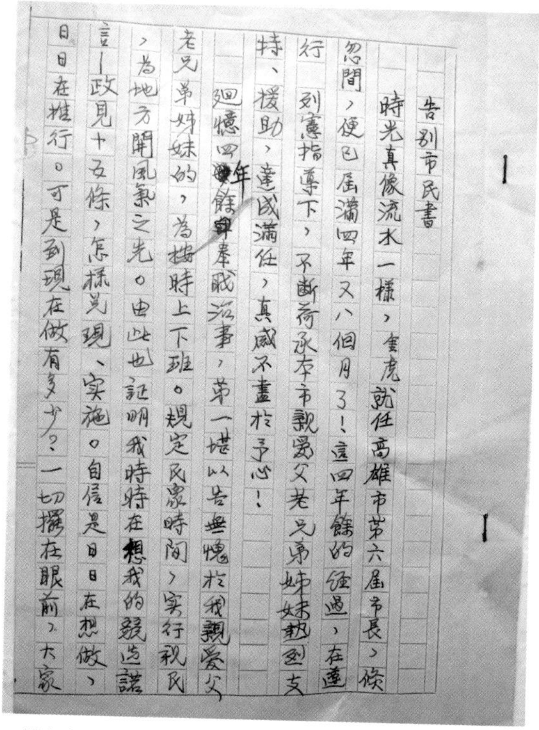
告別市民書
時光真像流水一樣，金虎就任高雄市第六屆市長，倏忽間，便已屆滿四年又八個月了！這四年餘的經過，在蓮行列憲指導下，不斷荷承本市親愛父老兄弟姊妹熱烈支持、援助，達成滿任，真感不盡於予心！
迴憶四年餘奉職治事，第一堪以告無愧於我親愛父老兄弟姊妹的，為按時上下班。規定民眾時間，實行親民，為地方開風氣之先。由此也証明我時時在想我的競選諾言—政見十五條，怎樣兌現、實施。自信是日日在想做、日日在推行。可是到現在做有多少？一切擺在眼前，大家

▲楊金虎因賣官風波下台之際寫就的〈告別市民書〉手稿。（陳奕齊收藏）

愛河原木政治學

一九六〇年代，正是政府開始鼓勵產業出口創匯，高雄加工出口經濟的號角聲響之刻。從菲律賓、印尼以及馬來西亞進口原木加工製造成夾板的合板業，也就在這個加工出口的黃金年代中替台灣創下可觀的外匯。為了因應原木大量進口，高雄港區裡頭的旗津8號船渠左側，便興建了高雄港的第一個儲（貯）木池，緊接著高雄港務局在一九七二與一九七三兩個年度，陸續在前鎮漁港對岸興建第二與第三座儲木池；於是，高雄港原本的漁民養殖業，就這麼隨著儲木池的興建而走入歷史。㉓

儲木池又被稱作杉木池，可以說是原木的碼頭倉庫。據說將原木浸泡在貯存池當中，不僅有助於原木的樹脂釋出，更可據此延長木材的使用年限。但由於進口原木有沉木與浮木之分：亦即放進水面會平躺伏貼的屬於浮木，原木本身頭重腳輕會導致垂直浮沉水中的，則是沉木。因此，在高雄港區裡頭，就時常會看見浮木下卸水面之後「紮排」，橫排以一根原木之寬度為限，豎排每排排面寬度不得超過十公尺，然後由一艘小船往前拖，拖往港區內的儲木池，或者前往與高雄港接鄰的前鎮河或愛河沿岸的儲木池存放。㉔

所謂的紮排，即是將浮在水面的浮木，前後左右用鐵絲釘緊互抓，形成一列前後相連的浮木船隊。但由於在水面下載浮載沉的沉木可能危及航行船隻，所以沉木通常是由駁船進行起卸。假如在進口的木頭上看見「S」或「X」的記號，就代表那是沉木的特別印記，必須特別小心這種木頭被丟放進水中而發生危險。㉕

當時在港區裡頭，卸完原木的碼頭工人會在紮排的一隊浮木上小憩或打盹，成了高雄港區特殊的景象。但由於水面上的浮木會滾動，有時碼頭工人或港務局的督工員在進行裝卸活動時，可能會不小心隨著滾動的浮木跌入水中，甚至被壓在下頭而發生溺斃的悲劇。

此外，由於原木長度很長，從船上吊卸至水面或駁船上的時候，往往會左右搖晃而甩傷底下指揮的工人，因此，原木吊卸必須將吊掛支點放在原木三分之一長的位置，讓原木形成垂直狀態，而非吊掛原木的中心點使得原木呈現水平而導致左右搖晃。職是之故，原木裝卸乃屬於相當危險之作業，稍有不慎就可能出現職業災害的死傷。

一九六二年初，台灣的合板出口還低於日本的出口量，但到了一九六三、一九六四年之時，台灣的合板出口已不亞於日本，從中可見台灣合板業發展的驚人勢頭。甚至在一九六六年之時，木材加工業者還曾遊說政府設立一個木材工業專屬的加工出口區。㉖當時，許許多多從高雄港進口的木材，便

▲一九六〇年代，中洲儲木池管理委員會的會員大會合照。（陳奕齊收藏）

Stop I 愛河

沿著愛河溯流而上拖往河岸兩旁的儲木池，等待加工製作成「三合板」之後外銷全球以創匯，其中最浩瀚壯觀者，莫過於佔地十餘公頃的內惟埤儲木池。

目前愛河旁的內惟埤與中都等溼地生態，都可說是拜當年儲木池之賜。一九六四年之際，高雄港激增的原木進口量造成儲木池的供應缺口，於是，愛河沿岸的廠商索性把愛河當成私家露天儲木場。

基於愛河河面整潔與秩序之維護，高雄市政府、市議會便擬了一份《愛河放置浮木管理辦法》，並送經台灣省水利局進行研討。同時，為落實此項辦法，兩位高雄出身的市議員便遠赴省水利局開會，結果吃了好大一頓閉門羹；高雄選區出身的省議員李源棧甚至為此大動肝火[27]，並在省議會猛烈質詢當時的省府水利局局長王道隆。[28]然而，此事件背後要說明的是，合板業做為賺取外匯的新興產業，雖然占據愛河，但省水利局無法放任市議會只從市容整潔的觀點出發，而阻礙了合板廠商以

愛河河岸早期景觀
台灣光復後，中都一帶成為合板木業工廠群聚的區域，河岸兩旁可見進口原木儲存於儲木池的景象。
民國50年代，木業工廠林立，河岸為儲木空間。右圖為顏水龍老師為林商號合板公司所創作之馬賽克作品，右上角為現今中都濕地公園位置。
▲民國50年代合板工廠儲木池景象
▲高雄市同盟路與十全路間的「中都溼地公園」設有解說牌，說明了愛河上游儲木池的身世。（陳奕齊攝）

及連帶的外匯掙取。這也是市港不合一的狀態之下，各級政府間必然會出現的施政目標無法協調的弊端。

原本高雄港的裝卸事務，長期以來一直被壟斷在港務局的棧埠處與少數幾家民營裝卸公司手中，但由於三合板加工業日漸蓬發，原木進口的卸船、紮排、拖運、繫帶與看管業務，逐漸成為龐大的利益商機。因此，省府便在《原木進口管理辦法》中一舉規定，原木進口後的相關裝卸與運送處理，必須按老規矩一律由公民營裝卸單位處理。但此規定一出，隨即引來李源棧的強烈不滿，而與高雄港的民營台灣通運公司董事長兼省議員黃堯在議會中以三字經互譙[29]，並相互「嗆賭」在議場外以拳頭為輸贏。[30]

事實上，社會科學界對台灣政治關注的一項主要議題即是：做為「外來政權」（émigré regime）的國民黨，如何能夠在異地求生，甚至有效統治台灣社會數十年。因此，黃堯與李源棧之間差一點上演全武行的爭議，其實是具體而微地提供我們關於「外來政權」的國民黨如何有效統治與經略異地社會的一種解答。威權時期，省議會是台灣人可以參與的最高議政機關，更是台灣地方利益的分配場域。但反對國民黨獨裁統治的「黨外」人士不好挑動敏感的威權政治議題，於是聚焦於更能引起大眾共鳴的經濟寡斷與壟斷特權事項上，大加撻

▲港史館義工李嘉璋伯伯解釋原木吊卸的技巧與過程，圖中的原木裝卸模型也是李伯伯的巧妙工藝。（陳奕齊攝）

伐。是故，少數獲得國民黨的經濟特惠待遇者，一方面在「政治忠誠與經濟利益」的侍從、抵換中成了國民黨的地方基礎㉛；另一方面，為了捍衛自身的經濟特惠待遇，此類問題往往也就容易演變成本地人士之間的攻訐鬥爭，國民黨可坐收「分而治之」（divide and rule）的統治效果㉜，讓「本土 vs. 外來」的爭議得以巧妙地轉換成「本土 vs. 本土」之爭。若學者研究為真，那愛河當年原木進口引發的爭端，無疑是幫大家上了一堂戰後台灣政經發展的課程。

## 愛河民主政治學

人類的文明，總是在大河流域的滋養下孕育降生。有趣的是，愛河畔也曾是高雄政治文明的搖籃推手。

早在政治只能壟斷在「只此一家，別無分號」的中國國民黨手中的年代裡，那些挑戰威權統治的異議者，便只能有一個面目——「黨外」。然而，歷史上對「黨外」的認識，除了幾位檯面人物所領銜的豐功偉業之外，我們對於民主化歷程背後，那些廣大但面孔模糊的基層小民，或以小額捐款、或以赤誠熱血擔任黨外「轎夫」，把「黨外」領袖扛進議會廟堂跟歷史舞台的小人物，幾乎相當陌生。

當年，愛河畔的中正橋與七賢橋附近的涼亭，正是孕育高雄平凡小民論政的民主天地。後來，這一群自發性聚集的民眾，變成高雄市最早的一個鬆散黨外基層組織——「民主廣場」。至於「民主廣場」之名，據說是來自於高雄市長陳菊的命名。

其實，愛河畔的涼亭裡，本就是基層民眾散工喘息、或黃昏時分納涼的好去處。自然而然地，在那威權官虎作倀的年代中，臧否政治成了小民共聚時的閒聊分享，如同廟埕廣場前的休閒活動一般。後來，許多在地的基層小民，便養成自發性集結在愛河邊涼亭「大話政治」一番的習慣。一九七九年十一月底，時任美麗島雜誌社工作人員的陳菊，久聞此處聚攏著一大群喜好批判政治的基層民眾，在好奇心驅使下，便由裡頭的「意見主導者」王滿慶陪同造訪。陳菊發現此地類似英國倫敦西敏寺地區「海德公園」（Hyde Park）的言論廣場，便隨口將之取名為「民主廣場」。後來，這個名稱成為這一群在愛河畔流動聚會的群眾團體的正式名稱，更廣為台灣各地黨外人士所熟悉。

雖然，集結於「民主廣場」的市民，大多社經階層不高，但這些經過「民主廣場」進修洗禮者，其政治意見的表達、政治資訊的流通與掌握，自是比尋常市井更為熟稔，自然成為各自朋友生活圈中的「意見領袖」。也由於「民主廣場」的伙伴散居高雄各地，又是各自生活圈中的重要意見主導者，因此，在那媒體資訊控管的威權年代，「民主廣場」這股草民傳播的影響力之震幅，自是不容小覷。

二〇〇九年，伊朗民眾利用新興的網路工具「推特」（Twitter）與「臉書」（Facebook），突破政府的資訊封鎖，動員集結起反威權政府的民眾力量，寫下一頁「推特革命」。與這新興現象雷同的是，在那沒有網路但資訊同樣受到過濾控管的年代中，高雄愛河畔「民主廣場」的小民們，利用傳統的「口語政治傳播」（gossip politics），穿透國民黨的資訊防火牆，展開一頁高雄在地版的「草民口語政治革命」。同時，「民主廣場」的活躍份子，從一九七〇年代到一九八〇年代高雄的黨外明星蘇秋鎮與張俊雄的選舉活動一路走來，幾乎是無役不與，一步步地扛著黨外明星，向威權的國民黨要回屬於人民的權利與權力。

一九七九年美麗島事件，迨至一九八〇年二月二十八日的林義雄家族滅門血案發生後，此地的政治性格開始受到情治單位關注。與此同時，「民主廣場」中活躍的意見領袖王永吉也因此受到情治單位以「為匪宣傳」交付感化三年，再再讓「民主廣場」的成員大幅衰退。但究其高峰期，「民主廣場」所聚攏的伙伴，可是高達兩百多人之譜。一九八二年十月之後，「民主廣場餐會」更是每月舉辦，讓愛河畔的「民主廣場」，成為推動高雄政治文明的那雙不可或缺的手。㉝

當然，隨著一九八〇年代的民主化進程，「民主廣場」便轉進各種組織或舞台中（例如「立委張俊雄服務處」），以及後來成立的民進黨之中了。不過，基層民眾利用散工或午後黃昏納涼的論政慣習，並不會一下子消失。除了傳統的廟口一隅泡茶幹譙政治的三兩人群之外，後來在高雄市「中央公園」的樹蔭下，也慢慢集結一群基層論政的老人家。但隨著謝長廷主政之後，城市光廊與捷運站的規劃設置，「中央公園」原本的傳統陳舊氣息，頓時換上年輕洋溢的氛圍，產生嚴重的文化落差與扞格，並逐步將公園樹蔭下基層老人論政的文化與群體驅離。

後來，雖在民生路與中山路的中央公園一隅設置「言論廣場」的圓形舞台，但裡頭欠缺基層草民能夠無拘徜徉的空間和文化慣習，於是，自發性形成的基層草民論政天地，就從城市的地景中蒸發消失，並遁回各自的屋裡，觀看各自屬意的談話性節目。但是，不論歷史如何演變，愛河畔孕育出的「民主廣場」及其所帶出的草根民主文化，早就一點一滴地滲進高雄民主政治文明的土壤中，並以養份的姿態，護持著這個城市與國家仍在學步中的民主！

## 愛河整治政治學

十七世紀的英國古典政治經濟學家威廉・配第（William Petty）的名言：「勞動是財富之父，土地是財富之母。」誠哉斯言；人類的一切財富果真來自於大自然的賦予，以及人類對這些賦予進行加工而得。事實上，我們對產業的一、二、三級的分類標準，也是依此而定：第一級產業乃是從大自然獲得，

▶早年愛河的景象。（圖片取自Taipics.com，公衆領域）

如農林漁牧礦；第二級產業則是在第一級的自然賦予之上，進行加工或製造成各種產品；第三級產業則是在第二級產業的產品基礎上，進一步使其變成消費者手中商品的一切過程，即一般廣稱的「服務業」。

然而，倘若是透過對大自然與生態盡情破壞，以及對勞動的無情剝削所得到的財富，某種程度雖然是立即可見的經濟成果，但背後付出的代價，恐怕更應該是我們必須加以正視的。例如拜愛河兩旁工廠數目飆升林立之賜，戰後高雄的加工出口經濟得到飛躍性成長，但愛河生機的破壞與流失亦就同步加快，並逐漸淪為市民厭惡，必須掩鼻而過的「黑龍江」與「臭水溝」。

一九五七年，第三屆高雄市長陳武璋就任之後，首創愛河龍舟競渡，隨著端午龍舟比賽的舉辦，愛河聲名更加遠颺。尤其在首屆龍舟競渡普獲好評之後，水上項目逐年充實，從划艇比賽到水上追捕鴨子，後來更增列陸戰隊的水中爆破等活動。但是在一九七〇年的水中爆破表演中，噴起的水柱與河底汙泥往看台上噴濺而去，驚愕的中外嘉賓隨即身陷一陣刺鼻惡臭，場面尷尬無比。儘管主辦單位想用「龍水賤衣」的好彩頭以化解難堪，但愛河罹癌的真相至此終難掩蓋。即使一九七一年的愛河龍舟競渡取消水中爆破，但是河水還是臭味難耐，龍舟比賽不得不於一九七二年開始轉移至蓮池潭舉行，以避開那沒有口罩護身就難以接近的「仁愛黑龍江」。[34]

Stop I 愛河

一九七五年，仁愛河之臭傳到中央，旋於一九七七年提出「高雄市仁愛河汙染整治及汙水下水道第一階段六年工程計畫」，並自一九八〇年開始進行兩岸美化，吸引市民至此遊憩，工程總花費三十六億元。㉟然而，此時「仁愛河」早已病入膏肓，河兩岸再怎麼美化，終究掩蓋不了陣陣刺鼻的惡臭，除非是「怪咖」般的逐臭之夫，否則閒人只怕走避不及，遑論親身浸淫其中！此後，「仁愛黑龍江」歷經王玉雲、楊金欉、許水德等市長，皆拿不出有效對治作為，直至蘇南成以高雄官派市長入主高雄之後，愛河整治問題再次浮出檯面，並開始成為政治秀場。

蘇南成可說是台灣威權年代中最懂得政治行銷與包裝的政治人物，由於爭取國民黨提名台南市長候選人未果，蘇南成隨即於一九七二年退黨，以無黨籍身分參選台南市長並敗於張麗堂之手。四年之後，捲土重來的蘇南成如願以償地當選第八屆台南市長。深諳民意才是權力來源的蘇南成，最後以壓倒性高票連任第九屆的台南市長，不僅獲得蔣經國注目，更以「天子欽點」之姿重回國民黨懷抱。一九八五年，台南市長任滿後的蘇南成被中央派任為高雄市長，欠缺在地政緣人脈的「空降市長」蘇南成，也唯有直接訴諸市民歡心，才能讓自己有效推動政務。

直到一九八六年，蘇南成深諳若能將市民視之為毒瘤的「黑龍江」恢復往昔面貌，不僅可獲得市民支持，更可透過民意肯定壓制議員的施政杯葛。為此，蘇南成選定截流整治工法，砸下更大手筆的公帑，期能滌除黑龍江遠播之臭名。整治期間，蘇南成不僅找來媒體記者公開見證，市議員陳村雄更兩度躍入河中，並宣稱回家後發現西裝口袋中竟然有愛河撈起的螃蟹，以此證明蘇南成市長治河之功。此舉不僅引來民眾訕笑，更有流言影射陳村雄拿了好處才會如此情義相挺云云，再再傷害了陳村雄與螃蟹的感情。

內心受傷的陳村雄便在輿論與群眾的出言相激之下，請人買來菜刀、砧板與白雞，在議會廣場上的汽車後車廂上斬起雞頭，起誓「愛河產螃蟹」之事絕非造假，否則出去給車撞死。雞頭斷落之後，村雄桑隨即跪伏車上，一陣男兒熱淚也奪眶而出㊱，令觀者無不動容。而蘇南成在任內為了證明愛河整治成效，也大膽地把龍舟比賽再度移回愛河舉辦。由此可知，愛河作秀政治學，早已在一片咚咚鏘鏘中粉墨登場。

後來，謝長廷於一九九八年成為民選第二屆高雄市長之後，以愛河整治及兩岸的綠美化成為政績試金石，不僅讓愛河可親性大增，更以「愛河文化流域」為名企圖提升愛河的文化內涵，吸引市民與遊客造訪駐足㊲；此外，謝長廷更在二〇〇一年選址愛河為台灣燈會地點，大大翻轉了愛河的惡劣形象。經過這番高雄愛河與運河的整治與綠美化，不僅讓高雄市民從工業城市的髒亂、蕭條與生活品質低劣的棄民心態中重拾自信，更延續高雄爾後十數年的綠色執政。

▲愛河的端午節龍舟競賽，應該毋須再像過去一樣，得戴口罩才能下水划龍舟。（江怡萍攝）

一九九〇年代末，謝長廷南下佈局高雄市長選戰前幾乎跌停板的政治身價，終於鹹魚翻身，一切可說端賴「愛河」整治政治學之加持所致。

二〇〇一年底，以國民黨副總統候選人之姿親臨高雄拜票的前市長吳敦義，深諳解構愛河整治之功，即能破解綠營在高雄執政的印象，便藉由細數其在高雄八年半（一九九〇年六月至一九九八年十二月）主政期的愛河整治「功績」，企圖顛覆綠營的政績基礎。吳敦義的一席話，不僅掀起了一輪愛河整治政治學的口水戰，也讓人重溫「『無恥』近乎勇」之可怕。因為事實上，打從一九七七年國民黨籍王玉雲市長開始的整治計畫，一路歷經多位國民黨市長治理，至一九九八年底吳敦義卸任交棒之前，這二十年的光陰，高雄市的地下汙水道接管率僅百分之五點八。[38]但從謝長廷整治愛河成功獲得高支持度之後，接棒的民進黨市長早在二〇〇七年底，讓接管率突破五成以上。[39]

▼愛河的夜晚，河岸兩旁的燈光伴隨河面波動搖曳，宛如一幅浪漫的燈火嬉戲圖。（江怡萍攝）

謝長廷並非天生具備城市發展的遠見，而戮力這種市民難以感知的政績；根據高雄市資深的綠色環保運動者曾貴海醫師指出，當年謝長廷先是在綠色協會等民間團體遊說下簽署了地下汙水道建設的支票而有兌現壓力，後來則因為愛河整治成效成為高雄市綠美化的政績之時，市府才認真地把汙水道建設當成要務推動。

縱使冷冰冰的數字可以操弄，可是吳敦義舌燦蓮花地說：「誰先開始做比較重要！」企圖以「萬事起頭難」的遁詞來邀功，與市民生活感受落差甚巨，委實讓人感冒。試問，哪有耗費二十年之久的「起頭」？又如高雄捷運早在一九七九年十月，為配合政府十年經濟建設長期發展計劃，由交通部提出北高都會區大眾捷運系統的設置規劃。但一九八二年八月，時任交通部長的連戰，卻在中央聯合總理紀念週報告中說「高捷正在進一步評估中」。沒想到，高雄市民苦等捷運至一九九八年底吳敦義卸任前都未曾動工，直至二〇〇一年十月才由交通部跟市長謝長廷訂下動工日期，並在二〇〇六年底迎來高捷的開通。[40]

愛河如今已經變乾淨許多，但愛河畔的空氣中，偶而還是會夾雜著一絲絲異味，雖不至發臭，卻還是會引起嗅覺感應。或許這是愛河透過氣味提點我們，這些在愛河天空見證之下，曾喧騰上演的愛河政治學的點點滴滴。

## 愛河畔的情慾人生　「黃色」的愛河

愛河旁的鹽埕區，是高雄早期的商業重心與舊市府所在，可謂高雄政商活動雲集之地。因此，早年一旦提到「愛河」，一抹情色粉味的印記必會突然湧現，當年「市政府後壁」一詞，尤其是尋芳問柳的情色代名詞。

事實上，隨著哈瑪星與鹽埕區以海埔新生地之姿，迎接從旗后街上轉移而來的商業活動後，日本政府也連帶地把「遊廓」㊶一併遷移至鹽埕區。至此，隨著商業蓬勃的榮景，鹽埕區的風化場所也就隨之熱絡發展。

鹽埕區大勇路與新樂街口的光復戲院後方，即是日治時期的風化業聚集地「榮町」之所在，如大笑樓和松業樓等㊷，甚至有「鹽埕埔，看查某」之諺語在坊間流行。㊸戰後，鹽埕區的風化業不僅未曾蕭條，反倒更加蓬勃，甚至孕生出名聲遠播南洋、新加坡等地的鹽埕區長郭萬枝的「萬枝調」。㊹之後，萬枝調在各路酒家客的創意改編之下，歌詞中的「黃色」指涉更為露白㊺，再加上當時國民黨政府推行台灣人要會唱國歌，於是調皮的酒客便將難以吟唱的國歌「三民主義，吾黨所宗」放入萬枝調的曲牌之中，成為「kuso版」國歌的始祖。因此，國民黨政府便以妨害風化之名，實則唯恐嚴肅的國歌在酒客嬉鬧之間被嘲笑解構，遂將萬枝調列入禁歌名單之中。㊻

其中，鹽埕區酒家界中最知名的傳奇人物，非原「高雄樓」大色藝姐「李菊」莫屬。李菊嫁入豪門之後，或許起於相同背景之故，對於貧苦人家特別能感同身受，因此對地方急難救助皆樂於慷慨解囊，地方上遂敬稱她為「阿好姑」。一九五〇年，夫婿往生之後沒多久，李菊洗盡鉛華、帶髮修行，不僅將平生積蓄全部奉獻，並為三民區寶珠溝的義永寺奔走籌資以解寺方債務，終在一九五五年正式接掌義永寺。不知她是否想透過政治實現其助貧救苦之心情，李菊遂於一九五七年投入第三屆臨時省議員之選舉，雖然落選，但她卻成為高雄市婦女問鼎省級民意代表之先驅。落選後，李菊拜在嘉義法元寺住持永傑法師門下，剃度後賜法號「開種」。㊼二〇〇四年，享年九十四歲高齡的開種法師圓寂，結束了其傳奇精彩的一生。

隨著風化業的蓬勃，愛河旁的娼館大量林立，群聚於舊市府大樓（今日的高雄歷史博物館）後方愛河畔的府北里。全盛時期，鹽埕區愛河邊的妓女戶，有牌與無牌者少說七、八十家之譜，甚至有上百家之說，在每家有數十位性工作者的情況下，以此為生的人數至少超過千人。[48]於是，數十家的西藥房便依附而生，販賣著專治各種性病雜症的成藥與春藥，並聚攏各類小販，好不熱鬧。[49]再加上穿梭其間的尋芳客，除了「盛況空前」之外，已難有筆墨可形容之。

後來，更有來訪外賓耳聞此事，向王玉雲市長私下探詢，終讓王玉雲於一九七四年後決心痛下殺手，著手逐步剷除這片位於市府後方愛河畔的大片風化區。[50]然而，原以為剷平「市政府後壁」後即可眼不見為淨，沒想到化整為零的流鶯與私娼，竟開始三三兩兩在愛河沿岸，甚至沿循著愛河支流——三民運河沿岸拓染開來，找尋媒合之機，讓愛河鶯鶯燕燕的形象更加遠播。[51]也因此，住在河岸旁的女性住戶，屢屢受到尋芳客的誤認，引致騷擾風波不斷，讓市府與市民同感無奈。[52]

◀位於七賢陸橋旁的河西路的西藥房，見證了這裡早期「鶯鶯燕燕」的人生。圖左黃褐色建築後方那棟二層樓加蓋石綿瓦屋頂的破舊樓房，即是市府後面最後一間熄燈的公娼館「喜樂宮」。（陳奕齊攝）

其實「性工作」是一項年代古老的產業，處理起來頗為棘手。二戰之後，台灣婦女運動發軔於高雄，曾任高雄市長的楊金虎及其夫人楊玉華，皆是此運動之要角。一九四六年，在商討「台灣婦女協會」籌組事宜之時，更將廢除娼妓問題列為主要運動目標之一。[53]「肅娼」活動在婦女會與政府的攜手之下，如火如荼地蔓延開展，但此舉招致許多酒家女招待唯恐失去經濟來源而反彈。一九四六年六月，高雄數百位女招待上街示威遊行，甚至包圍高雄婦女會總幹事楊玉華住所，高呼反對廢除女招待公娼辦法，並給予救濟的口號。[54]

由此可見，高雄一九五〇年代與一九七〇年代掃蕩愛河畔性工作的成績，實是有限。直到二〇〇三年十一月，高雄市府北里最後一間公娼館「喜樂宮」吹起熄燈號，才正式讓高雄市的公娼走入歷史。然而此一政策得以落實，遠非市府以鐵腕手段帶來成效斐然的廢娼政策所致；就現實而言，愛河畔的鶯鶯燕燕乃是因為高雄的經濟模式與地理區位轉變，導致沒落關門，如同原屬政商重心的鹽埕區，也隨著高雄政商發展重心的轉移而停滯一般。

一九八〇年代之後，推陳出新的色情業，已由府北里傳統的樣態，轉移成中華與七賢路上的「摸摸茶」，據說業者都是屏東新園鄉人，始得「新園幫」之稱號。後來，像是高速公路交流道下來即可抵達的苓雅區三多路與三民區九如路上的「泰國浴」等指油壓，甚至演變成後來新興的「ＫＴＶ酒店」文化[55]，再加上來自中國與東南亞的女性投入此行業[56]，再再都讓愛河沿岸曾經的鶯鶯燕燕人生，逐漸沒入歷史的餘暉之中。

愛河沿岸除了有異性戀者的情慾流動之外，男同志的情慾也曾寄生在此一以異性戀為主的娼妓文化的夾縫之中。尤其是一九五〇年代與一九六〇年之後，為了供應美國大兵消遣之需，鹽埕區的酒吧文化應運而生，以陽剛的美國大兵為消費主體的酒吧空間，便連帶創造出一些可容納具有「陰性氣質」或「穿女裝」等難容於主流社會的性少數者的天地。

由於愛河畔的風化區具有閒雜人等勿近的地下性格，遂讓在主流社會難以現身的同志身影，找到可以隱匿，並實踐其身體情慾的空間。於是，利用晚上流鶯稀少的空檔，男同志便有機會取代流鶯白天所盤據的愛河兩旁綠地，隱身其間尋找「同志」，遂行身體內竄流奔放之情慾實踐。久而久之，慕名而至的同志，逐漸讓七賢路愛河畔的公園，成了高雄同志公認的「公司」。[57]

愛河畔的男同志地景，其名聲更曾遠播至日本，成為日本男同志高雄娛樂手冊的景點介紹。[58] 尤其是愛河畔府北路上「城中城」大樓內已經破敗的國宮戲院，其廁所更成為同志相約的聚會據點。只消藏身廁所隔間內，從木板上被挖出的小洞中，便可一窺真人演出的春光乍洩。[59]

▶圖為位於高雄歷史博物館（舊市府轉型）後方府北路的「城中城」，以前裡頭的「國宮戲院」可說是同志的天地。（江怡萍攝）

## 七賢酒吧一條街：Pan Pan, Ok?

「Pan-Pan, Ok?」這是高雄港3號碼頭出來之後，「導遊」（三七仔）向美國大兵攬客進酒吧消費的招呼語。[60]事實上，「pan-pan girls」（砰砰女孩）原指二戰之後，美國在一九四五至一九五二年占領接管日本期間，在酒吧內或街上「站壁ㄟ」（street prostitutes，香港話稱之為「企街」），並以身體服務於美國大兵，或有時成為美國大兵女友的日本女性。「pan-pan」此一帶有貶抑意味的詞源為何有待考證，但根據外國學者的臆測推斷，這個詞可能是美國大兵模仿南太平洋島嶼本地人對那些「很容易上」（easy available）的女孩之稱呼而來。甚至「砰砰女孩」跟美國大兵間溝通的簡單會話，並以俚語為主的口語英語，也被稱為「砰英語」（panglish）。[61]

隨著一九五〇年六月韓戰爆發之後，美國軍援與經援駐台協防，服務於美國大兵的酒吧業，便開始在高雄港3號碼頭到愛河畔的七賢三路之間開張。高雄在地的「砰砰女孩」（Pan-pan girls）也開始在酒吧內以「吧女」或「吧孃」之名現身，並成了撫慰美國大兵異鄉寂寥與思鄉心情的最佳良伴。其實，兩岸關係和國際冷戰局勢的緊繃或鬆弛，某種程度也就表現在七賢三路酒吧一條街的繁華或冷清之上。根據曾在七賢三路從事酒吧業的吳錫忠先生的說法，一九五一年至一九五九年間，韓戰、大陳島撤退與八二三砲戰期間，酒吧業便大賺三次錢，此一時期以外省的山東或青島的酒吧女為最多。

之後，隨著外省酒吧女年華老去，晉升為媽媽桑甚至酒吧業老闆時，本省小姐便取而代之。時序進入一九六〇年代後，越南戰事對峙情勢逐步升高，迨至一九六四年美國驅逐艦受到北越襲擊，美國則以轟炸北越海軍基地做為報復，史稱「東京灣事件」（北部灣事件），並招致美國全面性地介入越南戰場之中。於是，七賢路酒吧一條街便在戰場上小命朝不保夕的美國大兵，以美金買醉與買爽的慷慨之下，

Twenty minutes by taxi from Taipei is Peitou, a hot-sulphur spa with some 75 hotels, among which one of the most rewarding is the Literary Inn. Not every G.I. is inclined to tear
himself away from the pleasures of Taipei to seek it out. But those who do, like Corporal Allen Bailey, 21, a Marine MP from Cincinnati, have never regretted the decision.

▶此圖便是當年引起爭議的《時代雜誌》精援台灣圖。（陳奕齊翻攝）

迎來其輝煌的高峰年代。此時，原住民酒吧女數量，已有凌駕本省小姐之勢。[62]

一九六七年聖誕節前夕出刊的美國《時代雜誌》，曾企劃了「在越南的聖誕節」專輯，指出美國軍方推出五天整的「休息元氣計畫」（R & R—Rest and Recuperation Program），可選擇到日本、泰國、香港、南越或台灣北投「抒解放鬆」一下。[63]國軍故事作家管仁健更諷刺地直言此舉乃蔣介石利用把台灣打造成美軍的「性」福天堂，讓買春「精」援，得以取代一九六五年之後山姆大叔終止的美「金」援助缺口。[64]但《時代雜誌》明目張膽地放上兩位北投姑娘與美國軍人的「浴／慾」照，當然也引來老蔣的不悅[65]，畢竟「精」援台灣這事，只能做不能說。

七賢三路上的酒吧於風光期間，酒吧數量曾高達三十三間，吧女從業者約有一千零七十位之多。[66]至於酒吧業的業者則以來自中國的外省籍人士居多，高達三分之二以上為山東人氏，其中又以煙臺、青島與上海等地為主要。七賢路酒吧業會以外省籍為主，據說主要有兩個原因：首先，這些外省籍人士多半來自青島、上海等租界地，早就見識過酒吧為何，故相較本省人士更為熟悉此行當；再者，外省人比本省人士更具備申請酒吧牌照的社會群帶與關係所致。[67]

一九五〇年代末，高雄市議會曾討論是否要取消酒吧業限額制度，因為在彼時酒吧會計每月才三百元薪水的年代中，酒吧營業許可證的黑市頂讓費，竟已高達十萬元之驚人天價[68]，足見當時酒吧業之風光。不過，一般的美國軍官並不會在七賢三路酒吧街出沒，而是在各美軍俱樂部中找樂子，除了官階區隔之外，美國軍官通常會攜家帶眷也是主因。若真想尋訪「粉味」溫柔鄉以卸下疲憊，也大多選擇隱密的飯店之中[69]，以免在下屬面前醜態畢露而尷尬不已。例如當時位於七賢三路與五福四路三角窗後頭的「海灣飯店」，即是軍官與吧女談情說愛之地。[70]

一九七五年之後，越戰停火，緊接著台美斷交，美國大兵在酒吧一條街尋歡的場景就此走入歷史，風光的七賢三路酒吧一條街也逐漸沉寂。一九八〇年代末到一九九〇年代初，

▲目前碩果僅存幾間的七賢路酒吧，大多位於七賢路接近公園路口處，是屬於東南亞籍的酒吧女跟東南亞籍的客人的「夜店」。（陳奕齊攝）

東南亞的外籍傭工進駐台灣打工，於是有些來自菲律賓、泰國或印尼的小姐，便離開原雇主進入七賢三路的酒吧業中，服務那些暫停高雄港的東南亞籍船員和台灣的外籍勞工。[71] 一九九〇年代，七賢路的酒吧業在東南亞吧女跟船員和外勞的支撐之下，曾有一段看似迴光返照的風光期，此後便迅速衰退，只剩下寥寥可數的幾家撐持場面。[72]

當時，倚靠美國大兵賺錢的不止酒吧業，搭載美國大兵與吧女兜風的三輪車、幫忙照相的攝影師、幫忙製作西裝的裁縫師，甚至負責美軍伙食的廚師，幾乎都受益於大兵口袋中大把的美金。因此，倚靠美金維生的行業，因利益衝突而引發全武行便在所難免。例如一九六〇年之前，美國軍艦停靠高雄港內的浮筒之後，便需由舢舨登載上岸，後來海面商公會理事長吳選開設山市行交通汽艇「通明號」與美軍俱樂部訂約，改乘汽艇上岸，便引發原本運送大兵的舢舨夫不滿，並招致舢舨夫與汽艇船員在高雄港邊上演一齣刀光劍影的碼頭風雲。[73]

美國大兵偶而也會因酒後亂性引發治安事件，如「夢鄉」酒吧便曾發生兩位大兵為了爭取吧孃歡心，在一輪爭風吃醋後互毆並刺死同伴之事[74]，而許多美兵也的確在此愛上他們心中的「蘇絲黃」。[75] 蘇絲黃的故事不只香港灣仔有，高雄港與愛河畔的七賢三路，也曾上演一齣在地的「蘇絲黃」，而主角依舊是這間「夢鄉」酒吧。

前美軍顧問團憲兵組長孫德中校愛上酒吧女楮紅幸之後，便與美籍妻子離婚，並婦唱夫隨地在酒吧擔任經理之職，引起高雄美國僑民和軍方反感。「夢鄉」酒吧乃是楮紅幸所經營，於是美軍方便召開記者會，禁止美國大兵進入「夢鄉」酒吧消費作為制裁手段，並指派美國憲兵進入酒吧驅趕大兵離開。為此，楮紅幸向當地警察提出檢舉，要求保護營業，但警方以美軍當局有權約束其本國官兵行動為由，拒絕介入。[76]

歷史一點靈

## 愛河邊的情慾與黑道？

由於性產業的特殊地下性格，必定有黑道插手以為保護和消費糾紛之仲裁機制；因此，綜古觀今，黑道跟性產業總有著千絲萬縷的連結。愛河邊的性產業，同樣也跟黑道關係密切，並讓黑道能從「保鏢」身分起家。愛河邊府北里的特種營業場所源自日治時期，終戰之後擴張至五十餘家，當時的老闆大多為本省籍，保鏢則有許多為外省籍，性工作者則有來自宜蘭、屏東、台東等偏遠縣市者，其中以宜蘭最多。

據說，當年高雄地區的保鏢勢力分成四派，一是倚靠七賢三路酒吧業維生的「七賢幫」；二是占據府北妓女戶山頭的「港都幫」；三是占據大港埔攤販地盤的「萬龍幫」；四是由左營海軍子弟組成的「海兵幫」。[77]二〇一一年，日本「三一一」大地震後，日足名將中田英壽捐出簽名球鞋與球衣參加拍賣募款，詎料此球鞋竟被王偉忠等人以三十萬元直購，未經競標拍賣程序，引起網友以「幹鞋哥」之名大加撻伐。

後來，群眾壓力下的王偉忠再度捐出此鞋網拍，企圖化解風波。最後，以一千萬拍下此鞋的時尚《WE 雜誌》的老闆李冠毅，即是橫跨七賢幫老大「魅哥」的兒子。[78]但本省角頭出身的「魅哥」，卻同時也是外省掛的四海、竹聯的大老與知己[79]，不知此種緣份是否得利於「七賢幫」早年在七賢酒吧街上以替外省籍酒吧老闆進行圍事保鏢而起家之淵源？

有興趣的讀者，真可以從高雄性產業的地盤政治與其行業之互動演化，切入考察高雄在地黑道風雲興衰史，一定相當有趣。

然而，能結為連理者誠屬有幸，不幸的則是許多美國大兵離去之後，酒吧女才發現珠胎早已暗結，並生下許多父不詳的「台美混血」的故事。二〇〇四年，宋明杰導演就曾把越戰美國大兵與台灣女子混血小孩尋父的故事，拍攝成《黑吉米》（Hey Jimmy）的紀錄片。由於早年台灣在國民黨漢人沙文主義的史觀與教育下，不僅課程設計缺乏多元文化精神，縱連老師都欠缺這樣的教育思維，導致許多台美混血兒在成長過程中遭遇許多歧視，實是令人難過。猶記我的一位小學女同學，也是酒吧女與黑人大兵的混血，由於老師放任之故，讓她深受同學們的各種嘲弄與語言攻擊，如今想來，個人雖未曾參與主動捉弄之舉，但因矇昧無知未曾出言制止同學的嘲弄，卻也深感愧疚。

## 愛河畔的「情色外交」？

愛河畔的情慾人生，所展演的除了小民身體的情慾實踐、替國家帶來美金創匯的故事之外，亦曾上演一段用女性身體捍衛國民黨政府風雨飄搖的外交歷史。

自從一九六〇年，阿爾巴尼亞在聯合國提案由「中華人民共和國」取代「中華民國」為正版的中國代表權之後，國民黨在聯合國的「山寨版中國」代理權，遂隨時有易主歸還給正版「中華人民共和國」的可能。因此，非洲新興獨立國家亦理所當然地成為國共兩黨外交肉搏戰的主場域，而國民黨政權無所不用其極地捍衛「中華民國」的手段，也就紛紛出籠。

一九六〇年，「中非共和國」獨立之後，隨即成為國民黨政權亟欲拉攏建交的對象，並於一九六二年建交成功。儘管兩年後的一九六四年十月，中非共和國便琵琶別抱改投中共懷抱[80]，但隔年一九六五年卜卡薩（Jean Bedel Bokassa）將軍政變上台後，在有「非洲先生」稱號的外交官楊西崑奔走之下，台非邦誼於一九六八年五月再度恢復。[81]

為了鞏固卜卡薩總統善變的心，一九七〇年國民黨政府在「雙十國慶」前夕，便邀請中非共和國總統卜卡薩參與慶典，並以高規格的國宴款待。[82]但是卜卡薩的心難以捉摸，依舊讓變節傳言鬧得沸沸揚揚。為此，楊西崑再度於一九七一年初多次抵達非洲「喬外交」[83]，隨即四月底即有新聞報導指出，卜氏在上次國慶來訪之刻，南下高雄拜訪，入住愛河西岸「圓山大飯店」（今天愛河畔鹽埕國中校址），在抽暇瀏覽愛河風光之時，浪漫地邂逅一位長髮及腰的十八年華少女「林小姐」，並口頭邀請到非洲觀光訪問。回國後，卜氏對此承諾邀約念念不忘，於是林小姐便以「親善」大使之名預定於五月回訪卜總統。[84]

親善大使林小姐，抵達中非共和國沒多久便下嫁卜卡薩總統，變成「外交和番」。一九七六年十二月四日，卜氏將中非共和國國體改制為君主立憲的「中非帝國」，並自封為卜卡薩一世。於是，林小姐遂成為卜帝十七位王妃之一，當然還不包括卜氏名下數十位情婦小三。直至一九七九年九月，卜帝一世在政變下流亡象牙海岸長達七年，至一九八七年遜帝卜氏才返國。回國後，遜帝卜氏被指控其舊宮殿內，滿佈在位期間荒淫無道之證物，包括一具小學老師的冰凍屍體和大批待烤的人肉；此外，前御廚更出面指證曾烹煮人肉大餐之事，並目睹主子大快朵頤之情狀。於是，遜帝卜氏被判二十年徒刑，並在一

2011(CC)DP28 (Jean-Bedel Bokassa (1970s)) @wikipedia/CC BY-SA 3.0

▲「卜卡薩」一世的玉照。

九九三年九月的大赦中釋放。[85]

然而，當年「林小姐」下嫁卜卡薩的真相，絕非國民黨政府所營造的「仙履奇緣」浪漫版本。畢竟以當時的威權年代，再加上卜卡薩這位國賓可是重要的外交綁樁對象，豈可任其「趴趴走」，到處找女人攀談？事實上，卜卡薩與「林小姐」在位於愛河畔的「仁愛公園」（高雄歷史博物館對面的「二二八和平紀念公園」）相遇，這是一場在外交人員遠處監視，並全場淨空、刻意安排下的浪漫邂逅。

根據在七賢三路酒吧業謀生數十年的吳錫忠老先生的說法，「林小姐」是在「四愛」（Four Loves）酒吧上班的吧女，遠從宜蘭縣至高雄討生活，姊姊Amy也是吧女，父親則在安樂宮酒吧拉三輪車。據說入住圓山飯店的卜卡薩難耐寂寥，向外交部要求女性陪睡，

▲位於高雄歷史博物館對面的「高雄市二二八和平公園」，據說即是當年卜卡薩邂逅台灣愛人之地。（陳奕齊攝）

便有此安排。[86]

不論是外交部主動安排，抑或是卜氏主動要求，愛河畔的「情慾外交」就此上演。對照目前馬政府的外交休兵，萬事以中國臉色為依歸的態度，國民黨早年無所不用其極地拚外交，雖然手段過於無恥，但敬業態度猶令人感佩。

一九九六年十二月，遜帝卜氏獲釋後三年便因心臟病過世。但在他逝世前一個月，一則「中非遜帝尋台灣愛妃」的新聞也見諸台灣報端。[87]隨後，前《聯合報》記者嚴智徑發出一則「外交部撮合林小姐『為國服務』」的新聞，並述及當時的外交部長周書楷，對於身為中非共和國的「國舅」之身分，感到沾沾自喜。有趣的是，嚴記者也在報導中無意提及，除了林小姐之外，外交部也曾安排某位女星招待某阿拉伯貴賓的消息。[88]難怪當時的反對人士便曾疾言批評，指稱外交部禮賓司司長根本是專門媒合台灣女性與外賓的龜公。可見國民黨政府早年外交人員，跟高雄港邊媒合招攬美國大兵尋吧女的「導遊」（三七仔），相去不遠吧？[89]

同時，遜帝尋愛妃的新聞，也引來一位自稱其太太曾擔任林小姐管家的劉廉康讀者表示：「林小姐其實很可憐，是當時外交環境的『政治犧牲品』。」[90]後來外交部或許為了掩飾過往的女體情色外交的可恥面目，遂對外指稱：當年卜卡薩因另結新歡，是位東歐的白人女子，為此「林小姐」傷心返國。目前林小姐可能已另組家庭，為防二度傷害，外交部無意協助遜帝卜氏尋愛妃云云。[91]劉廉康跟外交部接連對外放話，看似輕描淡寫卻有欲蓋彌彰之味，唯恐嗜血八卦的媒體窮追不捨。愛河見證的一頁情色女體外交，就隨著卜卡薩的突然掛點，嘎然而止。

二〇一二年七月，監察院提出一份對前駐新加坡代表史亞平的失職調查報告，但查察監委卻以事涉國家機密為由將報告封存，再加上讓台星關係風波不斷的史亞平回台後並未降職反倒高升外交部常務次長，一連串不合邏輯的發展，再再啟人疑竇。各種揣測說法紛紛出籠，有言史亞平因私人言行得罪星國教父李光耀、更有人直指此乃辛亥百年活動惹來的風波所致，抑或此案是外交與國安兩系統間的人事鬥爭云云[92]，至於前國民黨立委張碩文則爆料指出：史亞平因與李光耀二子李顯揚過從甚密，引起李光耀震怒之後，史亞平便成為星國黑名單。就在當事人否認之餘，羶色腥見長的台灣媒體竟然沒有見獵心喜地以此無法確證之「小三」八卦，加以影射炒作毀人名節，實是少見。

事實上，張碩文雖是爆料，但其說法依舊是以肯定史亞平之口吻，認為銜含著替「台星經貿協議」牽線任務的史亞平，駐星之後便多方位地尋求拉攏星國之突破管道。是故，張碩文才有這三段話：「史亞平與李光耀子走太近」、「從這個角度來看，史亞平是在賣命」、「從正面的理由來解釋，為

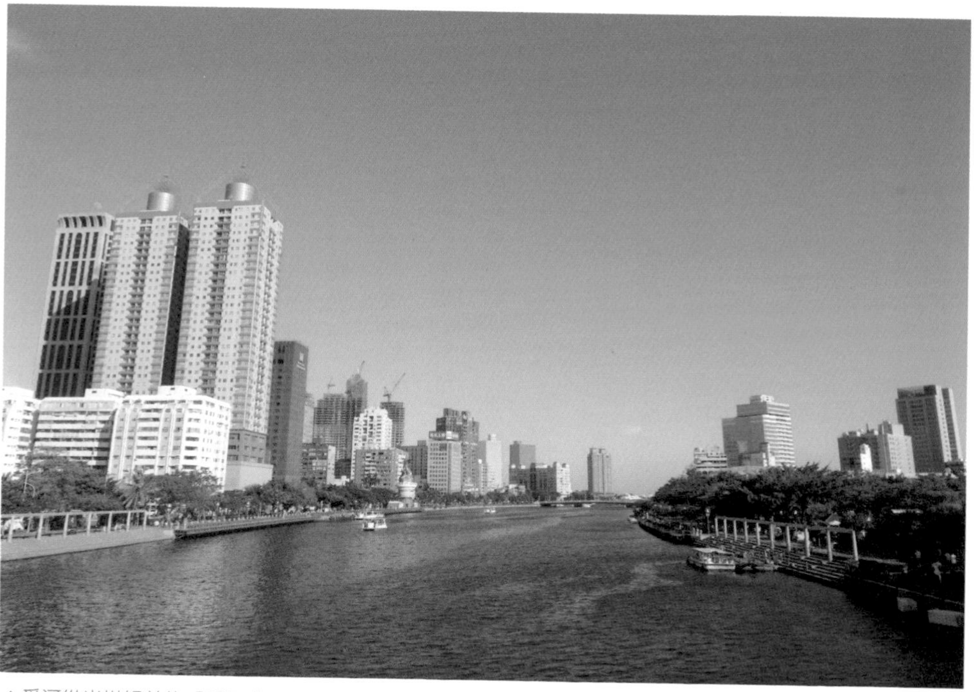

▲愛河從半世紀前的「愛河遊船所」到目前的「愛之船」，曾留下許多故事，不論美麗或哀愁，都是屬於高雄人的記憶。（江怡萍攝）

▲愛河目前除了有「愛之船」，可供遊客搭乘欣賞兩岸風光之外，也可選搭水陸兩棲的「鴨子船」穿梭在城市街道與愛河河道上。（陳奕齊攝）

何史亞平從星國回台後可以升官，也比較有邏輯」。[93]於是在政府欲蓋彌彰地掩飾下，張碩文的爆料說法，亦意外地勾起國民黨過往的「情色外交」歷史記憶，並留給外界一片遐想的空間；畢竟，有些祕密，只能帶進棺材裡！

曾有人言，權力慾的根源乃起於性慾，而此種「性慾」的轉化昇華，即成為各種政治權力的征服野心和意欲想望的表現。[94]果若如此，那麼在愛河流域書寫的政治與情慾人生，其實遠非愛河的本色，而是被人們染上的顏色吧？不論染黑或染黃。這樣的色彩，你品嚐到的是，那哀愁的一頁，還是美麗的一夜？

註

❶ 有一位自稱其後代的陳國斌先生曾於網路留言，謂其父之名應為「陳江潘」，但由於無法與之確認是訛誤或曾改名，故保留《高雄市各區發展淵言（上冊）》書中所載之姓名。

❷ 曾玉昆，《高雄市各區發展淵源（上冊）》（高雄：高雄市文獻委員會，一九五五年），頁四五。

❸ 陳國祥、祝萍，《台灣報業演進四十年》（台北：自立晚報出版，一九八七年），頁九八～九九。

❹ 不過，這種鼓勵外省與本省籍通婚的政策，並非一視同仁，而是帶有階級跟身份格差的。例如當時為了維持「反攻復國」的兵力，基層阿兵哥幾乎被「禁婚」，並在一九五二年通過「除軍官、軍用文官與陸海空技術軍士之外，其餘所有現役士兵不准結婚」的禁令。此一限令有逐步放寬，至一九七四年修正鬆綁至除了「直接參與作戰、任務緊急防務及軍士院校學生」以外，軍中幾乎已無禁婚規定。參見林勝偉，《政治算術：戰後台灣的國家統治與人口管理》（台北：國立政治大學社會學系博士論文，二〇〇四年）。

❺ 呂東熹，《政媒角力下的台灣報業》（台北：玉山社，二〇一〇年），頁一〇八。

❻ 《聯合報》，〈領袖著百代勳業 億民慶萬世壽考〉，一九五四年十一月一日，第五版。

❼ 《聯合報》，〈省垣各界恭祝總統華誕 舉行萬人化裝遊行〉，一九六七年十月三十一日，第二版。

❽ 《聯合報》，〈一人有慶．萬民歡騰 各地今將熱烈慶祝 總統蔣公萬壽無疆〉，一九六七年十月三十一日，第七版。

❾ 參見盛竹如，《螢光幕前——盛竹如回憶錄》（台北：新新聞出版，一九九五年）。

❿ 原本蔡長盛教授將此悲劇誤作於蔣介石誕辰之日發生，後來根據新竹文史專家張德南的考據，這件不能報導的船難應是發生於蔣介石三連任總統之日。參考蔡長盛〈美與真實的藝術——李澤藩繪畫的特色〉，國立歷史博物館編，《藝鄉情真——李澤藩逝世十週年紀念畫集》（台北：國立歷史博物館，一九九九年）；張德南，〈斷人心腸的舊港大橋〉，《竹塹文獻》（新竹：新竹市文化局，二〇一一年十月），頁八二～九一。

⓫ 國際學者把以黨領政、以黨治國的國民黨政府稱之為「擬似列寧式政黨」（pseudo-Leninist Party），形容其類似於蘇聯或中共此種列寧式政黨。參見 Cheng Tun-Jen, "Democratizing the Quasi-Leninist Regime in Taiwan", World Politics, 41:4, 1989, pp.471-499.

⓬ 《法國國際廣播電台》，〈文化部澄清：十八大前可以唱「死」〉，二〇一二年十一月二日，http://www.chinese.rfi.fr/

⓭ 《聯合報》，〈議會代表全體市民 恭獻中正公園〉，一九七〇年十月三十一日，第五版。

⓮ 黃玉明，〈迅速整治仁愛河〉，《高雄論壇》，第一五一期，一九七九年，頁九。

⓯ 參見王豐，《蔣介石死亡之謎》，（中國北京：團結出版社，二〇〇九年）。

⑯ 秦孝儀主編，〈別錄——「手諭三軍『杜絕車禍』的指示」〉，收錄於《先總統蔣公思想言論總集》（台北：中國國民黨黨史會，一九八四年），頁四五三；《金門日報》，〈貫徹總統指示 杜絕車禍發生〉，一九六九年八月二十八日，第二版。

⑰ 朱建益，《戰後高雄地區的選舉與民主運動(1945～1998)》（台北：東吳大學歷史學系碩士論文，二〇〇八年）。

⑱ 葉志剛，《楊金虎的人生》（台北：將軍出版社，一九七三年）。

⑲ 楊金虎政見宣傳單（筆者收藏），一九六八年。

⑳ 楊金虎手稿（筆者收藏），〈告別市民書〉，一九七三年。

㉑ 邱國禎，〈楊金虎還在關心政治〉，《海潮月刊》，第一卷第一期，一九八〇年十月十五日，頁四七～四九。

㉒ 曾玉昆，《高雄市各區發展淵源（上冊）》（高雄：高雄市文獻委員會，一九九五年），頁四八。

㉓ 《聯合報》，〈解決原木貯存困擾高港將闢第九船渠〉，一九六七年六月二十七日，第四版。

㉔ 《聯合報》，〈今後進口原木卸船 均應靠泊浮筒作業〉，一九七八年三月十四日，第五版。

㉕ 《經濟日報》，〈原木進口靠泊碼頭 管理辦法修正公布〉，一九七八年十一月二十一日，第三版。

㉖ 《聯合報》，〈配合未來發展需要 設木材加工出口區〉，一九六七年二月十五日，第十一版。

㉗ 一九五七年四月二十一日，時值第三居臨時台灣省省議員選舉，結果台北市郭國基、台南縣吳三連、高雄市李源棧、宜蘭縣郭雨新、雲林縣李萬居以及嘉義縣許世賢總共五男一女等無黨籍人士當選省議員，成為後人所稱的省議會中反對派「五龍一鳳」。如此觀之，李源棧也算是威權年代中勇於批評時政的「黨外」人士。參見李筱峰，《台灣民主運動四十年》（台北：自立晚報，一九八七年），頁七〇～七一。

㉘ 參見台灣省諮議會，《李源棧先生史料彙編》（台中：台灣省諮議會，二〇〇一年）。

㉙ 黃堯可說是高雄港區開放的幾家民營裝卸公司的政治門神，澎湖出身的黃堯，於日治時期受僱於三井物產實習運輸業務，後來自創「台灣輸送興業株式會社」。終戰之後，港區百廢待舉，他便於一九四五年十月一日在高雄港區籌創「台灣通運股份有限公司」（台通）。但由於政府的「台灣省通運公司」欠缺裝卸的技術與營運知識，遂高度仰賴民營台通進行高港的裝卸，以及後來一九四九年後倉皇撤退疏散來台的物資。此乃高雄港裝卸由公民營寡斷，而非公家壟斷的歷史源由之一。參見台通股份有限公司編，《六十週年特刊——台通股份有限公司》（高雄：台通股份有限公司出版，二〇〇五年）。

30 《聯合報》，〈討論原木進口辦法覆議案 李源棧黃堯激烈衝突 互誦三字經又要比武〉，一九九七年七月十八日，第二版。

31 朱雲漢，〈寡佔經濟與威權政治體制〉，收錄於《解剖台灣經濟：威權體制下的壟斷與剝削》（台北：前衛出版社，一九九二年），頁一五二～一五三。

32 參見陳明通，《派系政治與台灣政治變遷》（台北：月旦出版社，一九九五年）。

33 關於「民主廣場」，請參見邱國禎、郭玟成、許火盛合著，《高雄市黨外風雲》，著者印行，一九八五年。

34 曾玉昆，《高雄市各區發展淵源（上冊）》（高雄：高雄市文獻委員會，一九五五年），頁四八。

35 傅孟麗執筆，《坐看雲起時——回顧王玉雲建設高雄專輯》（高雄：南方文教基金會出版，一九九四年），頁八五。

36 《聯合報》，〈兩度跳愛河．流言中傷舉刀砍雞頭．淚水奪眶〉，一九八七年四月二十四日，第五版。

37 參見《高雄畫刊》（二〇〇二年市政專刊Ⅲ）（高雄：高雄市新聞處，二〇〇五年）。

38 《自由時報》，〈愛河整治攬功 綠議吳羞羞臉〉，二〇一一年十二月十二日。

39 《蘋果日報》，〈高市污水接管率年底破50%〉，二〇〇七年八月九日。

40 關於高雄捷運的艱辛誕生史，請參見陳奕齊，〈千呼萬喚「駛」出來：看見高雄捷運〉，收錄於《國民黨治台片斷考》（台北：前衛出版社，二〇一〇年），頁一六〇～一八五。

41 遊廓（Yukaku）源自日本，字面上讀來是提供遊玩盡興之街廓，但其真正意義乃是日本人的風化場所之意。

42 林曙光，《打狗瑣譚》（高雄：春暉出版社，一九九四年），頁七五～七六。

43 魏聰洲主筆，《看見老高雄》（高雄：高雄市新聞處，二〇〇一年），頁一二〇。

44 《咱ㄟ都市，咱的歌——高雄的土地與歌聲》（期中報告書）。主持：洪萬隆，高雄市政府文化局委託研究案，二〇〇五年六月。

45 李友煌，〈高雄民謠萬枝調〉，《高市文獻》，第十六卷第四期，二〇〇三年，頁二七～五六。

46 年代Much TV，《黑狗來了——台灣歌謠一百年》，汪笨湖、林煌坤主持，二〇〇四年八月二十九日。

47 曾玉昆，《高雄市各區發展淵源（上冊）》（高雄：高雄市文獻委員會，一九九五年），頁六四三。

48 趙佳美，〈現場四：高雄愛河邊非法取代合法 公娼變私娼〉，《時報周刊》，第一三五三期，二〇〇四年一月二十七日。

49 《NOWNEWS》，〈「港都」曾是妓女戶同義詞　一把火燒掉「市府後花園」〉，二〇〇三年十月十二日。

50 傅孟麗執筆，《坐看雲起時——回顧王玉雲建設高雄專輯》（高雄：南方文教基金會出版，一九九四年），頁六〇～六一。

51 曾玉昆，《高雄市各區發展淵源（上冊）》（高雄：高雄市文獻委員會，一九九五年），頁四八。

52 甘棠，〈讀報隨感錄——消滅色情汙染的妙方〉，《高雄論壇》，第一五二期，一九七九年七月十六日，頁十八。

53 余佩真、苗延威，〈亂世裡的婦女運動：以「台灣婦女協會」(1946)為中心的討論〉，論文發表於「二〇一一年台灣社會學會年會」，台灣大學社會學系舉辦，二〇一一年十二月。

54 吳雅琪，《臺灣婦女團體的長青樹——臺灣省婦女會(1946-2001)》（台北：國立台灣師範大學歷史學系碩士論文，二〇〇七年）。

55 《自由時報》，〈三慾望城市 春城無處不飛花〉，二〇〇五年九月七日。

56 陳奕齊，〈「阿六仔」在高雄〉，收錄於《看！中國熱？！》（台北：前衛出版社，二〇一〇年），頁一九八～二〇三。

57 同志族群把其群體公認的群聚地點，且專指公園此類開放性空間，稱為「公司」。關於愛河畔的同志地景拼圖，請參見吳文煜，〈流動的性慾地景：高雄愛河畔男「同志」性活動(1960-2001)的歷史地理研究〉，《地理學報》，第四十三期，二〇〇六年，頁二三～三八。

58 《娛樂 for gay》（攜帶版—高雄編），http://gaybroad.web.fc2.com/info_for_gay_m_gaoxiong.html

59 《聯合報》，〈上國宮戲院不看片「洞」裡春光乍洩〉，二〇〇七年十月二十三日。

60 魏聰洲主筆，《看見老高雄》，（高雄：高雄市新聞處，二〇〇一年），頁一六二～一六三。

61 Rumi Sakamoto, "Pan-pan Girls: Humiliating Liberation in Postwar Japanese Literature", Journal of Multidisciplinary International Studies, v.7 n.2, 2010.7, p.1-15.

62 此外，據說台北有兩間大學、高雄文藻學院與台南成功大學等四間學校外文系，寒暑假也有大學生至酒吧當吧女打工練習英文，只是不知道這些大學生是否有「外場」。參見陳延平、陳慕貞訪問，〈吳錫忠先生訪問記錄〉，收錄於《港都酒吧街口述歷史》（高雄：高雄市文獻委員會，二〇〇七年），頁三四～八一。

63 王梅香，〈美軍來台「休息復原計畫」(R&R)所展現的陽剛氣概——以台中地區五權路酒吧街為觀察〉，論文發表於「二〇〇八年女性學學會學術研討會」，地點：弘光科技大學老人福利與社會事業系，二〇〇八年十月三日。

64 管仁健，〈老蔣為美軍打造的「性」福台灣〉，收錄於《你不知道的台灣國軍故事》（台北：文經社，二〇一一年），頁二九五～三二三。

65 溫紳，〈越戰美軍來台與北投陪浴風波〉（「鑑古觀今」專欄），《台灣時報》，二〇一一年十一月十四日。

66 杜劍鋒，《物換星移話鹽埕》（高雄：高雄市文獻委員會，二〇〇二年），頁七八。

67 陳延平、陳慕貞訪問，〈林修謙與李正春訪問記錄〉，收錄於《港都酒吧街口述歷史》（高雄：高雄市文獻委員會，二〇〇七年），頁九～三三。

68 《聯合報》，〈開放酒吧限額 高市府原則上同意〉，一九五八年十二月十八日，第三版。

69 黃惠琴，〈戰爭、女性與慾望地景〉，論文發表於「第二屆發展研究年會」，地點：台大法學院，二〇一〇年十一月二十日至二十一日。

70 陳延平、陳慕貞訪問，〈陳柏佑先生訪問記錄〉，收錄於《港都酒吧街口述歷史》（高雄：高雄市文獻委員會，二〇〇七年），頁八二～九七。

71 黃惠琴，〈高雄港區的文化鑲嵌與性別移動〉，論文發表於「二〇〇七年台灣女性學會暨高師大四十週年校慶學術研討會」，地點：國立高雄師範大學，二〇〇七年十月六日至七日。

72 陳延平、陳慕貞訪問，〈吳錫忠先生訪問記錄〉，收錄於《港都酒吧街口述歷史》（高雄：高雄市文獻委員會，二〇〇七年），頁三四～八一。

73 《聯合報》，〈舢舨汽艇爭生意 碼頭起風雲〉，一九六〇年十月十四日，第三版。

74 《聯合報》，〈洋水兵爭風 一人被刺死〉，一九五五年一月七日，第三版。

75 「蘇絲黃」（Suzie Wong）是英國作家李察．孟生（Richard Mason）愛情小說《蘇絲黃的世界》（The World of Suzie Wong）中的女主角的名字。小說描寫百般無聊的英國上班族羅拔特，辭去工作後落腳香港，無預期地邂逅並愛上香港灣仔酒吧女蘇絲黃的故事。此書在一九五七年出版之後，不僅被改編成芭蕾舞與舞台劇的戲碼，更搬上好萊塢的大螢幕，從此蘇絲黃成了洋人對東方女孩浪漫夢想的刻板原型。

76 《聯合報》，〈美軍突頒禁令 夢鄉不堪炎涼〉，一九五九年一月九日，第三版。

77 張甘霖，〈一頁風化史 畫下休止符 府北里色情已難窩〉，《聯合報》，一九九三年四月十三日，第三十六版。

78 《自由時報》，〈中田英壽戰鞋戰袍千萬標出〉，二〇一一年三月二十八日，第三版。

79 《TVBS》，〈七賢幫大老逝 黑衣角頭憑弔〉，二〇〇六年五月六日。

80 《聯合報》，〈楊西崑抵中非〉（路透社中非共和國班二十一日電），一九六八年七月二十二日，第一版。

81 《聯合報》，〈中非共和國與卜卡薩總統〉，一九七〇年十月二日，第二版。

82 《聯合報》，〈款待中非總統 國宴菜單〉，一九七〇年十月九日，第二版。

83 《聯合報》，〈我對非洲大陸的外交戰〉，一九七一年二月十五日，第二版；《聯合報》，〈【社論】從楊次長又一度訪非看非洲情勢新變化〉，一九七一年四月二十一日，第二版。

84 《聯合報》，〈愛河邂逅 仙履奇緣 蓬門佳麗 元首貴賓〉，一九七一年四月二十五日，第三版。

85 陳奕齊，〈瞧，那國民黨的「高尚」外交〉，收錄於《國民黨治台片斷考》（台北：前衛出版社，二〇一〇年），頁一〇一～一一三。

86 陳延平、陳慕貞訪問，〈吳錫忠先生訪問記錄〉，收錄於《港都酒吧街口述歷史》（高雄：高雄市文獻委員會，二〇〇七年），頁三四～八一。

87 《聯合報》，〈中非遜帝尋台灣愛妃〉，一九九六年十一月一日，第三版。

88 《聯合晚報》，〈想當年卜卡薩看上的是另外一位女大學生 外交部撮合 林小姐「為國服務」〉，一九九六年十一月一日，第二版。

89 林信玉，〈國民黨的醜陋外交內幕〉，《獨立台灣》，第三十七期，日本東京：獨立台灣會印行，一九七一年，頁三十七。

90 《聯合報》，〈遜帝之妃不可能回中非 林小姐總管：不要追查她的下落了〉，一九九六年十一月二日，第三版。

91 《聯合報》，〈中非前總統尋妻，我外交部不會協尋；當年卜卡薩另結新歡，如今林小姐可能他嫁〉，一九九六年十一月一日，第二版。

92 林敬、陳紫衣，〈「史」命必達？史亞平案大解密！〉，《新新聞》，第一三二五期，二〇一二年七月二十五日。

93 《自由時報》，〈張碩文爆料：史與李光耀子走太近〉，二〇一二年七月十九日。

94 莊文樺，〈競選藝術講座——競選人的性慾觀〉，《雄風》，第九期，一九七四年九月，頁十八～二〇。

Stop

第二站

II

# 13號光榮碼頭區

# 看見光榮背後的餘暉

## 軍港vs.商港

一九九五年八月二十日，前紐西蘭總理大衛．朗格（David Lange）❶造訪高雄港，但高雄港務局卻以未收到函文，讓朗格總理不得其門而入，最後在協調之下草率地以一名低階科長接待參觀打發之。就在乘坐港區遊艇參觀一圈後，朗格總理以大開眼界的口吻說道：「我看遍全球知名的大商港，還是第一次見到商港、漁港、軍港混合使用的國際港！」朗格一席話，宛如天真的小孩戳破了高雄港的商港外衣，竟然包覆著軍港的功能。❷

話說早年高雄港的軍事考量，對市民生活影響最劇的，莫過於港區長期的夜間宵

▼圖中愛河入港處的左邊是「12號真愛碼頭」，入港右側突出部分，則是「13號光榮碼頭」。而12號碼頭區旁邊則是由3號船渠區隔開來的「蓬萊商港區」，其中最靠旁邊的則是高雄港歷史上最多災多難的「10號碼頭」。（圖片取自高市府都發局全球資訊網「空中高雄」）

禁，連帶使得市區也得長期處於宵禁控管之下。打從一九五〇年代開始，高雄市選出的省議員李源棧便在省議會中質詢提案，希望把宵禁區限縮在港區與軍區的範圍之內，但卻屢次被政府以疏散與治安疑慮的說詞而打回票。❸從「戒嚴」的英文「軍管」（Martial Law）二字即可知，軍方可說是戒嚴狀態下最具有影響力的單位，只要冠以「軍事目的」之名，就如同擁有皇帝御旨一般，辦起事來無往不利。因此，直屬於軍方地盤的「13號碼頭」，遲至二〇〇六年才將軍方請出，並委由市府改造成今日的親水休憩碼頭「光榮碼頭」。

其實，戰後高雄港的發展，的確有相當濃厚的軍事考慮；尤其在威權戒嚴的年代中，高雄港四周的圍牆、電眼與崗哨佈署，不僅讓閒雜人等一律退散，甚至完美地在空間上把高港從高雄市地理中給切割出去，形成宛如「租界」或者「飛地」（enclave）❹狀態一般的存在，讓過往的市民幾乎忘了高雄市乃是一座得天獨厚的港灣城市。而高雄港區的軍事考慮，主要可從軍人治港跟港區軍事安排部署中，略見端倪。

## 「軍人治港」的慣例由來

早年孰知港務運作的人必定風聞過，台灣港口按慣例是由海軍接任，而職司港口的省交通處則是來自陸軍運輸兵科將領接掌，再加上港務局員工是海洋學院系統出身，而讓港務局至少雜揉了三種管理風格。❺根據高雄港歷任局長中最知名、且任期近二十年的李連墀指出，蔣介石屬意由海軍擔任港務局長的考量，無非是希冀「以利必要之時，港口能與軍事配合」云云。❻事實上，考察高雄港歷任局長可發現，高雄港局長從一九五八年第五任局長王天池開始，到一九六二年第六任李連墀接棒一路以降，均

▶二〇〇五年，軍方正式從13號碼頭退役，更名為「光榮碼頭」。圖為當時的紀念船票。（陳奕齊收藏）

是由海軍軍官轉任，直至一九九二年第九任的葉永祥局長是由港務局基層員工升遷真除，才終於打破海軍轉任港務局長的「慣例」。

至於基隆港務局長從一九四五年至一九六三年近十七年半的期間內，乃是由上海交通大學畢業後留美歸國，並至招商局工作的知名航運人士徐人壽擔任。之後，基隆港務局長便一路由海軍將領轉任，只有一九八四至一九八六年間是由陸軍轉任交通部秘書的鄧世卿擔任，然後局長一職又再度回到海軍將領鄭本基手上，直至一九九四年由海洋大學本科畢業的黃清藤先生擔任第六任局長後，才終止海軍轉任的「慣例」。由基高二港的歷任局長出身可知，約莫是一九五〇年與一九六〇年交接之際，海軍轉任港務局長的「慣例」才開始成形。但令人納悶的是，為什麼是這個時間點呢？

## 「山姆大叔」上有政策，蔣介石下有對策

話說一九五〇年六月，蔣介石在韓戰爆發後，從被美國「放殺」（台語「放棄」之意）的狀態下翻身。

以軍援和經援為主的美援大量湧進台灣，讓蔣介石的「軍事反攻」出現一絲希望。然而山姆大叔縱使家財萬貫，亦不能讓蔣介石無度地將美援揮霍在不具生產性的軍費支出上頭，再加上美國國內納稅人對於美國從「援外」變「員外」的凱子行徑，已漸感不耐。

於是，一九五〇年代末，美國便警告台灣，美援將由過去的贈款改為貸款，並且逐年減少。例如一九五八年七月十九日，時任「國際合作總署」中國分署主任郝樂遜（Wesley C. Haroldson）在與陳誠見面的場合中，即提到軍費支出過大的問題。又，一九五九年六月十一日，郝樂遜在中文雜誌《建設》的邀請下發表公開演說，並在演說中抨擊國民政府開支太大。當然，問題的禍首同樣是無度的軍費支出。爾後，郝樂遜向美援會提出八點改革建議的第一條即是：軍費應有限制，俾生產所得可供投資之用。❼

事實上，當時的軍費支出占了百分之五十以上，甚至高達百分之八十左右。但是，軍費削減勢必得其介如石的老蔣首肯，這幾乎是不可能的任務。後來據說經過嚴家淦這位深諳官場之道，好聽乃是「外圓內方」，難聽則是「見人說人話，見鬼說鬼話」的八面玲瓏好手，以簡單的三言兩語向老蔣解釋說：這個凍結其實不是凍結，而是國防預算會跟著物價調整。此番「依實際幣值調整」的另一種說法，終讓老蔣點頭首肯，凍結軍費支出。❽

一九六〇年七月二十七日，在陳誠與駐台灣的大使莊萊德（Everett Drumright）的會面中，莊萊德依舊對國府可否有效限制軍費支出提出質疑。陳誠解釋說：「目前軍費支出，主要乃是退除役官兵的支出。」❾於是，為了在名目上降低軍費支出，以及解決退除役官兵的就業問題，國民黨政府利用「軍職轉文職」的操作，讓本當是「軍費」項下的支出，變相地塞入政府其它經費名目中偷天換日，以此滿足美方軍費降低之要求。至此，軍方人員大舉滲透政府各個機構，除了一九五二年建立的退除役制度之外，一九五四年十一月一日成立「行政院國軍退除役官兵就業輔導委員會」，開始替這些退役軍人創造再就業的機會。裕隆即曾承接了上千名阿兵哥的轉任。❿又據傳高雄唐榮鐵工廠被政府充公，其中一個說法即是唐榮曾經拒絕把退役軍人塞進其工廠之中，因而得罪蔣經國所致。

此外，一九五八年二月二十日，考試院所制訂的《特種考試退除役軍人轉任公務員考試規則》，則為軍人轉任公部門文職機構開了一個大門。早期這種轉任考試種類廣泛，包括轉任鄉鎮或縣轄市兵役人員、轉任電信人員考試、轉任交通事業人員考試、轉任衛生技術人員考試及一般公務人員考試等等。以一九六二年、一九六五年兩次考試為例，即分別錄取了八千兩百四十三以及八千零七十四個名額。一九六四年九月十日，考試院又頒布另一項《特種考試國防部行政及技術人員考試規則》(國防特考)。此一考試屬於任用資格儲備考試，目的是為「文武轉任比敘」，讓軍人先取得文職轉任資格，從

▲只要陽光充足，光榮碼頭的天際線，定會讓心情也跟著清爽起來。目前光榮碼頭也設有水陸兩用觀光「鴨子船」碼頭。(陳奕齊攝)

一九六五到一九八九年停辦為止，總共舉辦十二次，及格人數達到一萬四千七百四十九名。⑪

此外，考試院又於一九六八年五月十五日頒行《國軍上校以上軍官外職停役轉任公務人員檢覈規則》。這是屬於先派職後認可的方式，以免取得任職資格卻無位置可塞之窘境。甚至在一九六八年四月也早就舉辦過「退除役官兵任國中教師檢定考試」⑫——遑論早在一九五二年中學以上學校學生恢復軍訓之時，軍人早已用軍訓教官的名義進駐校園。⑬整體而言，軍公教優渥的待遇與退休機制相較私部門優厚許多，各種優沃福利不僅引起非議，退休後的「十八趴」更引起各界批評。事實上，「十八趴」真正的名稱是「退休優惠存款」，而此一歷史沿革正源自當時為了降低軍事支出，便利用「優惠存款」的名義鼓勵軍方人員退休之故。爾後，公務員與教師也要求比照優存，最後優存利率固定在百分之十八的水準，而招致今日仍爭議不休的「十八趴」問題。⑭

於是，軍人大量轉進基層與中央各級政府機關之中，滲透並染指文官部門，信手拈來，俯拾皆是。以動員戡亂時期為藉口所打造的戰時體制，順勢展延成各軍種轉

寶島
中華民國八十三年六月十七日
〈老照片說故事〉 ⊙黃聰文
三十年前的公務員
三十年前，台灣經濟尚未發達，年輕人想當公務員過安定、有保障的生活，三十年後，台灣錢淹腳目，年輕人仍想當公務員，這是爲什麼呢？

▶這張一九九四年六月十七日的報紙提到，三十年前年輕人爭著當公務員，三十年後依舊如此，但過了二十年後的今天，情況同樣沒變。可見，台灣公部門相較私部門職缺而言，長期以來都是爽缺，且私部門受僱者的壓榨剝削一直非常嚴重。再者，早年公務員很苦的說詞只是一種神話，因為民間部門的人，更苦。若對照軍公教退撫快把國家財政壓垮的現狀，果真令納稅人氣結。（陳奕齊翻攝）

▲高雄港區的白天景致。現在的港區常會有遊艇進出，這在高雄港區的戒嚴年代中，實是難以想像。（陳奕齊攝）

進文官體系的「慣例」，並讓多個政府部門成為不同軍種麾下的禁臠。譬如民航局、華航就成了空軍的地盤；港口、中船和陽明海運（前身是招商局），遂變成海軍的屬地；交通、公路局等，每每就被陸軍給囊括，各種千奇百怪的「慣例」也就此產生：各港口港務局長由海軍將領轉任，而省府司管港務局的省交通處長，卻來自陸軍運輸等兵科，不一而足。

在山姆大叔要求降低軍費支出的壓力之下，各軍種滲透進政府文官體制中寄生，不僅在帳目上降低軍費支出，同時也可以維持並建構一套動員戡亂時期下的「戰時體制」。但如前所述，一九六二年至一九七二年的兩任省交通處長陳聲簧與陳來甲是出身自陸軍系統，於是在不同軍種間，抑或是同一軍種但不同出身的人員背景之間，也就難免充斥著各種鬥爭與拉扯。

這種內部拉扯，其實是在大家都分得到餅的前提之下。然而到了一九八〇年代中末期，軍方的空降安插，一來讓許多專科出身的公務人員高升無望，二來以非專業的軍人領軍的單位跟企業，實有許多為人詬病之處。因此，種種來自基層員工反對空降轉任，要求以專業考量為升遷依據的聲音，便逐漸在各系統中因內部員工升遷受挫而大量出現，並在國會招來反對黨立委的批評。

政府機構中，警政署、戶政機關、地方政府工務局、養工處、國宅處、民航局、航空公司與航空地勤、外交部大使、中央銀行發行局局長、審計部部長、主計處處長、國防部、省衛生處、水庫局局長、港務局長、人二系統、調查局等單位，其主管或重要職缺幾乎被軍方給囊括。此外，諸如陽明海運、中船或者台機、台汽等國營事業，大多也被軍方轉任給霸占；當然不消說「退輔會」旗下農場，或者幾十間投資企業，抑或是「黨跟退輔會」共同轉投資的企業，更是容納了大量的軍方轉任人員。時至今日，退輔會轉投資的公司，依舊有安排退休將領轉任董事長或總經理的慣例，坐領兩百萬年薪者比比皆是，而被立委指責是「帝王級肥貓」。⑮

至於民間機構如國民黨黨部、同業公會、或者各種體育協會等，也可見到退伍將官的出沒。譬如一九九一年二月二十一日、二十二日，剛成立沒幾年的民進黨邀集各界舉辦一場「全國民間經濟會議」。但是受邀的許多「同業公會」不太敢出席，原因之一是同業公會總幹事多由國民黨黨部或者軍方退休轉任者掌握，其根深柢固的深藍意識形態，對台獨的民進黨可說是相當敵視，可知國民黨的軍方轉任，除了公部門之外，民間團體也深受其染指。⑯

由於解嚴之後到一九九〇年代初，軍方轉任已深受抨擊，軍人退休後的轉任已不能再大剌剌地進行，國防部和全國工業總會於是提出一種「軍民合作」的構想，企圖讓國防人力移轉民間。一九九二年，首批退休軍官轉業的訓練開始出台，結果許多企業對此一「國防人力移轉民間就業」計畫持保留態度，並認為退休軍官的年齡及經歷，將對企業人事制度造成挑戰——簡而言之，此計畫的初衷「美意」，在企業界看來成了「強行安置」。[17]儘管政府不斷美化此一措施的成功，並吹噓至一九九三年已經結訓四期，並有超過百家民間企業機關接納這些退休的「優秀軍官」。然而，從此一專案突然從報章篇幅中消失，即可想見其實際成效究竟如何。[18]

至於軍方轉任考試在一九九〇年初受到強烈質疑，當年政大公行系教授許濱松更認為，《國軍上校以上軍官外職停役轉任公務人員檢覈規則》是台灣公部門最主要的「黑官」來源。[19]時任考選部長的王作榮則在一九九〇年指出，將考慮自翌年起修正《特種考試退除役軍人轉任公務員考試規則》，將退除役軍人轉任文職考試與高普考合併辦理，分開報名，採取同樣的試題及錄取標準，打破外界詬病已久的軍方特權優待。[20]然而，剛掌權不久的李登輝，尚必須透過將郝總長柏村拔擢為行政院長的方式，方能間接釋其兵權，於是面對軍方反彈，李登輝依舊不敢躁動，而在考選部發函行政院的回函中表示：「為貫徹政府輔導退除役官兵就業政策暨配合國防建軍需要，是項考試仍宜繼續辦理」為由，還是讓軍方轉任考試繼續保留下來。直至一九九九年，是項考試規則才修改成「限定其及格人員以分發國防部、行政院退輔會及其所屬單位」，以限制軍方對於文官系統的干擾影響。

總之，在一九九〇年代初反對黨立委的「黑官漂白」指控施壓下，台灣的政府文官體系才正式緩慢步上「文武分家」的正常化進程中[21]，而高雄港「軍人治港」的慣例，也在一九九二年由基層出身的葉永祥接任局長時，正式走入歷史。直至一九九五年葉永祥屆臨退休之際，隨即有流言指出省主席宋楚

◀位於漁人碼頭旁邊的「新濱碼頭營區」，是高雄港內目前唯一由軍方管理的碼頭。（陳奕齊攝）

瑜屬意海軍將領接任，而引來外界與員工的「走回頭路」之譏，終讓宋楚瑜收回成命，並迎來「專業治港」的新紀元。

## 高雄港的軍事部署

高雄港的軍事部署，除了目前依舊駐紮在「新濱碼頭」的海軍兵力與艦艇之外，13號碼頭更是長期被軍方占用，做為外島前線的軍需、民生物資和兵員的前送基地。遙想當年高雄港最有趣的軍事部署之一，莫過於「防潛網」。由於早年美援除了麵粉或牛奶等援助品之外，還包括軍品援助，因此一到子夜宵禁，高雄港便會在一港口拉起美援牌「防潛網」，以防敵人的潛艇靠近。笨重、過時的防潛網，是由環環相扣的鐵絲扣網而成，上頭必須繫上浮筒讓扣網攤掛在海中，然後每夜由小艇拉來拉去以為開關。但有時潛網鋼絲沒有完全收攏靠岸，便常發生誤鉤高雄港進出的船隻導致「脫排」的烏龍事件。爾後，實用性與操作性不足的落伍防潛網便被取消使用。

除了防潛網之外，「高砲部隊」也是高雄港軍事部署的一絕。二〇一二年暑假，英國為了防止倫敦奧運期間可能遭受的恐怖攻擊，竟傳出英國軍方準備在倫敦東部某公寓大樓樓頂部署地對空飛彈的消息。[22]這令人莞爾的「樓頂飛彈」，的確也曾在高雄港出現過。早年高雄港區不僅有碉堡，且在一九七〇年代之前，凡是平頂的倉庫，也會有所謂「高砲部隊」的進駐安插，以防敵機空襲。

據說後來高雄港區碼頭邊的倉庫，就盡量不蓋成平頂式，以防這些麻煩的砲衛藉機駐守。而海軍出身轉任高雄港港務長的孫化東先生，亦曾提及由於當年台灣仍處窮酸之際，進出船員往往會攜帶一些走私違禁品，儘管港警有所管制與查緝，但只消私下買通即可通融，於是這批駐紮樓頂的砲衛，長年在碼頭邊看船看久了，便也開始從中「揩油」。[23]孫化東費了九牛二虎之力，才將這些妨礙碼頭作業的碉堡，以及堅守倉庫頂樓的砲衛老爺請走。[24]

▲遺留在光榮碼頭地面上的鐵道，也間接說明了其用於軍事的前身。（陳奕齊攝）

▲圖為高雄港區少數仍可見的「碼頭防空洞」，位置在漁人碼頭旁的1號碼頭後方，高雄港關稅總局建物邊隅角落處。不過，此防空洞的入口處已被水泥給封死，無法使用。（陳奕齊攝）

上述提及「軍人治港」的港務局長，更會在治港的過程中，將本身的軍事想法逐一落實。以李連墀局長為例，其認為「軍人治港」的主要用意便是「配合作戰，便於聯絡」。因此，當時甫到任兩個禮拜的李局長馬上重新檢討、擬定新的「港區動員計畫」並逐一實現，例如讓高雄港重要的地點必備自動發電設備，蓋有掩體加以保護等等。此外，為了避免敵軍轟炸導致碼頭供油供水出現問題，凡是港區船隻可靠泊之處，皆設有十噸至一百噸大小不等的水池與油池。同時，李局長更糾正過往的民防、消防等避難原則，在碼頭空地興建防空洞，以及在庫房與辦公室興建防空室或防空壁等，實現「就地避難」之概念。當然，「分區消防」的想法也來自於所謂戰時考量。㉕

二〇〇八年七月十一日，以九十又八高齡逝世的李連墀局長，其在左營崇實新村的故居官舍也於二〇一〇年正式交還給軍方。而就在交還清點之際，竟發現此一故居後院有一座約可容納二十人之譜的「私人防空洞」。㉖由此可知，以「戰時港務局長」自居的李連墀，果然是一身「軍人本色」！

## 軍事化的管理：碼頭工人

高雄港區內除了具體的軍事相關部署之外，許多的制度設計也帶有軍事上的考量。以高雄港的警衛制度為例，早先警備總部還會派員在碼頭擔任警衛，但此舉在一九六二年引起非議，讓外國人誤以為台灣跟共產國家沒兩樣，警備總部便將之撤除。㉗而後，警備總部人員變身為「高雄港聯檢處」的檢查人員，換著海關制服上船檢驗，以免招致國際觀感的劣化。可是在威權戒嚴時期，警總人員仗恃其權力，在船上總是前菸後酒地索討，後來更因為設有便衣檢查走私，索菸取酒的文化遂變成現金小費，這讓高雄港有段時間總是「汙名」在外！㉘

又以承擔碼頭裝卸第一線責任的碼頭工人來說，高港碼頭工人不僅得常承擔戰爭期間的軍需品與軍事設備的裝卸，有時軍方也會主動徵用碼頭工人至外島前線參與裝卸工作。㉙

▲一九五〇年代，高雄港碼頭工會還曾成立一支棒球隊。（陳奕齊收藏）

▲高雄港區的夜晚，散發著一股魅惑迷人的色調，跟高雄港軍管戒嚴年代中的「閒人勿近」的夜晚景致，應該反差很大吧！（江怡萍攝）

八二三砲戰或越戰期間，布袋籍碼頭工人蔡萬海就曾說道：「八二三炮戰後我就來碼頭了，扛槍、米、糖運去抗戰，扛了兩年，當時被阿兵哥管，阿兵哥很凶，沒扛好就會被打，槍掉到地上就會被打，先在陸上扛槍，後來用吊車吊，槍、炸彈，有兩班，但吊槍也只能早上吊，因為晚上危險，吊槍不辛苦，但很危險，是扛槍最累，500kl 的槍用吊的，90kl 的槍用扛的，很嚴。」[30]

換言之，戰爭期間的碼頭工人不僅得直接受到軍事般的管理，海上班操作吊桿的工人，飛機、砲彈、坦克等危險物品，也必須來者不拒地吊掛。例如曾有一名工人，因操作吊機稍有誤差，導致機上所吊的砲彈傾斜一邊掉落地面，頓時碼頭上所有人都大吃一驚，所幸砲彈並未爆炸釀災。這件事情還上過報紙，工人名叫「許登源」，這也就是知名的「許登源事件」。[31]

此外，軍方動員碼頭裝卸軍品或軍需物資等，常會扣剋或偷斤減兩地少報碼頭工人的勞動所得，為了解決此一問題，軍方便設計出一套所謂「工資調節戶」的大水庫理論，利用此一戶頭來填補軍品裝卸工人薪資的不足額部分。[32]簡言之，一般業者與軍方裝卸給付的款項會進入同一個調節戶的戶頭項下，然後碼頭工人再從調節戶取得按噸或其他計酬方式算出的應得工資。如此一來，這個調節戶大水庫便可以彌補軍方裝卸長期撥款不足的問題，免得碼頭工人常常抱怨他們是無償或降價替軍方勞動。由上可知，高雄港的軍事部署，除了表現在硬體的軍事設施之外，軟體制度設計也隱含著軍事考量的「深意」。

碼頭工人按照隊班的形式來分組，即類似軍中連隊裡頭「排」和「班」的編制形式。同時，高雄港碼頭工人必須登記方能執業，這和二戰期間英國政府為了確保碼頭裝卸勞力來源以肩負軍事運輸的道理幾乎雷同。[33]由此可見，高雄港碼頭工人管理模式絕對有其軍事成色在其中，也因此，當一九九七年碼頭工人面對碼頭裝卸勞力壟斷取消，並開放自由競爭之際，碼頭工會便曾高喊：「碼頭工人是政府策動反攻的第二軍」、「在台海戰役年間，還是最有效率的軍事後勤協助作業單位」等溫情呼喚[34]，這便是早年碼頭工人制度中，摻雜各種軍管考慮的設計之故。

歷史一點靈

## 碼頭風雲如何擺平？

「拜碼頭」這句相當社會化又老成的口語，想必大家不陌生。「拜碼頭」這詞語如何生成演變，實難考察，但顧名思義一番，或許其源頭與「碼頭」此一勞動和作業的特殊性關係匪淺。事實上，早年碼頭的作業往往倚靠工人身上的扛荷勞力，辛苦異常，遂有「苦力」（coolie）之稱。因此，為防外來勞動苦力的競爭，並將微薄的工資拉低，世界上各類港口渡運「碼頭」上，以同鄉或幫派情誼搭建起專屬的地盤碼頭，以捍衛自身利益的情事就相當普遍。有鑑於此，個人臆測「拜碼頭」或許是源於這種必須尋求碼頭上既有利益者的首肯支持，才得以分潤霑染其間利益的形象詞彙。是故，碼頭風雲能夠擺平，即是意味著各方利益的擺平；亦即碼頭上的競爭，必須具備一套有序的遊戲規則，否則放任性的惡性競爭，只會讓碼頭風雲不斷上演。

無論如何，世界各港口展演的碼頭風雲，往往不脫以拉幫結社為碼頭利益之壟斷，並帶出各種私武力鬥爭拉扯的黑暗故事，每一齣皆有如世界知名影星馬龍白蘭度，其在一九五四年所主演的《岸上風雲》（On the Waterfront）一般震懾人心。例如，蔣介石與杜月笙互動交往的傳奇，其實就是青幫在上海碼頭風雲的微縮與聚焦，尤其國民黨與共產黨更曾利用青幫、洪門等幫派，以及會館等擬似血緣和地緣幅射散開的職業介紹所形成的勞動力市場的優位軸線，以順藤摸瓜般的手法，建立起國共兩黨之間鬥爭的基盤與歷史。[35]早年高雄港的碼頭風雲，當然也少不了這類以同鄉之誼、幫派之名和結拜之情所展開的交陪與衝突戲碼。[36]

因此，在威權年代之下，基於軍事與政治考慮，政府便利用碼頭工會壟斷整個碼頭勞動力的供給，讓只有登記在案的碼頭工人，才能在碼頭上工。於是，碼頭工人的待遇，便隨著經濟發展的勢頭，以及碼頭勞力的壟斷，不斷提升改善，甚至讓碼頭工人在一九九〇年代初的平均待遇，攀升到台灣製造業工人的兩倍以上。由可此見，原本透過同鄉跟拉幫結社以壟斷保護碼頭利益，並據此形成碼頭秩序的方式，便逐漸讓位給碼頭工會的全權壟斷，而形成一種「勞動卡特爾」（labor cartel）的狀態。當然，擺平了碼頭利益的分配，國民黨政府也就坐穩了其在碼頭的老大姿態，這也是為何高雄港務局在碼頭管理上，念茲在茲的莫過於碼頭工人工資的分配問題。37

事實上，這種為了免除碼頭因苦力競逐工作機會，而可能促發各種逞兇鬥狠的作法，在台灣更為古早的港口碼頭上也可發現。在台南西區「五條港」一帶，安平的碼頭苦力工資是以年齡計算，十六歲以上可以領成人工資，未滿者只能半價計。因此，為慶祝十六歲為成丁，得以變身為家庭經濟幫手，遂有「做十六歲」成年禮之習俗流傳。38又由於近年地方政府熱衷於發掘在地文化習俗並擴大為各種大型活動之傾向，「做十六歲」的儀式活動，遂成為這些年來台南府城的重要文化活動之一。

有學者較真地研究起「做十六歲」成年習俗的由來，並指證歷歷，認為此乃淵源於中國地方風俗的傳承與演變。39然而，從典籍裡頭替文化表現進行溯源解釋，除了容易流於形式上的比照考究之外，也忽略了文化本身的意義必須扣合在地社會此一載體，方能貼近其初衷意涵。如同英國的社會史學者認為，傳統除了有著與「過去」或「歷史」的關係之外，傳統的「再發明」，更有其「現在」或「現實」的目的。40換句話說，「做十六歲」的文化儀式縱使是起於更早的中國地方風俗，但兩百多年前安平地區碼頭工人的十六歲成年儀式的文化再現，某種程度亦就有其時空的現實社會意義。

此外，若從西歐的工業化歷史發展來看，一般家庭中養家活口的「頭家」（breadwinner），總是附著於成年男性的想

2006(CC)Koika（出鳥母宮）@wikipedia/CC BY-SA 3.0

▲台南開隆宮是「做十六歲」儀式最興盛之地，通常儀式是從「狀元亭」底下鑽過，象徵轉大人成年。

像，同時在十八、十九世紀工業化進程波瀾壯闊地在世界各地普及時，男性工會運動便專注於女性保護、童工保護和追加家庭工資（family wage），以對抗資本家利用更馴服與溫順的女工和童工，來拉低工資與強化勞動市場上的競爭。[41]說得白話一些，在市場競爭面前，是無分性別、年齡跟種族的；於是，十九世紀以來，工會運動相當專注於女工和童工保護，更提出義務性教育，以便把兒童轉介至學校等，這除了有讓更容易受傷害的童工與女工免於資本狼爪染指的人道顧慮之外，成年男性工人透過此舉，也可避免女工與童工勞力的無節制競爭，導致成年男性工人失業。

因此，以社會學想像進行觀照，即可理解以「十六歲」的童工半薪與成丁全薪的界限，並以「做十六歲」為成年禮的展演，某種程度是一項把「童工」與「成年工」進行勞力市場階層化的區隔建構。如此，碼頭苦力的勞力市場形成雙元狀態，不僅可降低家庭把童工送進碼頭工作的誘因，免去身體發展未臻成熟的童工因荷重而受到傷害，更可藉著「做十六歲」文化儀式，讓成年男性碼頭勞動力不至於受到任意與無節制的童工勞力供給，而招致削價性的惡性競爭。

那五條港碼頭工人「十六歲」的年齡尺度如何而得呢？儘管現代的生物醫學認為女性在十六歲時，身體骨骼便已經發育成熟，而男子則必須遲至十八歲方才完全定型；但根據傳統漢醫醫學理論《黃帝內經》之載，男子十六歲即已「腎氣盛」，並帶來各種體徵變化，如長喉結、鬍鬚、變聲以及骨骼粗壯成熟等等成丁的指標。因此，「做十六歲」此一具有漢醫醫理為據的年齡規格，便在為了維持一個有序的安平碼頭勞動市場，並避免成丁與童工間的惡性競爭，而重新在兩百多年前的台南五條港被發明出來。這是一個重新「被發明的傳統」，縱使起源並非台南，但卻鑲嵌著濃烈的台南安平五條港當年時空中，特有的社會與文化意涵——一種秩序的安定，同時解決台南碼頭勞力市場可能因放任性競爭導致的碼頭風雲！

# 令人心碎的「金馬獎」？

「金馬獎」是許多電影明星畢生追求的目標，但有一種「金馬獎」卻會令人生畏與心碎——那就是抽中金門與馬祖外島數饅頭的籤王兵種。外島當兵的寂寥已經夠心酸的了，何況比起本島服役更高的「兵變」（女友劈腿變心）率，每每更令抽中籤王的役男無不心碎一地。13號碼頭，正是這個把抽中籤王的阿兵哥送離台灣本島的前哨碼頭。42

抽中「金馬獎」的役男，會先在「壽山前送營」集結，然後便搭乘兩噸半的軍卡沿著鼓山路、五福四路、海邊路，最後抵達「13號碼頭」，等待俗稱「開口笑」的「戰車登陸艦」（LST—Tank Landing Ship）載往前線的金門馬祖丟包駐紮。隨著軍卡接近「13號碼頭」，這些金馬獎的阿兵哥心情亦就更加低盪，尤其看見在海

因為愛
ALL NEW LIATA 最新廣告影片深情故事
他，是即將移駐外島的年輕戰士
她，是即將與愛人分離的深情女子
在他離營遠行的日子
依依不捨的心情
使她有無論如何都要見他一面的勇氣
臨別之際
來自LIATA車主因深愛感動
而獻上的美麗花束
盈滿祝福美意
將相愛的兩顆心緊緊相繫
不變的真心相信來日必能重聚

◀一九九七年LIATA「因為愛」的專輯宣傳單以從壽山前送營出發，開拔至13號碼頭前往外島金馬前線服役的故事為背景。（圖由部落客「如果有床睡何必要臥底」提供）

邊路上碼頭大門架起的拒馬外送行的家人或愛人時，往往心底早已淚濕一片。約莫一九九七年，張學友的《妳愛他》跟劉德華的《因為愛》這兩首被福特六和汽車選為LIATA房車的廣告曲，即是以前進金馬外島當兵的阿兵哥被迫與愛人離別的意境所譜寫而成的歌曲，情歌與轎車雙收大賣。

事實上，早在一九六一年之後，高雄港務局便在愛河出海口的4號船渠附近興建登陸艇碼頭，以期能交換收回軍方占用的13號碼頭[43]，但最終還是不可得。威權時期軍方勢力之龐大不言可喻，但台灣社會歷經解嚴，政治也逐漸步上民主化後，軍方力量還是不容小覷。例如在陳水扁總統執政初始，不僅走馬上任後便巡視各軍種、勤跑基層和前線部隊，更恢復蔣介石年代的每月接見將領制度，希冀拉近軍中的距離。更有甚者，阿扁更得在軍中

▲光榮碼頭中那道潛入水中的斜面，即是登陸艇或者俗稱「開口笑」（LST）停泊之處。這斜面也說明了光榮碼頭前身的軍事背景。（陳奕齊攝）

不斷重申擁護中華民國憲法，並高喊三民主義萬歲等跟民進黨主張不搭嘎的八股口號，足見軍隊的勢力和影響力道有多深邃。[44]

儘管如此，高雄市政府還是不斷地向港務局爭取1～22號碼頭使用權，並透過將這些碼頭規劃成市民親水休憩的空間以贏取市民的執政認可。於是，卡在1～22號碼頭中間的「13號碼頭」，便成了市府如鯁在喉的一根刺。迨至二〇〇五年，高雄市長謝長廷高升為行政院長之後，軍方退出「金馬獎」碼頭並釋回市府一事，才終於迎來曙光。[45]只不過，隨著謝長廷於二〇〇六年二月的去職，軍方撤出碼頭的進度又再度延宕，直至市府經由陳水扁總統以及時任國防部長的李傑指示，才又讓軍備局坐下來開會協調。

根據當年擔任市長幕僚的陳凱凌的說法，原本軍備局堅持13號碼頭的西臨港線，乃是戰車運送作戰之用云云，但受到市府「為何不能用拖板車替代？」的質疑後便為之語塞，並在國防部長李傑的裁示下，終將軍方請出13號碼頭。[46]總之，虛與委蛇與老大不甩的軍方，要不是在高雄市府與中央皆是民進黨執政之下，軍方斷不可能退出13號碼頭。

或許，吾人會對軍方是否真的如此「食古不化」感到懷疑，但端看今日台鐵為了達致無障礙空間，而想要把月台高度拉高到跟火車同為一百一十五公分高之時，最主要的阻擾依舊來自軍方。軍方所持的理由是：軍方運送戰車、砲車等所使用的台車雖然高度約一百公分左右，但因為台鐵月台較低，台車仍舊可以從月台上方「懸空而過」，一旦台鐵未來把月台墊高，將讓軍方台車卡住而無法運行。此一爭議協調多次未果，台鐵雖建議軍方改以公路運送，但軍方始終不肯，甚至建議台鐵闢建「升降式」月台以為刁難，經過多次不為人知的斡旋之後，才換得軍方的退讓，同意未來如有超高、超重問題時，會改以其他途徑運送戰車等軍用品。[47]軍方退出「13號碼頭」的難度與政治意義由此可見。

## 退役碼頭，光榮傳承

95年10月2日高雄市政府以辦喜事的心情，葉代理市長特別邀請熱情的市民和做客的老外，協力推倒封鎖高雄市港近50年的「柏林圍牆」，光榮碼頭正式對外開放。隨後國慶晚會、海洋遊艇展、馬戲團表演等活動，均選在光榮碼頭熱情登場。

現時光榮碼頭更改建為遊艇碼頭，市民隨時可在市區看到各式遊艇。以往台灣雖被譽為遊艇王國，但台灣製造的遊艇多是外銷，國人對遊艇的認識尚屬萌芽階段。故此舉對高雄市民和大多數的台灣人民而言，在市區內可以參觀、搭乘遊艇，將是一個全新的生活體驗。

葉代理市長與各界代表參與13號碼頭推牆活動

▲都發局的宣傳小冊子上頭，以代理市長葉菊蘭跟市民共同拉倒13號碼頭蛇龍的照片，表現出13號碼頭的軍事解嚴意義。（圖片翻攝自都發局手冊）

於是，二〇〇六年十月二日，高市府為了慶祝取得這軍方盤據五十多年的13號碼頭，便舉辦了一場協力推倒封鎖高雄港五十年的「柏林圍牆」活動，象徵性地把13號碼頭的蛇龍圍牆拉倒，並根據過往「金馬獎」的歷史，重新命名為「光榮碼頭」！㊽從此，「金馬獎」碼頭便以「光榮」之名，走近高雄市民的休憩生活天地之中。

目前除了13號光榮碼頭本身之外，隔鄰接壤的14、15號碼頭也一併成為市民休憩空間，讓整個「光榮碼頭」成為港區最為寬廣與完整的碼頭區塊之一。在此漫遊，除了仍舊躺伏在地面的火車鐵道，猶如以無言啞然的遺跡姿態，訴說著這裡曾是那「閒人勿近」的軍事重地的過往之外，碼頭邊偶而可見奢華前衛的遊艇靠泊，以及靜謐地停靠在14號碼頭的古早台灣船「成功號」，在前軍事禁地上錯落著一抹由前衛風格與古早味道混搭而成的風景，宛如一幅具有後現代況味的風情畫。

不過殊為可惜的是，就在本書付梓之前，這艘古早味滿溢的台灣船已經運回台南安平港停放。當然，目前光榮碼頭如此具有後現代況味的景致，可能隨著未來流行音樂中心的建造，讓碼頭風貌再次變臉。故以此記述為文字快門，讓13號碼頭空間中曾寫就的種種風華，凝結停格在記憶的一隅。

◀停靠在光榮碼頭區的「台灣船——成功號」，船首明顯刻有一雙圓滾滾的眼睛。由於此14號碼頭是中信造船公司向市府承租，幸運的遊客，或許能看見此船停靠。（陳奕齊攝）

# 船的「眼睛」

二○一○年底，台南市政府委託松林造船公司復刻一艘十七世紀明鄭時期的木造古船——台灣船「成功號」竣工。長三十公尺、寬幅七點六公尺，船身三公尺，總噸數一百三十八公噸的台灣船，仿照三百多年前鄭成功率船隊從台南鹿耳門溪口登陸之景，於十二月初由安平漁港航行至鹿耳門溪口，將明鄭時期古船航行之姿重現國人眼前。這艘復刻版的台灣古船，船身材質與古早年代雖有所不同，但尺寸與造型，則是忠於原味來仿製。

這艘耗資億元打造的台灣船「成功號」，二○一一年十二月在高雄沿海執行夜航訓練時，主桅折斷，讓原本將於二○一二年三月進行的環島計畫延宕。目前台灣船暫泊於「光榮碼頭」隔鄰的14號碼頭等待修復。如果幸運的話，遊客還可親臨目睹這艘古色古香的台灣船。

根據台灣大百科所稱，台灣船是中國泉州福船的一種，是方船、是明船。日人稱來自台灣的船隻為「台灣船」（西方稱之為「Junk」，也就是所謂的戎克船），來自中國大陸的為「唐船」，來自西方荷、西的為「蘭船」[49]，當然也有學者認為戎克船應該正名為中式或華式帆船。但不論名稱為何，早年這些木造帆船的船首左右外舷，都刻畫有一對黑珠白圈的「眼睛」（船眼或龍目）。泊靠於14號碼頭的「台灣船」，船頭的左右外身也有一雙圓鼓嚕嚕的「眼睛」。早年淡水河的木造貨船船首左右也雕有一雙外凸的眼睛，周圍塗以格外顯眼的紅色料，所以稱為「紅頭船」。[50]

一般廣東潮州商人常被稱之為「紅頭船商人」，據說此乃源於一六八三年（清康熙二十二年）台灣鄭氏王朝覆滅，翌年清康熙原為圍堵台灣的海禁政策告終，但下海的船隻必須編號並在船頭塗色以資區別：福建綠色、浙江白色、蘇州黑色、潮州紅色。由此可知，台灣北部淡水早年紅頭船可能源於紅色潮商船隻。或許基於潮商或中國沿海華人往東南亞經商的歷史淵源，讓東南亞如泰國湄南河上木帆船船首，也都刻有一雙圓鼓鼓的眼睛。

這些中式木帆船長眼睛的典故，有著各種不同的傳說，如漁夫救神魚得靈眼之說。其中有一浪漫說法則指古早以前有位潮汕的年輕漁民許海，結識了跟隨父親從台灣至潮汕沿海捕魚的女子林珍，彼此心儀愛慕。後來，林珍病重無法出海，心繫佳人的許海便造木帆船打算至台灣探病。前後兩次皆受阻於海中礁岩而擱淺，迨至第三次失敗後漂流小島，偶遇老漁夫一席「船不長眼才觸礁擱淺」之說，給了許海靈感，遂在船首雕上雙眼，終於抵達台灣，親會佳人。此後，船長眼之說與慣習，便隨著此一羅曼史而傳遞開來，讓廣東、福建、台灣甚至東南亞華人木船，都配有一雙明眸。[51]

然而，船長眼睛的文化，並非古早中國沿海貿易航線的戎克船、舢舨等所獨有；事實上，根據日本考古民俗學家國分直一的研究，隸屬於黑潮文化的蘭嶼達悟族也在其大船刻上較為抽象的眼睛圖騰，並在中心刻上星狀的瞳孔。[52]此外，船長眼睛的文化表現，

▶蘭嶼達悟族人的船隻，船首的圓形即是日本學者國分直一指出的，抽象的「眼睛圖騰」。（陳奕齊攝）

也非太平洋黑潮文化傳遞所致；畢竟遠在地中海的迷你國家「馬爾他」（Malta）的漁船，也長有一雙可愛的眼睛。馬爾他漁船長眼的慣習，據說是受到西元前十二世紀縱橫海上貿易的腓尼基人的影響遺產。[53]

由此可知，船長眼睛不是南中國華人貿易文化的傳播、也非黑潮文化系統的專屬慣習，而應該是如民俗藝術研究者莊伯和所稱，辟邪目的的「眼睛」，是各民族文化中普遍共享的一種文化展現。

▲明輝雜菜攤」偶而也常吸引年輕的嚐鮮饕客，至此大快朵頤一番。（陳奕齊攝）

## 好康報你知

駐足「光榮碼頭」太久，或許會讓人沉浸在當年「金馬獎」的悲情情緒中難以自拔，如果想轉換心情，來點生猛有力的刺激，「明輝雜菜攤」[54]絕對是不容錯過的好所在。沿著13號碼頭後頭，青年路與永平路口的烤鴨店隔鄰，有一間擁有三、四十年歷史，幾乎是高雄碩果僅存的雜菜攤「明輝雜菜攤」。這間雜菜攤，可說是高雄碼頭工人和勞動草根階級的特殊飲食文化，想要「嚐鮮」補充體力並繼續未完旅程者，或許可在此來一碗擁有大補丸效果的「雜菜」，以及略帶苦澀卻相當有醒腦功用的提神飲品「透ㄟ」[55]，再上路！

「菜尾」（雜菜）的味道，對很多人而言，幾乎已成了記憶中鄉愁的味道；但如果是想嚐鮮卻擔憂衛生問題，不妨選擇以新鮮食材自行調配「雜菜」，同樣可以重溫這般記憶中的味道。在苓雅區忠孝路夜市，以及十全路上的玉市場旁邊，皆可找到這種以新鮮食材為料，卻同時封存記憶味道的「雜菜」攤位。

▲如果對於傳統作法的「雜菜」有疑慮，但又想品嚐傳統雜菜的味道，在高雄市青年路與四維路之間的忠孝夜市，則有一間以新鮮食材熬煮成的「雜菜攤」。（陳奕齊攝）

歷史一點靈

## 碼頭工人的「雜菜攤」

打從日本時代高雄被選為南進基地伊始，以至戰後一九六〇到一九七〇年代，國民黨政府將高雄打造成國際出口加工平台，以及基礎性重工業的堡壘後，工業勞動者的身影與文化，幾乎成了高雄現代身世的印記。因此，許多沿循著勞動文化或者職業工種本身所長出的各種特殊文化表現，讓高雄人與「頂港人／台北人」這個統領台灣金流與人流的都市人，宛如流著不同的血液，以待人接物上的直率隨和、生猛熱情與阿莎力等特質為名。

勞動，往往可以形塑或創造出許多相應的文化表現或慣習。尤其碼頭工人算是一種年代古早的勞動力販售者，舉凡有港口、渡船口或碼頭的地方，即有這種負重扛包的荷役身影。由於扛重的勞力耗費，當時高雄港碼頭「苦力」（coolies）最常出現的形象和裝扮，便是綁著擦汗的頭巾、腰間掛著鉤貨物的長、短兩把鉤子。也由於碼頭勞動特性，常讓碼頭工人身著內衣汗衫、甚至打赤膊以扛物，人類穿衣歷史上「內衣外穿」風氣便由此首開。就好像關於T恤的起源，即有一種說法是來自十七世紀美國馬里蘭州港口搬運茶葉的碼頭工人內衣，取茶葉Tea的字首「T」，「T」恤的名稱才由此誕生。[56]

其實早期到高雄港打拚的碼頭工人，除了一開始便有離鄉背井舉家遷出的決心者外，許多下到高雄碼頭從事「苦力」工作的臨時工人，通常只是為了「度小月」。譬如嘉義布袋籍鹽工在雨季時節無法曬鹽的日子裡，便宛如候鳥一般，越渡至高雄港幹起臨時碼頭工人，以為「度小月」的特殊方式。

當然，對某些布袋鹽工來說，從事苦力原本可能只是「度小月」的權宜之計，爾後卻成了終身勞動的職業行當了。這與家戶喻曉的台南「度小月」擔仔麵的其中一種起源說法頗為類似。古早台南繁榮的秘訣，乃是藉由港口與中國對岸城市貿易達致。但一遇到颱風季節，在港口搬運的苦力生活便陷入困境。因此，沒有苦力可做之時，便被稱之為「小月」（淡季）。為了生計，碼頭工人只好打著旗號為「度小月」的小麵擔四處討生活，沒想到這種油麵煮熟、上面灑些肉醬、蝦末的小麵點居然深受歡迎。據說當年這些碼頭工人幾乎都姓郭，所以「度小月」的始祖即是郭姓，不過，也有傳說始祖名為「洪芋頭」。[57]

碼頭文化，不管是土產或舶來品，早就以衣或食的形式，貫穿融入一般常民的生活中。但相對地，有更多碼頭工人特殊的文化，在歷史來去中逐漸淡出。高雄港區碼頭工人的一些特殊飲食文化，就是這種被迫淡出的故事。

民以食為天，食又是為了翌日勞動力的再生產，於是耗費體力與勞力甚劇的碼頭工人，當然也有一種宛如「大補丸」的補充體力之方法。五十年前，當高雄抓住工業化的尾巴之後，都市化成了許多勞工階級湧入後必然的副產品，因此，擺脫傳統「菜店」的新式餐廳等相對高檔的消費飲食場所，就開始隨著經濟發展而誕生，於是，一種專門收集餐廳的剩菜剩飯，俗稱「菜尾」的行當也開始出現。然後這些回收菜尾的小販，便將菜尾集中一起混煮，成了具有特殊風味的「雜菜」（大雜燴）。[58]

「菜尾」在農村地區也有，不管廟會或嫁娶的擺宴上，都會有剩菜剩飯，但這些剩菜剩飯在物質生活仍嫌拮据的年代中，仍是分送左鄰右舍的好佳餚。例如在中南部地區仍相當盛行的「黑松大飯店」（指路邊婚禮辦桌與宴客，據說這些在路邊搭起的臨時棚架上，都有黑松公司的標誌而得名），菜尾亦是被參加酒席的親友分包帶走。所以，大量且固定菜尾的出現，以及可以將回收菜尾事業化經營，只有都市裡頭才有可能發生，這也表現出都市化生活所帶來的新興飲食現象。因此，沿著高雄港區的苓雅寮附近，雜菜攤開始出現，並吸引一些碼頭工人的光顧。碼頭工人也透過這種方式，創造出一嚐高檔餐廳佳餚的機會。[59]

佳餚得配好酒，雜菜攤上面一種具有提神與酒精撫慰作用的飲料「透ㄟ」，變成了雜菜的絕佳配對。一大碗公雜菜，配上一杯「透ㄟ」，這乃是碼頭工人長期以來的高級享受。由於台灣勞動者長期的過勞，對於各種「提神飲料」有著高度依賴，以便「喝了再上」。因此，過往高雄勞

▶圖為早年「明輝雜菜攤」一景，其將近四十年歷史，可說是高雄碼頭工人飲食文化的一部分。（何明義提供，廖沛怡翻攝）

工朋友便熱衷以二比一的比例，將米酒和保利達B或維士比相混合，並將此調酒以台語稱之為「透ㄟ」。早期在高雄各大馬路、小巷的路邊攤上大快朵頤的勞工朋友，幾乎會叫上一杯「透ㄟ」以提神。這種混合提神飲料的名稱，則有05、16字（指米酒兩字加起來總共十六個筆畫），以及「黑油加汽油」（保力達B是黑色，米酒是白色）等名稱。[60]

於是，雜菜攤上三三兩兩的碼頭工人，就在這營造了一個屬於他們一日勞動後的休憩場所，也是屬於他們的私人招待所。對工人而言，這絕對不輸前國民黨大掌櫃泰公的「八樓招待所」。這裡雖然沒有官商交相賊的政治密謀與利益協商，但是這裡絕對有著碼頭工人對於高雄港發展的政經歷史的素樸批判與感嘆；這裡雖然沒有紅酒的杯觥交錯、抑或是香味四溢的XO，但是這裡絕對有「黑油加汽油」入喉的甘苦味與阿莎力般的生猛活力！

## 註

1. 大衛．朗格曾於一九八四至一九八九年間擔任紐西蘭第三十二屆總理，工黨出身的朗格，在任內大刀闊斧地採行市場開放與自由化的改革，招致外界指責其背離工黨的社會民主傳統而下台。二〇〇五年逝世，享年六十三歲。
2. 馬上青，《跨世紀之夢——亞太營運中心縱橫談》（高雄：作者自行出版，二〇〇〇年），頁九三～九四。
3. 參見台灣省諮議會編著，《李源棧先生史料彙編》（台中：台灣省諮議會，二〇〇一年）。
4. Enclave 來自於拉丁文，指涉「被關在內」之意，如同本國境內的另一國領土一般。
5. 馬上青，《跨世紀之夢——亞太營運中心縱橫談》（高雄：作者自行出版，二〇〇〇年），頁七二～七三。
6. 張守真（訪問），《口述歷史：李連墀先生》（高雄：高雄市文獻委員會，一九九六年），頁四。
7. 國史館檔案，典藏號：008-010109-00007-048，檔案系列：陳誠副總統文物／文件／石叟叢書／續編，檔案日期：一九五八年七月十九日。
8. 葉萬安，〈台灣經濟設計機構的變遷〉演講筆記，台北：近史所，一九九五年。
9. 國史館檔案，典藏號：008-010109-00007-070，檔案系列：陳誠副總統文物／文件／石叟叢書／續編，檔案日期：一九六〇年七月二十七日。
10. 外省財團裕隆在國家扶助下成立，一九五〇年代的第一批員工大部分來自軍隊的汽車部隊維修技工，因此，一九七〇年代初之前，報紙分類廣告鮮少發現裕隆的招工廣告。參見陳信行，〈就業、傳播與第一代工人階級生活網路的建立：新店地區 1970-1990〉，論文發表於「傳播與社群發展學術研討會」，地點：世新大學，二〇〇二年六月二十九日。
11. 柯承亨，〈軍職轉文職政策評估與探討〉，《國家菁英季刊》，第二卷第二期，二〇〇六年六月，頁一〇七～一二四。
12. 同前註。
13. 《聯合報》，〈社論——論中等以上學校恢復軍訓問題〉，一九五二年一月十四日，第一版。
14. 黃世鑫，〈由財政觀點評析18%的軍公教退休優惠存款〉，《新世紀智庫論壇》，第二十二期，二〇〇三年六月三十日，頁九一～一一三。

⑮《自由時報》，〈帝王級肥貓 立委：退休將領拿高薪〉，二〇一二年四月二十六日。

⑯《聯合報》，〈民進黨籌辦全國民間經濟會議 三大工商團體將不參加〉，一九九一年二月十日，第六版。

⑰《聯合報》，〈五年內將有千名退伍中上校轉業國防人力移轉民間〉，一九九一年十二月三日，第三版；《聯合報》，〈退休軍官40歲 大企業興趣低工總強調「適才適所」絕非「強行安置」職務「中級幹部」五年內將有千名退伍中上校轉業國防人力移轉民間〉，一九九一年十二月四日，第六版。

⑱《經濟日報》，〈退伍軍官走入企業表現優異〉，一九九三年九月三十日，第十版。

⑲許濱松，〈「黑官」的成因及其解決之道〉，《聯合報》，一九八八年六月二十七日，第二版。

⑳《民生報》，〈退除役軍人特考高普考 王作榮：明年擬合併舉辦〉，一九九二年五月二十一日，第十三版。

㉑《聯合報》，〈陳水扁說黑官漂白故事〉，一九九二年十二月十日，第十三版。

㉒《自由時報》，〈倫敦奧運反恐 公寓屋頂擬架飛彈〉，二〇一二年四月三十日。

㉓早年有些船員根本連薪水都沒有，必須倚靠船來品的「走私夾帶」，做為跑船的薪水收入。

㉔孫化東訪問（陳奕齊採訪），地點：高雄港裝卸公司，二〇〇七年三月九日。

㉕張力、吳守成、曾金蘭（訪問），〈李連墀先生訪問記錄〉，《海軍人物訪問記錄第一輯》（台北：中研院近史所，一九九八年），頁一～一一一。

㉖《聯合報》，〈李連墀故居 後院有防空洞〉，二〇一〇年五月十一日。

㉗國史館檔案，目錄號：475，案卷號：859。

㉘劉森榮訪問（陳奕齊採訪），地點：高雄小港區陽明海運辦公室，二〇〇七年四月二日。

㉙國史館檔案，目錄號：233，案卷號：622。

㉚參見魏聰洲、陳奕齊、廖沛怡，《移民、苦力、落腳處：從布袋人到高雄人》（高雄：高雄市勞工局出版，二〇〇五年）。

㉛「許登源」是發音，是否是這三個字，得查證之。同前註。

㉜國史館檔案，目錄號：233，案卷號：622。

33 吳榮貴，《台灣地區碼頭工人僱用制度之研究》，行政院國科會專題研究報告，一九九五年，頁十八。

34 吳全成，《高雄港碼頭工人史》（高雄：高雄港碼頭工會（未出版），二〇〇一年）。

35 Linda Cooke Johne, "Dock Labor at Shanghai", in Dock Workers, edited by Sam Davies et al., UK: Ashagte, 2000, pp.269-289. Perry Elizabeth, Shang on Strike: The Politics of Chinese Labor, Stanford University Press, 1993.

36 參見魏聰洲、陳奕齊、廖沛怡，《移民、苦力、落腳處：從布袋人到高雄人》（高雄：高雄市勞工局出版，二〇〇五年）。

37 袁劍春，《高雄港裝卸工資論》（高雄：高雄港務局出版，一九五〇年）。

38 《中國時報》，〈安平「做16歲」萬華鹿港共襄盛舉〉，二〇〇七年八月十六日。

39 彭美玲，〈臺俗「做十六歲」之淵源及其成因試探〉，《臺大中文學報》，第十一期，一九九九年五月，頁三六三～三九四；方雅玳，《府城開隆宮拜契與做十六歲儀式之研究》（台南：國立台南師範學院鄉土文化研究所碩士論文，二〇〇三年六月）。

40 參見霍布斯邦、崔姆．路普、摩根、康納汀、康恩、藍傑等著（陳思仁等譯），《被發明的傳統》（台北：貓頭鷹出版社，二〇〇二年）。

41 Angélique Janssens, "The Rise and Decline of the Male Breadwinner Family? An Overview of the Debate", International Review of Social History, Volume 42, Supplement S5, Aug 1997, pp. 1-23.

42 高雄市政府都發局，《水岸花香真愛高雄：高雄港1至22號碼頭及港區發展》（高雄：高市府都發局，二〇〇六年十一月），頁十六。

43 高雄港務局，《高雄港三十年志》（高雄：高雄港務局，一九七五年），頁二三五。

44 《自由時報》，〈陳水扁主政週年前瞻與檢討：國軍支持政府扮演穩定力量〉，二〇〇一年五月十三日。

45 《自由時報》，〈高港「金門獎」碼頭 走入歷史〉，二〇〇五年七月二十九日。

46 陳凱凌訪問（陳奕齊採訪），地點：高雄市府辦公室，二〇〇七年三月十五日。

47 參見《自由時報》，〈軍方一度反對台鐵月台4年內「無障礙」〉，二〇一二年三月二日。

48 高雄市政府都發局，《水岸花香真愛高雄：高雄港1至22號碼頭及港區發展》（高雄：高市府都發局，二〇〇六年十一月），頁十六。

49 台灣大百科全書，「台灣成功號」，http://taiwanpedia.culture.tw/web/content?ID=26128

50 周明德，〈淡水河畔憶「紅頭船」〉，《滬尾街》，第三期，滬尾文史工作室出版，一九九一年二月。

51 譚達先，〈木帆船的眼睛（傳說）〉，收錄於《海外華僑華人民間文學》（中國北京：中國戲劇出版社，二〇一〇年），頁九七～九八。

52 莊伯和，〈民俗辟邪物的藝術風貌〉，收錄於謝宗榮主編，《驅邪納福：辟邪文物與文化圖像》（台北：文建會出版，二〇〇七年），頁二二～二七。

53 鄭秋美，〈來去馬爾他Ⅲ：漁船有眼〉，二〇〇七年八月六日，http://blog.yam.com/chiumei/article/9293018

54 雜菜攤幾乎已經在高雄絕跡，不過不知道是經濟不景氣或什麼樣的變化，筆者曾無意間在高雄又發現兩間新設立的「雜菜攤」。如同香港傳統當鋪在經濟發展與銀行融資融貸的競爭下，客源流失而處於沒落之際，卻因為香港「外勞傭工」的新客源，讓香港典當業起死回生。因此，「雜菜攤」在高雄的重新出現，到底意味著此城市經歷了什麼樣的經濟與社會變化，實是值得吾人考察一番。

55 魏聰洲、陳奕齊、廖沛怡，《移民、苦力、落腳處：從布袋人到高雄人》（高雄：高雄市勞工局出版，二〇〇五年），頁一二七。

56 鄭麗園，〈世界新共同語言解碼 T恤文化前後看〉，《聯合報》，一九九三年二月二十四日，第二十六版。

57 蔡宏修，〈度個小月 大翻身〉，《聯合報》，一九九三年二月二十四日，第十七版。

58 目前所謂的「雜菜」並非以客人食用後的剩餘菜餚為來源，而是餐廳已準備但尚未賣出的多餘餐點菜餚。由於高雄市中正路上以中國觀光客為主要客源的「大牛牛肉麵」餐館，被媒體爆料指控其將客人食用後的剩餘菜餚進行回收，留待下位客人食用之新聞，於是，市府衛生局便前往稽查「明輝雜菜攤」是否回收客人食用後的菜餚，足見傳統上對「菜尾」（雜菜）的印象。《台灣時報》，〈雜菜店一起查〉，二〇一二年五月二十四日，第五版。

59 陳奕齊，〈碼頭工人雜菜攤〉，《石油勞工》，第三七七期，二〇〇七年六月。

60 曾大年，〈搖頭晃腦看米酒文化〉，《民生報》，一九九九年五月四日，第二十版。

Stop
第三站
III

# 12號真愛碼頭區

在碼頭的轉角遇到愛

## 半套版的「港市合一」

二次世界大戰終戰之後，高雄選出的省議員郭國基即要求高雄港必須歸還高雄市政府管轄，以便進行港市全盤性的規劃和發展。一九四六年，高雄市議會林仁和與曾宗鏞兩位議員，亦曾為了高雄港誰屬的問題而大打出手。❶不久後，隨著蔣介石在國共鬥爭中敗逃台灣，高雄港遂成為軍事戰略考量之要地，於是「省府託管狀態」就一直維持至一九九八年省府虛級化之後，高雄港才交還中央交通部管轄。

▲圖為一九四四年美軍轟炸高雄時所製作的高雄港地圖，圖中愛河入港處即是11號跟12號碼頭所在。（圖片取自維基共享，公眾領域）

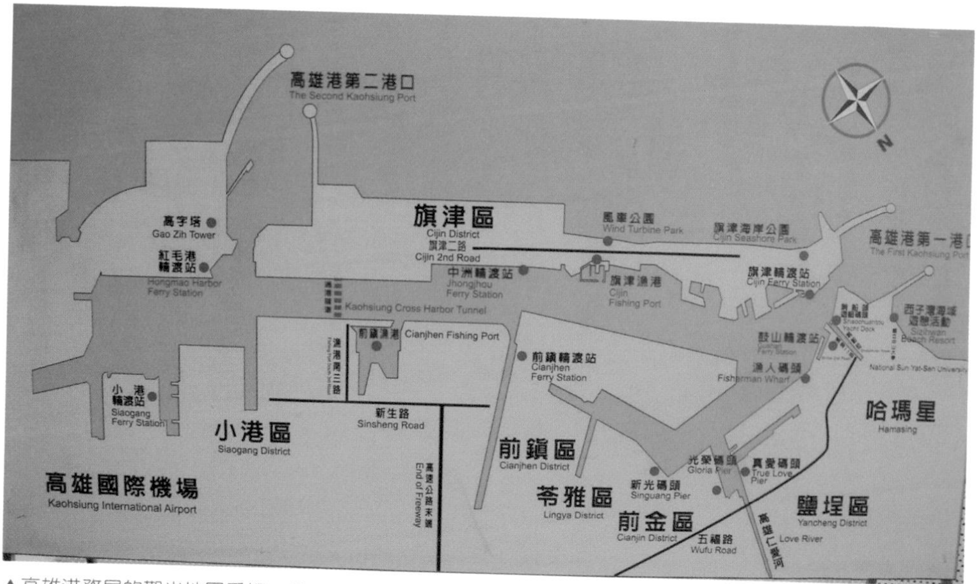


▲高雄港務局的觀光地圖看板，從一港口處進來到漁人碼頭，之後便可見到愛河入港處兩邊的「真愛碼頭」與「光榮碼頭」。（陳奕齊攝）

吳敦義在高雄市政府八年半任內，儘管「港市合一」口號繼續呼喊，並多次淚流，依舊解決不了這個懸宕多年的棘手難題。直到一九九八年十二月，謝長廷從吳敦義手中奪下高雄市政府的執政寶座之後，便戮力追求「港市合一」的夢想，企圖透過取回高雄港的管理權限，讓市港的規劃與發展能夠協調與同步，同時也呼應市民親水空間的籲求。不過，一家名為「乘龍港灣工程」的公司早早看準親水空間的賣點，曾私下於一九九九年在高雄港第五貨櫃中心臨海漁業船渠，以平台船改造成「海上餐廳」偷跑開張攬客，但由於並未取得港務局核可，該餐廳遂被依違反船舶法處以八萬罰金並勒令停業。❷

此時，港務局已深知獨攬碼頭空間、將碼頭視為單純的運輸經濟設施等思維，已屬落後。因此，在謝長廷入主市府後，首次釋放出12號碼頭以對外招商，希冀在碼頭邊提供市民高檔餐飲空間，以滿足市民親水休憩之需求。二〇〇〇年政黨輪替之後，市府要求「市港合一」的音量更加響亮，但唯恐「市港合一」後，地方政治的分贓慣習會介入專業化的港口營運，尤其二〇〇〇年之後，高雄港的貨櫃吞吐量排名，幾乎是以一年落後一名的速度被競爭對手給趕超，再加上「市港合一」所可能帶來的各項政經挑戰與拉扯；於是「市港合一」便在政治妥協下，以「1～22號碼頭」委交給市府，進行親水與休憩空間的發展，以解市民的碼頭親水之渴，搪塞掉「市港合一」政治支票。

最後，半套版的「市港合一」便以1～22號的使用發展權，分批逐步地委交市府的方式呈現。二〇〇五年十二月，位於1～22號碼頭中間地帶的「12號碼頭」，在市府耗費兩千八百萬進行空間再造，並以其位於愛河入港處之故取名為「真愛碼頭」後，正式向市民開放。二〇一一年，12號「真愛碼頭」和對岸13號「光榮碼頭」，都成為「海洋文化與流行音樂文化中心」的基地場址❸；屆時，「真愛碼頭」之名可能將如曇花一現、再次更名，基於此，為了保留屬於「真愛」的歷史記憶，就讓我們來展開一趟「真愛尋訪」之旅吧！

## 尋訪「真愛」的歷史足跡

12號碼頭位於愛河跟高港的交界之處，是觀看河海匯流雙抱的最佳地點。或許是因河港匯流與潮汐水流之故，跳愛河自殺者的浮屍，往往會往12號碼頭漂流而去。由於愛河左岸鹽埕區乃是早年高雄商業中心之所在，河邊鶯鶯燕燕遠近馳名，於

▲日治時期高雄港碼頭區，以愛河為中心分成西岸1～12號碼頭，與東岸的13～21號碼頭。此圖是日治時期高雄港碼頭作業一景。（圖片取自Taipics.com，公衆領域）

是，如同台南「運河殉情記」般❹，一九五九年九月十四日，12號碼頭亦駭然出現一具女浮屍，疑似是酒吧女的殉情故事。❺

由於高雄港身兼軍港、商港和漁港功能，再加上蔣介石反攻神話下所建構的戰時體制，高港許多碼頭設施因而受到軍方掌控與挪用。但隨著台灣加工出口導向經濟體的確立，至一九六五年之時，原料和半成品的進口，勞力密集成品的出口，讓高雄港逐漸熱絡繁忙，高港碼頭終於出現不敷使用之情形。於是，隨著出口戰略成為經濟發展主要目標後，蔣介石便主動關心基高二港壅塞之情形，軍方遂在一九六五年九月十五日首次將其占據的11號碼頭歸還港務局以為商用，此後，港務局才能將11號與12號碼頭一起濬深，增加船席調度的碼頭。要讓跋扈的軍方讓出長期無償占有的碼頭，原本是相當困難之情事，此次若非蔣介石出言關心，軍方對於港務局的要求定是置若罔聞。❻

▲當代高雄港散裝雜貨輪船的裝卸一景。（陳婉娥提供）

## 最愛「淺水牌」船來品

11、12號碼頭位於河港交界處，原屬「淺水碼頭」，後來規劃為高雄和離島澎湖或高雄與香港等短程航程的專屬碼頭。而台灣航業公司的高馬線輪船和岸邊碼頭候船室，是在美援挹注之下建立，並於一九五九年十二月五日舉行「澎湖輪」高馬線（高雄——馬公）之首航。此一澎湖輪乃客貨兩用，亦算是早年相當有趣的情況。❼

歷史一點靈

## 淺水碼頭上預演的「不公平貿易」競爭？

一九六七年三月四日，台航公司高雄辦事處職員陳雪飛，跟同樣是經營高馬航運的光和公司董事長發生互毆事件。台航指稱互毆起因乃攬貨糾紛，但是光和公司董事長卻說，互毆事件的導火線是因台航陳姓職員干涉「光和公司」私自利用公司堆高機車輛進行裝卸貨，違反了港務局規定並出言干涉所致。❽姑且不論真正起因為何，根據高雄港務局的規定，每一家公司的碼頭工人以及裝卸貨物的機具都必須由港務局提供，不得私自聘請工人和使用公司自身裝卸機具。❾

這種當今看來相當愚蠢和幾近嚴苛的規定，除了是因為港務局靠碼頭和機具壟斷做為主要收入來源之外，背後更重要的考量，據說是層峰唯恐台海戰端一啟，所有機具皆必須動員為戰事服務，若機具設備由民營公司私有，將造成戰事之阻滯。但若按照程序跟港務局申請機具設備、堆高機和碼頭工人派工，則勢必會有等候碼頭工人的時間，因此，光和公司為了生意搶快私自聘用工人與機具的行為，無異是擁有更高的攬貨競爭力。台航職員陳雪飛會認為：「若你使用民間堆高機車輛不合規定，如果各公司都照你這樣做，別人就沒有生意可做了。」❿此一互毆事件，充分說明了「公平競爭」下的商家利潤神經，才是互毆的主因。

必須跟港務局承租機具設備的規定，終於在一九八〇年代，美國雷根政府端出「貿易三〇一」對台灣施以貿易制裁之恫嚇時踢到鐵板。當時美國貨櫃航運公司便要求港務局，須允許美商公司使用自有的貨櫃吊車和裝載器具，不得強迫使用港務局的老舊裝卸設備，而斲喪其公司裝載競爭力。⓫最後，港務局在台灣總體貿易制裁壓力下讓步，此後台灣本地航商亦要求比照美國航商辦理，因而開啟了往後一系列所謂高雄港裝卸制度民營化與自由化的進程。⓬

事後觀之，高雄港民營化與自由化的真意，意味著在冷戰背景下的國共對峙與戰時體制逐漸冰消瓦解，而往正常化的進程邁進。同時，當年高雄港碼頭工人「喊水會結凍」的現實，也反映出基於戰時體制下，碼頭工人亦是戰時整備之一環，所有工人必須登記，加入碼頭工會並由工會認可身分，才可在碼頭就業。對於港務局而言，這不僅可以免除將碼頭工人納入公務人員之一環而要負起雇主之責，同時亦可收碼頭工人控管之效。此舉不僅讓高港碼頭勞動力市場形成「封閉工廠」（closed shop）⓭的狀態，並使得碼頭工人的薪資在壟斷之下節節高升，提升到一般製造業工人平均工資的數倍之譜。然而，碼頭工人在一九九七年底之後，前述由工會壟斷碼頭勞動力的狀況早已瓦解，各裝卸公司可以自行招募私人的碼頭裝卸工人，自此碼頭工人工資便像是溜滑梯一般，對折再對折。

這段故事間接說明一九八〇年代以降，各種「民營化」的措施在台灣實行，乃是國家從戰時體制的綁架中被釋放出來後，委由民間資本接手的歷史發展。亦即冷戰瓦解後，蔣氏「戰時體制」名義下的各種市場壟斷漸次鬆綁，改由資本跟市場進駐之歷史發展進程！

（臺灣高雄）高雄港岸壁のバナナ積込み壯觀
THE LOADING OF BANANAS AT TAKAO-PORT.
▲日治時期高雄港出口的榮景。（圖片取自Taipics.com，公眾領域）

事實上，早年「高港線」（高雄——香港）的貨船是舶來品「夾帶攜進」的主要管道，尤其在台灣長期進口限制的年代中，12號淺水碼頭更是走私相當猖獗的地方。因此，早年高雄市區八大行業中，客人手點的洋菸，嘴巴啜飲的洋酒，大家心知肚明，這些都是拜「淺水牌」菸酒所賜——由「12號碼頭」走私進口的舶來品牌子。至於這個因為高港線貨船停靠走私而油水最肥、最知名的12號碼頭，亦是「情治人員」後送香港轉進中國情蒐的主要碼頭。所以，據說上級要求對負有特別任務的高港線和12號碼頭「睜一隻眼，閉一隻眼」，著實也不奇怪。[14]

不過，當年台灣的經濟狀況普遍不如現時富裕，警衛也需要走私者的賄賂賺外快，「放水」的背後主要還是利益動機所致！況且，當時高港線的船員幾乎沒有薪水，而是倚靠船員跑單幫「走私夾帶」，將走私品進到本地市場寄賣以賺取差價做為收入來源。[15]所以，鹽埕區(舊)堀江曾經的繁華，跟這「淺水牌」舶來品也有著一段情緣。[16]

後來，淺水碼頭便索性轉為緝私艦專泊的專用碼頭，走私情事不勝枚舉。[17]例如一九七一年十二月十八日，巴拿馬籍的金宏號貨輪從香港運載廢紙並泊靠在12號碼頭，竟被緝獲大批所謂「匪偽物資」，如當歸等私貨。[18]一九七二年二月二十四日，另一艘巴拿馬籍貨輪明義輪亦被抄出大批私貨。[19]由此可見，當「淺水牌」私貨名聲越大時，遭受矚目而闖關失敗的風險亦就大增，所以私梟走私的手法也就不斷推陳出新、花樣百出。例如一九七三年四月十六日，港警發現12號碼頭外漂浮著一只舊籃球，撈起後竟在籃球底下起出吊掛著企圖闖關的私貨。[20]

▲高雄廢鐵進口裝卸一景。（陳婉娥提供）

這種丟包闖關的情況，其實早在高雄火紅的拆船年代中就屢屢發生，並有一群被稱之為「海蟑螂」的人們隨之出現。由於高雄港從一九六九年到一九八八年這將近二十年間榮膺世界拆船噸位冠軍，但勞動條件惡劣的拆船工人為了增加收入，常在船上切割鋼板之際，「不小心」讓切割下的鋼板噗通一聲掉進海裡，並待臨暗時分摸黑潛水撈起，做為拆船工人外快之來源。此一行徑，世俗看來並非什麼光明磊落之行為，於是被稱之為「海蟑螂」。㉑

除了私貨走私之外，黑社會角頭大哥往往也會透過12號碼頭走私「淺水牌」黑槍。一九七八年四月十三日，警方就曾破獲一艘「同豐號」貨輪的黑槍走私事件。㉔黑槍走私除了經由12號碼頭之外，透過拖進高雄港等待拆卸的廢船中以為走私，亦是主要管道之一。

一九八〇年代末、一九九〇年代初，那位時常拍攝寫實議題的林清介導演導了一部名為《大笑兵團》的搞笑影片，演員廖峻在片中飾演

歷史一點靈

## 當代的「海蟑螂」之解

當下說「海蟑螂」，也指那些橫行法拍屋市場的「兄弟」們。早期兄弟們明目張膽地透過圍標和圍人以為敲詐；爾後，兄弟勒索手法不斷翻新，譬如賴在拍定的房子內佯稱與舊屋主有租約，以向拍定人勒索搬遷費；抑或請幾個「理平頭、穿白布鞋」的兄弟坐在法拍的標地物前，造成拍定人心生恐懼、花錢消災。更有甚者，在法拍前故意在房子貼符咒，或佯稱其乃凶宅，讓想參與法拍者打退堂鼓等。這些在法拍市場出沒的兄弟們，也被稱之為「海蟑螂」。㉒

此外，早年在碼頭外邊等待換購船員「走私」進口的舶來品者，亦有「海蟑螂」之稱號。㉓

▲圖為高雄港區主航道俯瞰一景。高雄港區的開發便是從圖中旗后山邊開始往後發展拉深。（圖片取自高市府都發局全球資訊網「空中高雄」）

修船廠工人，在待修大型漁船上意外發現一袋中共黑星手槍，遂引來黑道和警方的追捕。劇情便是在廖峻無意中溜跑至在野黨造勢場合，遇到販賣民主香腸的卓勝利與牽手澎澎，而開展出一連串的搞笑故事。

## 「淺水牌」許信良？

12號碼頭除了走私槍枝和私貨之外，最引人注目的莫過於「走私許信良」。一九八九年九月二十七日，在民進黨創黨三週年慶的前夕，許信良從中國福建沿海搭乘漁船準備偷渡進台灣，並在高雄港外海被高雄海關緝私艦「德星號」無意中查獲，被押抵扣留在12號碼頭。消息一傳

出，數百名民進黨黨員在黨慶當天，集結在12號碼頭外高聲抗議，直至許信良被押至高雄左營軍港後，民眾才散去。㉕

一九七九年「橋頭事件」，余登發被捕，黨外人士集結高雄縣橋頭鄉。時任桃園縣長的許信良南下參與遊行，回桃園後便是山雨欲來風滿樓。首先，桃縣的「愛國」公務員們，在縣政安全室（後來的「人二室」），執掌公務員思想安全）的動員下，展開簽名籲求「槍斃許信良」運動。不久，監察院彈劾才當了一年七個月縣長的許信良，許氏夫婦便在一九七九年九月三十日，攜兩兒一女赴美。一九八〇年六月十二日，警備總部以許信良涉嫌叛亂，下令通緝，從此許信良滯美未歸。㉖一九八六年九月二十八日，黨外勢力匯整集結，民進黨成

▲一九八六年十二月，許信良企圖從桃園機場闖關入境，機場外接機的民眾與威權國民黨政府發生衝突。當年鄭南榕創辦的黨外雜誌《開拓時代》也大篇幅地報導此一事件。兩年後，許氏終於從高雄港12號碼頭踏上暌違多年的台灣故土。（陳奕齊收藏）

立，同年十二月一日，許信良便從日本搭菲航班機抵達中正機場企圖闖關，因被拒入境而折返。

一九八九年九月十三日，高雄縣余登發老縣長莫名死於家中，許氏再度闖關而被扣押。事實上，德星艦是在高屏外海進行例行性巡邏任務，前後搜查九艘可疑目標，遂在第九艘漁船「金滿財號」上頭發現欲闖關的西藏獒犬與洋煙酒等，同時發現一名無照男子。當許信良行蹤曝光時，臉色蒼白，身懷台幣與日幣鉅款，偽稱乃由福州欲抵台打工之「張正義」氏。㉗原本關員懷疑此一看似「知識份子」的偷渡客是中共情報人員，等到德星艦在高雄港第一港口外海，許信良聽到船長陳武全從擴音器下達進港部署的指令後，立即拿下假髮表明身分，並要求船隻泊岸後請律師到場。於是，12號碼頭便成了許信良名列黑名單與政治通緝犯多年後踏足台灣的第一步。㉘雖然偷渡失敗的許信良被以叛亂罪判處十年，但翌年一九九〇年即獲特赦，並於一九九一年擔任民進黨黨主席。所謂「上帝為你關了一扇門，必為你開另一扇窗」，雖然「淺水碼頭」擱置了許信良的偷渡行動，但還是讓許信良踏上了久違的台灣土地。

由於11、12號碼頭屬於淺水碼頭，往往只能停靠噸位輕盈的船舶，這也意味著在此作業的工人收入相對其他碼頭工人來得低，被分派至此的碼頭工人莫不抱怨。尤其在一九六五年，正值台灣出口導向工業化騰飛之期，但早年海上和陸上作業的碼頭工人的本位主義，不僅拖慢裝卸效率，更無法有效抒解港口貨物的壅塞。於是碼頭工人「固定碼頭」作業的制度便被利用於求取裝卸效率之提升，導致編隊至12號碼頭的工人多所怨懟。為了解決12號碼頭工人收入相較其他碼頭為低之情形，隊長劭進來即強調以「服務取勝」，主動推銷爭取船隻灣靠，終於弭平12號碼頭工人落後的收入。此一成就，至今仍是邵進來隊長最津津樂道之事。㉙

## 「真愛」的真實面目——恐怖海域？

早年高雄港內有拆船業，海上東一片、西一片的浮油是相當常見的景象。對許多高雄人而言，愛河曾為高雄「黑龍江」的歷史，或許至今仍然記憶猶新。更別說12號碼頭做為河港交匯點，海面下的藏汙納垢更是讓人驚懼不已，對高雄港海底打撈隊工人來說，可謂名副其實的「恐怖海域」。早年打撈隊有十名專業潛水伕，平時不僅要負責港內水下碼頭檢修、水下工程驗收、港務局船舶水下維修及港內沉船打撈等工作，有時還得接受民間委託，進行水下作業。㉚

高港打撈工人曾指出，嚴重的髒臭油汙及垃圾，是高雄港面臨的最大問題。愛河口的11、12號碼頭，前鎮河口的58號碼頭附近海底，累積著河流排入港內的大量市區廢水。潛水人員每次下水後，身上臭味餘韻繞樑兩、三日不散。至於28號碼頭則為口袋型水域，附近化學品碼頭排放的廢水無法沖淡，下水後皮膚隨即有燙傷之感，而前鎮漁港則是油汙與垃圾匯集地。因此，打撈隊工人形容高雄港是「恐怖海域」，上述幾個碼頭海底，恐怖指數更是破表。

打撈工作是相當危險的作業。除了意想不到的東西與嚴重汙染的油汙外，潛水伕病更是每個潛水員的惡夢。有些患者在離水數分鐘內，便不明不白地七孔流血而亡，也曾有應聲倒地，昏迷不醒者。對多數潛水員來說，經年累月的全身痠痛以及骨骼壞死的陰影，始終纏繞不去。而如今，放眼望去這一片迷人的「真愛碼頭」，恐怕沒多少遊客知道其背後歷經許多不堪的歷史過往！

消失的皇宮傳奇

▲宛如宮殿式畫舫造形的「海上皇宮」，目前停泊於倚靠駁二碼頭的3號船渠內。（陳奕齊攝）

一九九八年底，高雄市首度由在野的民進黨執政，謝長廷以許給市民一個「海洋首都」之願景，企圖藉由「港市合一」打造親水空間為其主要施政目標，再再讓港務局面臨前所未有的政治壓力。於是，港務局遂於一九九九年將利用率不高的12號碼頭轉租給「海上皇宮」公司，希望能拷貝座落於香港島的「珍寶」（Jumbo）海上餐廳的形式，打造一個美輪美奐的高檔海上海鮮餐廳，滿足市民親水的願望。

據說「海上皇宮」乃是由當時的傳媒大亨邱復生協同澳門賭王何鴻燊規劃，並由當時的年代及TVBS董事長邱復生，繼入主台開信託後，更進一步在高雄港投資八億元所成立的第一座海上餐廳——「海上皇宮」海鮮畫舫，並預定二〇〇〇年八月開業營運。當時亦有傳言指出，中國廣播公司也有入主

投資，但不論出資者為何，據聞總主廚與經營主管一律從香港知名的半島酒店與潮江春酒店集團延聘而來。㉛

這艘「海上皇宮」，船長五十二公尺，寬二十公尺，是一艘無動力平底船，配上四層樓高的宮殿式建築，不僅提供宮廷式的餐宴及舞台秀，更可容納兩千四百位客人。二〇〇〇年二月六日，眾人引頸企盼的「海上皇宮」母船，終於從香港以平台船運抵高雄港。㉜「海上皇宮」集團總裁周義峰更信心滿滿地指出，有鑑於香港「珍寶舫」海上餐廳的成功經驗、澳門賭王何鴻燊的加持、兩百八十位從「國立高雄餐旅專校」三個月魔鬼特訓出來的本地服務員，再加上船上廢水與廢油妥善處理後的零汙染，一切宛如「海上皇宮」指日可待的未來。㉝

海鮮畫舫造形的皇宮餐廳，入夜點燈後以夢幻瑰麗的復古風格，成為高雄港的新地標。當時蒞臨參訪的經濟部長王志剛，更以「第一流海上餐廳中的第一流」加以形容。㉞同時，「海上皇宮」全船一千五百七十七坪的營業場地，美輪美奐的氛圍不僅提供清宮廷饗宴、港式飲茶，更比照國際規格複製露天「堤岸」咖啡座與法國「紅磨坊」秀場，營造出嶄新的「吃」相，搭配現場古典樂章的「聽」覺享受，以及精緻手工文化的觀「看」藝術，宛如在文化沙漠的高雄，浮現出一塊具有高檔「品味」的綠洲。除了吃、看、聽之外，皇宮中那把價值不菲的骨董「龍椅」，更可讓顧客拍照留念一圓皇帝夢。㉟

二〇〇〇年三月四日，「海上皇宮」海上餐廳的子船——廚房船「海上御廚」，終於自香港運抵高雄港12號碼頭。「海上御廚」船長二十六公尺，寬二十公尺，上有各式廚房烹調設施及冷凍冷藏、衛生環保等設備，一旦母子船連體組合完畢，皇宮隨即開張接客。詎料「海上皇宮」開幕日期再三延宕，先是申請時的關卡障礙，復因船舶檢丈、消防及環保等冗長檢查，不僅錯過二〇〇〇年農曆過年前的結婚旺季，連踵接其後的總統大選期間的「選舉宴」也沒能趕上。㊱千呼萬喚，二〇〇〇年五月二十七日，皇宮終於在市長謝長廷、港務局局長游芳來，以及「海上皇宮」企業總裁周義峰等人共同剪綵下，隆重開幕。[37]

## 「一頁」或「一夜」傳奇？

二〇〇〇年三月十一日，高雄航港婦女互助會選12號碼頭「海上皇宮」前廣場舉辦「心手相連、感恩聯歡餐會」，席開四十桌，並插上國民黨總統、副總統候選人連蕭配的旗幟以「明志」。[38]同時，李登輝亦在海上皇宮旁的「高雄港碼頭工會」會址所在，參加碼頭工人挺連造勢活動。[39]但政治如風雲變色，說變就變，這些選在12號碼頭廣場上演的政治「李連麻吉秀」，在二〇〇〇年大選落敗後，一切隨即走樣變臉。而當初敲鑼打鼓好不熱鬧的「海上皇宮」傳奇，也僅風光開幕十月餘，便告落幕，徒留一片面面相覷的驚愕。

▲真愛碼頭的天空，錯落著崢嶸拔尖的高聳建築，是攝影愛好者的常駐取景點之一。（陳奕齊攝）

「海上皇宮」於二〇〇〇年阿扁就任總統滿周紀念日沒多久後開幕，但在同年底尚未過完，耗資八億元、以八年時間規劃建造，並在四月試賣、五月底開幕的「海上皇宮」傳奇，竟然就面臨垂死前的掙扎。此一金碧輝煌的中國宮殿造型餐廳船，曾雄心勃勃地想要以臨海新地標之姿，帶給高雄消費者一種新穎的「飲食文化饗宴」，詎料從二〇〇〇年九月起，便傳出積欠員工薪水之醜聞。原本兩百八十多名員工，不僅腰斬至一百三十餘人，年底更有上百名員工向市府勞工局提出勞資爭議調解。[40]

二〇〇一年三月二十八日，高雄港區破天荒地把碼頭空間釋出，標榜市民「親水休憩空間」的「海上皇宮」餐廳，終於吹上了熄燈號。從二〇〇〇年五月二十七日到二〇〇一年三月二十八日為止，壽命僅僅維持了十個月又一天。其實早在欠薪消息見報之時，皇宮的總裁特助張青皓就曾無奈地指出：當初該餐廳定位為「國際級的高級餐飲」路線，而未考量到台灣本土的消費型態，一旦台灣旅遊餐飲業景氣下滑，再加上以「企業主體」為客群主體的外移[41]等，再再讓皇宮傳奇難以為繼。

張青皓詰屈聱牙的說辭背後，即是意指高雄不僅沒有外來的高檔消費者，連本地的高檔消費者（企業經營者），也早已隨企業外移而流失。至此，海上皇宮就如同民國成立後，仍活在紫禁城裡頭的「末代皇帝」般，只能待在12號碼頭邊憑弔哀憐，縱連高雄港務局都成了海上皇宮的債權人。

歷史一點靈

## 高雄港空間解嚴的歷史意義

一九八七年解嚴之前，號稱台灣最懂得善用傳媒進行政治行銷者，非外號「大頭成」的蘇南成市長莫屬。㊷任期從一九八五年五月三十日至一九九〇年六月十五日的蘇南成，打從其擔任台南市長伊始，即是政治行銷包裝的箇中能手。就任高雄市長之後，搞出萬人壁畫、千人畫展、海上大餐與彩繪大地等活動，進而攫獲媒體與市民的高度關注。

一九八五年十二月三十日，大頭成市長在高雄港區內的前鎮漁港漁市場頂樓舉辦「海上大餐」，市府不但邀請中正高工管樂隊於現場演奏，更請來全國藝文界人士來點奏樂曲。為了此活動，漁港旁的船隻還特地裝上明亮燈飾，整齊地停靠在岸邊供民眾參觀欣賞。彼時的這場「海上大餐」所意欲彰顯的「藝術饗宴」，至今想來可笑，但除卻蘇南成的政治作秀意味之外，其實某種程度也表現出高雄市民對親水休憩空間的一種想望吧！

二〇〇二年十月底，大卡威公司以開發一個「兼具文化展覽、休閒娛樂與異國美食」的漁人碼頭，標得高雄港1號2號碼頭的開發案。二〇〇四年之際，業者更以「解放五十年禁區」為名，吸引消費者對漁人碼頭的好奇與青睞。由此可見，高雄港區碼頭親水權的釋放，實有其港區空間解嚴的歷史意義！

◀當年開發高雄港「漁人碼頭」休閒天地的業者，打出的可是「解放五十年禁區」的廣告，足見高雄港區幾十年來「閒人勿近」的神秘姿態。（陳奕齊攝）

二〇〇一年八月七日，高雄地方法院執行處開拍遭到查封的皇宮，吸引近兩百人前來競標。從上午持續到晚上，幾乎所有拍賣品都以低於市價的好幾倍拍出。43可是，截至二〇〇四年六月止，本來富麗堂皇的船體，竟淪為尾大不掉的流當品，拍賣三次皆乏人問津，想來諷刺辛酸無比。44事實上，皇宮總裁周義峰曾於二〇〇〇年十一月七日，向北市府申請到關渡的淡水河邊營業，圖謀再起。當時北市府以「等藍色公路開通」之後再申請，一度開啟了皇宮再生的契機。畢竟大台北地區據說六百萬高檔消費人口的護持，定可讓「七星級」服務的海上皇宮再次容光煥發。詎料台北市府的研商再研商，還是讓皇宮北移夢再次破滅。45

歷史一點靈

## 皇宮不敵小吃部？

以國際規格自我定位的「海上皇宮」蒙塵之際，高雄旗津一家從一九九五年以海產小吃部起家的「萬三海產」，便以百元一盤海鮮的方式打出知名度，連台北朋友來高雄遊玩都會指名這家「萬三海產」。46「萬三」爆紅後，附近海產店生意被吸納殆盡，由於生意火紅，還曾爆出離職員工眼紅下毒，導致食客中毒之事件。當年事件傳出後，報紙即報導萬三海產日收過四十萬，月收上千萬之新聞。而萬三似乎也發生了商標登記的雙胞案件。舊萬三改成「萬二」，而另一

▶座落於旗津路上的「萬三」海產小吃店內訌分家成「萬二」與「萬三」，雖從外觀看來無比尋常甚至帶點髒亂，但至今依舊是人聲鼎沸客源不斷，足見高雄飲食M型化的現象。（陳奕齊攝）

長期泊靠高雄港12號碼頭的「海上皇宮」，因船體處於流當狀態，遂成為港區白鷺鷥新家。棲息船上的鷺鷥群，常在碼頭附近水域覓食，成為港區的一個新景點。港務局希望有人接手「海上皇宮」，加入高雄市港發展觀光的行列。

▲高雄港散裝碼頭作業一景。（陳奕齊攝）

家以「萬三」為名的海產店則矗立在一旁。

市民口中「佛心」低價位的萬三海產店，甚至在春節期間的交管中，會刻意禁止「萬三海產店」前後三十公尺臨時停車上下客，以免交通阻塞，可見萬三的火紅。

47 而不論「萬三」或「萬二」，兩者走的都是基層路線，對比起高檔價位的皇宮路線的殞落，背後隱隱透露些許高雄發展的問題。

事實上，當台灣鸚鵡學舌的眾媒體熱炒大前研一的「M型社會」此一來自馬克思對資本主義社會兩極分化的必然發展説詞時，台灣的各城市發展景況，似乎也早就呈現出這般「M型」的狀態。換言之，台北跟高雄的命運，如同以南北的地理座標做為M型的兩端。

在M型社會中，要嘛走低價位，要嘛走高價位，迎合的是中產階級的空洞化後，往兩端擠去的人口。台北高級餐廳、精品店和星級厚德路的陸續開張之際，另一端的高雄卻是地下經濟部門的攤販量激增，以及高檔海上皇宮宛如流星般的匆促倒閉。這正説明了台灣扭曲發展下導致南北失衡，造成北高消費能力的巨大反差。高雄跟台北，其實就是以城市為界別，作為M型社會的最佳例證。

直至二〇〇四、二〇〇五年左右，海上皇宮才又從12號碼頭移至「駁二藝術特區」旁的3號船渠停泊。至此，「海上皇宮」來不及書寫的傳奇，便以落寞且日漸毀壞之姿，塵封在船渠內而遭人遺忘。

## 「真愛」誰屬？

「真愛碼頭」誕生後，遂成為搭乘遊港碼頭的地方，以及市府舉辦活動的常用地，無論是集體結婚，或是「鴛鴦海轎，藍色婚禮」、「真愛12，甜密99——星光電影院」、「高雄愛漂亮時尚秀」、「大高雄最愛雄好吃、雄好玩」等，活動可說難以計數。但碼頭從運輸裝卸變成吃喝玩樂活動的場地時，當然也招惹各種反對聲音，尤其是那些碼頭使用權受到擠壓的航商。

高雄市船務代理公會理事長王武雄以「台灣會死！不搞經濟搞喝咖啡，哪有那

▲變身為「真愛碼頭」的原12號淺水碼頭，目前是情侶拍照跟搭渡輪遊高港的好所在。（陳奕齊攝）

▲圖乃「真愛碼頭」一景，圖中倉庫也改成開放空間。（陳奕齊攝）

麼多人在喝咖啡？」痛斥這種把碼頭變成吃喝玩樂、活動空間的行徑，並揚言如果連16號以後的碼頭也開放，誓將抗爭到底。[48]依航運界看法，市府這種「就是搞吃喝」的作法根本是本末倒置，如同二〇〇六年七月，高雄市船務代理公會理事長顏銘傳所抨擊：「內耗性的市民休憩，不該取代貨運碼頭賺外匯的功能。」因為根據航運界的說法，高雄港務局近年來陸續開放散雜貨碼頭供市民休憩，導致適合散雜貨輪泊靠作業的碼頭減少，而高雄港散雜貨的裝卸量，約占高雄港總貨物量的一半，但近年來縮減的散雜貨碼頭，都是較適合散雜貨輪泊靠作業的碼頭。[49]於是，市府市民以及航商之間對港區碼頭與城市的發展議程，便有著看似對立的想像。究竟碼頭誰屬？是航商的運輸經濟該優先，抑或是市民的休閒觀光該受到重視？「航商＋港務局＝港口經濟發展」vs.「市府＋市民＝選舉和觀光」的命題，亦就成了港區碼頭開放過程中，彼此對立較勁的兩造。[50]

市民在找尋「真愛」的過程中，惹起航商「真愛被奪」之怒，未來勢必會隨著「真愛」碼頭成為流行音樂中心的場址而塵埃落定。但在這場由市府跟航商領銜主演的碼頭「真愛」爭奪戰中，所呈現的是在過往戰時體制下，以戰略之名把高雄港空間從市區切割，並獨尊航商經濟的過往，與台灣政經轉型背景之下所擦出的火花使然。「真愛」難尋，一旦尋得，便得細心呵護；同樣的，真愛變身成「流行音樂中心」，可否就此引領高雄流行音樂文化的起飛？抑或再度退轉成另一座蚊子館？實是有賴市府與市民協力呵護。

歷史一點靈

## 12號碼頭區的風華記事

「12號」碼頭變身「真愛」之時，高市府便以總建設費達九千五百七十五萬元的「3號船渠、11、12號碼頭東側水岸開發工程」，將這些建於一九一二年，錯落於舊倉庫區中的百年歷史老倉庫給拆除殆盡。[51] 市府新工處長盧正義指出，位於11、12號碼頭的三間倉庫，事實上是在一九六九年與一九五九年建造，並非日治時期倉庫，且內部鋼架構造已不堪使用，必得拆除，況且高雄市還有七十多座倉庫碼頭云云。[52] 最後，真愛碼頭只留下一座倉庫「屋頂」。

事實上，日治時期的倉庫其實相當難得。根據港史館的義工李嘉璋伯伯表示，他在高雄港服務近數十年的歲月中，日治時期建造的碼頭倉庫，硬是比國民黨政府來台後建造的倉庫更為耐用。在一九四九年八月二十三日，高雄港曾發生滿載中國逃難來台難民和軍需物資的「眾利輪」（China Victory Steamship）爆炸事件，引發死亡近百，輕重傷者六百名以上，受災的市區跟港區面積更廣達二十四平方公里。就連停靠港區的載貨火車廂都被巨大的爆炸威力給震飛而落在港區倉庫頂之時，這座倉庫卻沒有多大損傷，足見日治時期建物之耐撞和堅固程度。[53]

▲真愛碼頭內保留下的倉庫，已成為開放性的空間場地，假日常有在地街頭藝人的表演。（陳奕齊攝）。

由於當年驚慌逃難，眾利輪上混雜著軍火與難民的物資，碼頭邊則有許多剛從中國倉皇來台，不知未來何去何從的難民。所以一傳出爆炸事件可能是匪諜的破壞傑作時，碼頭工人郭明燦便受到一番嚴格審問。[54]而早年港區發展尚未往苓雅區南方延伸，眾利輪爆炸事件的地點——即緊鄰12、11號碼頭旁3號船渠的另一邊的10號碼頭，是位於港區中央最佳的深水碼頭，與位於愛河出口處的11、12號的淺水碼頭不同。所以，當時10號碼頭爆炸對港區是相當大的斲喪，所幸後來有美援挹注，10號碼頭重建工程迅速於一九五二年三月完工。[55]

然而10號碼頭依舊是多災多難。一九五五年五月九日，軍方在此碼頭搬運廢彈裝載駁船，準備至外海投海之際，再度發生爆炸事件。56後來軍方雖有專屬13號與緊鄰的登陸艇碼頭，以為能就此脫離充滿災厄的10號碼頭，但沒想到竟然在一九六一年四月五日凌晨，又發生了「光隆油輪」連續三次爆炸的事件，造成六十多名傷亡的慘劇。57此一爆炸事件終於催生了《國際港油輪管理規則》，也讓高雄港務局對碼頭的保護更加急切，例如一九六三年高港局跟中油，就曾經為了是否可讓兩艘油輪同時抵達高港卸油一事槓上58，畢竟碼頭可是港務局的生財工具。

「12號碼頭」更名為浪漫的「真愛」之後，並不會讓市民自動心生「珍愛」，除非我們可以貼近這座碼頭空間所留下的或美麗或不堪的風華之中。唯有如此，我們才得以記憶，或憑弔，或讚嘆，也才能在駐足漫步之際，從那拂面輕吹的海風中，聽到那些曾在這河港交匯的碼頭所展演的歷史氣息與脈動。

▲圖中左方愛河入港處，可見3號船渠。船渠最邊角之處，即是高雄港最多災多難的「10號碼頭」。（圖片取自高市府都發局全球資訊網「空中高雄」）

註

❶ 林曙光，《打狗瑣譚》（高雄：春暉出版社，一九九四年），頁九三～九四。

❷ 《經濟日報》，〈海上皇宮決開海上餐廳〉，一九九九年六月十一日，第三十七版。

❸ 按照市府的規劃，跨越愛河口的含括11～15號碼頭，全數將變身成為「海洋文化與流行音樂中心」的場址。

❹ 一九五六年的台語電影《運河殉情記》，是何明基導演以藝旦寶美樓上班的陳金筷，為愛跳入「台南運河」殉情的故事為原型改編而成。參見陳奕齊，《黨國治下的台灣「草民」史》（台北：前衛出版社，二〇一〇年），頁二一二；柯榮三，〈新聞・小說・歌仔冊：「台南運河奇案」原始事件及據其改編的通俗文學作品新論〉，《台灣文學研究學報》，第十四期，二〇一二年四月，頁七九～一〇三。

❺ 《聯合報》，〈高港浮豔屍 身分未分明〉，一九五九年九月十四日，第四版。

❻ 《聯合報》，〈高港十一號碼頭 明起停靠商船〉，一九六五年九月十四日，第二版。

❼ 《聯合報》，〈澎湖輪昨行開航禮 明日首航馬公〉，一九五九年十二月四日，第二版。

❽ 《聯合報》，〈爭運銷往馬公香煙 兩家航業機構 發生正面衝突〉，一九六七年三月六日，第三版。

❾ 高雄港務局，《高雄港三十年志》（高雄：高雄港務局編印，一九七五年），頁一七二～一七六。

❿ 《聯合報》，〈顏春木自稱 也是被害人〉，一九六七年三月七日，第三版。

⓫ American Shipper, "Chief Target of Unfair Trade Practice Legislation," , American Shipper, 1987（May）, p.74.

⓬ 海運月刊編輯部，〈台北市商業輪船同業公會對高雄港務局建議事項一覽表〉，《海運月刊》，一九八九年十二月，頁六二。

⓭ 從勞力市場的角度而言，高雄港碼頭工人在碼頭可說是「勞動卡特爾」壟斷（labor cartel），若從工會角度而言，為防沒有加入工會的工人對工會成員造成傷害，許多工會會提出類似「封閉工廠」（closed shop）或者「工會工廠」（union shop）的條款，約束雇主只能聘用工會成員上工，以作為工會保護的條款。請參見Joan E. Pynes, Human Resources Management for Public and Nonprofit Organizations: A Strategic Approach, N.J.:Jossey-Bass, 2009.

⓮ 馬上青，《跨世紀之夢——亞太營運中心縱橫談》（高雄：作者自行出版，二〇〇〇年），頁一〇二。

⓯ 劉森榮訪問（陳奕齊採訪），地點：高雄小港區陽明海運辦公室，時間：二〇〇七年四月二日；陳秉正，《高雄

市鹽埕區堀江商場的發展與變遷》（台東：國立台東大學區域政策與發展研究所碩士論文，二〇〇六年）。

⑯ 很多跑香港的船員帶回走私舶來品之後，守在碼頭外所謂的「海蟑螂」，就會向船員收購物品來販售。堀江的舶來品來源除了走私貨之外，有些也會隨著美國大兵抵達高雄而來，美國大兵會在美軍的俱樂部購買各種東西贈送給七賢路上的酒吧女，有些則會流到堀江寄賣。參見陳延平、陳慕貞訪問，《港都酒吧街口述歷史》（高雄：高雄市文獻委員會，二〇〇七年）。

⑰ 當漁港走私更猖獗與容易後，「漁港牌」洋菸酒便成為後起之秀取代「淺水牌」。

⑱《聯合報》，〈高港查獲私貨當歸 約值一百萬元〉，一九七一年十二月二十一日，第三版。

⑲《聯合報》，〈明義輪上查獲大批私貨〉，一九七二年二月二十五日，第三版。

⑳《聯合報》，〈走私新手法 海面漂籃球〉，一九七三年四月十七日，第三版。

㉑ 陳源耀訪問（陳奕齊採訪），地點：義大利拿波里旅社（Napoli Hotel），二〇〇七年七月二十三日。

㉒《蘋果日報》，〈送完「憨面」9名海蟑螂被逮〉，二〇一〇年四月二十八日。

㉓ 參見陳延平、陳慕貞訪問，《港都酒吧街口述歷史》（高雄：高雄市文獻委員會，二〇〇七年）。

㉔《聯合報》，〈高港破獲走私案 搜出手槍十二支〉，一九七八年四月十四日，第三版。

㉕《聯合報》，〈民進黨員集結抗議 德星號凌晨抵左營〉，一九八九年九月十八日，第三版。

㉖ 參見林哲藝、梁煌儀，《許信良先生訪談錄》（台中：台灣省諮議會，二〇〇四年）。

㉗ 中國流亡澳洲的民運人士袁紅冰曾明白指出，許信良早在一九八〇年代滯留海外之時即曾多次密訪中國，並明確表達願擔任中共政治代理人云云。因此，許信良在一九八九年取道中國偷渡高雄港的事件，乃是中共居間之安排。但袁紅冰認為，許信良投共是一個饒富趣味的心理之謎，因為其很有可能是想透過中共之力擊潰國民黨的威權專制。不過實情為何，或許只有等更具體的檔案史實解密才可以確證吧！參見袁紅冰，《被囚禁的台灣》（桃園：作者自行出版，二〇一二年十月），頁二九～三一。

㉘《聯合報》，〈「金滿財」沒有網具 偷渡客像「知識份子」〉，一九八九年九月三十日，第三版。

㉙ 參見魏聰洲、陳奕齊、廖沛怡，《移民、苦力、落腳處：從布袋人到高雄人》（高雄：高雄市勞工局出版，二〇〇五年）。

30 《經濟日報》，〈特別行業潛水伕 專業性工作須領有執照〉，一九九五年十一月十九日，第二十二版。

31 《經濟日報》，〈年代集團投資海上餐廳〉，一九九九年七月二日，第三十三版。

32 《聯合報》，〈海上皇宮 日點燈〉，二〇〇〇年二月七日，第四版。

33 《聯合報》，〈海上皇宮 檢查合格才營業〉，二〇〇〇年二月十日，第四版。

34 《聯合報》，〈海上皇宮燈火輝映港都夜空〉，二〇〇〇年二月十三日，第四版。

35 《聯合報》，〈海上皇宮 正式對外營業〉，二〇〇〇年五月二十八日，第四版。

36 《聯合報》，〈海上皇宮 四月上旬開幕〉，二〇〇〇年三月三十日。

37 《聯合報》，〈海上皇宮 正式對外營業〉，二〇〇〇年五月二十八日。

38 《聯合報》，〈航港婦女會聯誼 插上連旗〉，二〇〇〇年三月十一日，第二版。

39 《聯合報》，〈李總統：卸任前力爭勞工福利〉，二〇〇〇年三月十二日，第九版。

40 《經濟日報》，〈高雄海上皇宮餐廳 逾期發薪〉，二〇〇〇年十二月十三日，第三十八版。

41 《聯合報》，〈開張半年裁員 薪水發不出來「海上皇宮」爆勞資糾紛〉，二〇〇〇年十二月十三日，第八版。

42 楊乃藩，〈專文討論／這是一個推銷的時代〉，收錄於施寄青著，《公關手冊》（台北：遠流出版社，一九八七年八月）。

43 《聯合報》，〈海上皇宮查封品拍賣 剩下空殼〉，二〇〇一年八月八日，第八版。

44 《聯合報》，〈海上皇宮 白鷺鷥樂園〉，二〇〇四年六月二十三日，第B1版。

45 《聯合報》，〈餐廳船 海上皇宮申請營業 兩年沒下文〉，二〇〇三年一月九日，第十七版。

46 《高雄畫刊》，〈樂活高雄——旗津消暑行〉，二〇〇八年四月十七日，第十六期。

47 《自由時報》，〈春節期間 多個景點交管〉，二〇〇九年一月二十二日。

48 《聯合報》，〈碼頭釋出轉型觀光 航運界不滿〉，二〇〇五年十一月九日，第C1版。

49 《聯合報》，〈碼頭開放 船務界不再沈默〉，二〇〇六年七月十二日，第C2版。

50 林琬純，《從工業大港到觀光大港？——新舊發展議程衝突下的高雄港市再發展》（台北：國立台灣大學城鄉所碩士論文，二〇〇九年）。

51 《中國時報》，〈綠團抗議議員擋駕12號碼頭舊倉庫硬是要拆〉，二〇〇六年四月二十九日，第C1版。

52 《聯合報》，〈挽救無效3棟碼頭倉庫開拆〉，二〇〇六年五月二日，第C1版。

53 李嘉璋訪問（陳奕齊採訪），地點：高雄港港史館，時間：二〇〇五年四月十五日。

54 高雄港史館檔案，〈眾利輪爆炸案紀實〉。

55 《高港旬刊》，第二十期，一九五一年五月十二日，第一版。

56 《高港簡報》，第六十期，一九五五年五月十六日，第一版。

57 高雄港史館檔案，〈光隆油輪爆炸案紀實〉。

58 中研院近史所檔案，油490卷。

Stop

第四站

IV

# 打狗五金老街

# 尋找五金黑手

## 流連與忘返：五金街前世今生

鹽埕區的東南角一帶，日治時期被稱為入船町，為河海交接所沖積成的新生地，市井百姓將之稱為「沙仔地」，並由公園二路穿越其中。從高雄橋轉公園二路，左側多空地，呈蕭索狀，右側則排列著一家家二手五金機具的矮小商店，油膩並粗獷；就在該路的轉角處附近，藏在排列的二手機具店的後面，以公園二路二十四號為核心方圓約三、四十公尺的違建聚落，則是布袋移民的「落腳處」。一九七〇年代，聚落人數曾高達數千名，他們或他們的上一代可能是布袋鹽工，亦可能是布袋的討海人，但他們卻都以高雄碼頭做為串起鄉誼的共聚之所，讓布袋幫碼頭工人曾在高雄碼頭的原鄉拼圖中稱雄。不論是故鄉或他鄉，他們都是「苦力」勞動者。至於公園二路二十四號，即為碼頭工人工寮，日治時所稱的「苦力合宿所」。

▲五金街拆遷之前，從五福路橋左轉公園路之後櫛比鱗次一路攤開的五金店家。（廖沛怡攝）

鄰靠12碼頭的公園路入口處一帶，俗稱「沙仔地」，源於愛河入港夾帶泥沙淤積之故而得名❶；顧名思義，沙仔地便是以其港口腹地之便，錯落著碼頭候工所、茶水站

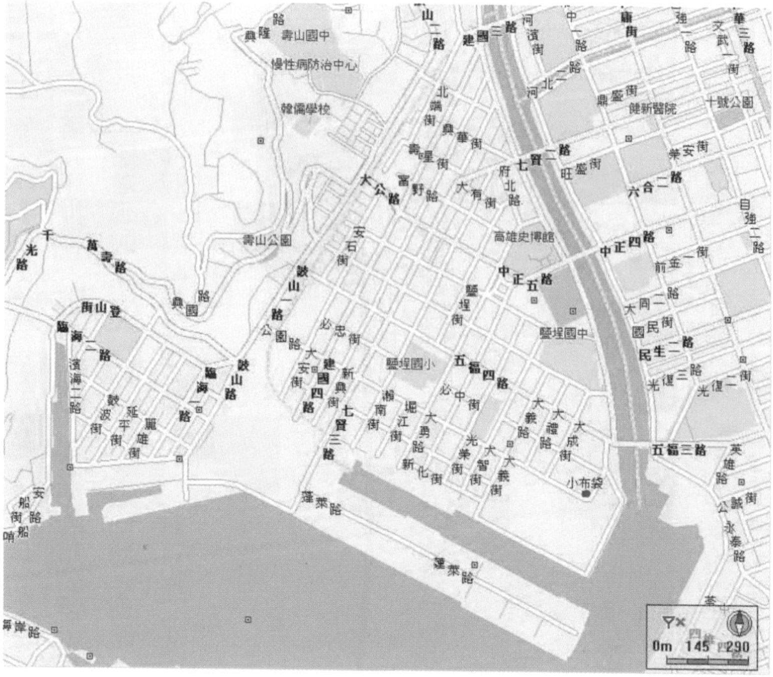


▲地圖右下方所註記的「小布袋」，即是圍繞著碼頭單身工寮蝸居落腳的布袋籍碼頭工人群居之地。然後，右轉往七賢路方向延伸的公園路兩旁，則是打狗大五金老街聚落。（廖沛怡製作）

Stop IV 打狗五金老街

和單身工寮、洗衣部、理髮部和娛樂場所等碼頭空間，形成了一個專屬於碼頭苦力身影揮灑與穿梭的小天地。隨著時序推移，戰後陸續進駐碼頭的布袋鹽工和討海人，便開始以單身工寮為中心，逐漸沉澱落腳於此。而隨著碼頭工人的穿梭往來，環抱此一碼頭工人聚落外圍的公園路，也吸引了解決碼頭工人溫飽問題的小攤販、臨時簡便的餐館——「飯桌仔」的聚集。❷

歷史一點靈

## 柯俊雄的港邊牛車少年時

早年位在12號「真愛碼頭」後頭公園路入口的變電所對面，就有間「碼頭洗衣部」，洗衣部旁則有「碼頭理髮廳」，以及由碼頭工人黃順龍經營的撞球娛樂間。當年，為了參加劍道隊而選讀高雄第二中學（目前的前金國中）的影星柯俊雄，也常在這撞球場出入玩耍。黃順龍的博士兒子黃保林即指出，順龍伯本身也算是早前鹽埕區列名四大幫派的「沙仔地幫」的老大級角色，再加上當時的撞球間不像今天一樣，可說是是非之地，裡頭可是藏有各式長短不一的武士刀以備不時之需。❸柯俊雄二中沒有畢業便轉學，委婉而言，是因喜好交友與愛打抱不平的「年少輕狂」所致。❹但也不免令人懷疑，或許柯俊雄一身影帝大哥的氣質，是早年穿梭浸淫在撞球場內的刀光劍影中，所逐漸養成的吧！

事實上，出生於台南縣北門鄉的柯俊雄會在高雄港邊碼頭出入打滾，與他父親的職業——港區牛車運輸工人有關。據柯俊雄的說法，其父在高雄港區從事牛車運輸，乃是「高雄市獸運業職業工會」的理事長，他在好奇心的驅使下，下課之後便曾隨牛車運輸進入港區幫忙記帳作業。❺然而，早年港區牛車運輸過程中，為防牛隻拉貨拉屎一起來，遂要求每輛牛車都得有人在後頭防止「牛糞落地」以免造成港區牛糞汙染，後來牛車牽到街上拉糞也必須罰鍰。❻因此，根據港務局資深退休員工李嘉璋的說法，牛車少年時的柯俊雄，應該是在港區「承」牛屎。

不論是記帳或處理牛糞，當時高雄港區內碼頭跟倉庫短程運輸，倚靠的是大規模的牛車，最高峰之時，有近兩千輛牛車在港區值勤，一輛牛車配置兩位人手，一位駕駛牛車，一位隨車理貨搬載，因此當時的牛車工會會員至少有四千位之多，僅次於高雄港碼頭工會。由於當年擁有牛車就如同擁有自己的生產工具卡車一般，因此，隨著戰後高雄港的繁忙，牛車工人的收入亦相當優渥。根據時任獸運業職業工會總幹事劉星的說法，假設公務員月給一千多，貨多之時，牛車作業工人一天就有一千多元台幣的收入；所以身染牛屎味的工人，當然也就是酒家小姐的最愛。

▲早期高雄港碼頭，大量利用牛車當成短程運輸載具。（圖片取自Taipics.com，公眾領域）

牛車工會之中，分成台南（北門）派、高雄市派以及高雄縣派三派，以台南派為最大。在公園路跟必忠街附近，即是當時有名的「牛車寮」，而大勇路口則聚集許多牛車棚戶。當時南部少見馬車運輸，北部才有；同時，港區牛車運輸的輪子有四個，跟農村地區的兩輪牛車明顯不同。❼一九六六年時，高雄港務局即命令各廠商不得僱用牛車進入港區，希冀逐步藉由機械化來淘汰港區牛車運輸。❽儘管牛車工會曾經跟港務局陳情，希冀輔導牛車伕轉型承攬港區短程運輸的小拖車業務，但最終還是被港務局打回票；畢竟港務局可是以備戰之名，將港區的各項裝卸設備獨攬手中，以最大化港區裝卸利益。❾

再者，牛車伕若要轉型成小拖車駕駛，則必須得到壟斷港區勞動力供給的碼頭工會首肯，並吸納這些牛車伕成為碼頭工人。但對工會而言，這些工作機會以及裝卸利益勢必要分潤他人，此舉並非輕易能達成之事。尤其到一九五四年之後，港區搬運運輸工作已由原本的碼頭工人牛車隊悉數轉交獸運工會承攬，碼頭工會根本對牛車伕不再負有義務。❿後來經省議員要求，港務局遂編列兩百萬預算進行牛車收購，做為牛車伕的轉業補貼。⓫

二〇〇三年，全台碩果僅存的「獸運業職業工會」的會員平均年齡已超過八十歲，且剩下的會員不到二十名，已經低於法定最低工會會員數門檻，但在會員陳情之下，市府勞工局給予通融免於工會解散命運。⓬然而成立於一九四七年十二月一日的「獸運業職業工會」，隨著會員的凋零往生，在歷經一甲子的歲月之後，終究在二〇〇八年十二月十七日正式走入歷史。

說到碼頭牛車，早年在高雄港區流傳一則延平郡王鄭成功的「聖杯／血脈」（holy grail）「牛車水」的故事。人稱「牛車水」的碼頭臨時工人，生於清末、歷經日治與國民黨來台，據說其先世乃延平郡王之後，因不願屈節於清，遂在鹽埕埔地區卜居。牛車水退休之後，七個兒子中有五名克紹箕裘在高雄港區內繼續以碼頭工人為業。至於退休後的牛車水，因常在港區邊拉起板車幫人運載，宛如港區載貨牛車一般，因此得號「牛車水」之別名。[13]若此記載為真，那麼國姓爺鄭成功的聖杯，可能還遺落在高雄港碼頭某個角落。

▲柯俊雄主演的《八百壯士》，是在「沙仔地」旁愛河取景拍攝。（陳奕齊收藏）

一九七〇年代，國民黨政府面臨外交的重大挫敗，其代表「中國」的唯一合法代理地位受到質疑，於是一連串以強化黨國意識形態與史觀的軍教愛國電影，便以承載政治傳播的功能大量出現。[14]一九七五年，柯俊雄以《英烈千秋》獲得第二十一屆亞洲影展的最佳男主角，接拍的《八百壯士》便是以高雄愛河為景拍攝，並在愛河邊的七賢國中校舍屋頂，搭景「四行倉庫」。[15]當柯俊雄在愛河邊拍攝《八百壯士》之時，以往鄰居撞見還曾激動地大叫「以前那個竹雞（不良少年）仔」。[16]

於是，柯俊雄便一路從沙仔地的牛車少年，變身為影帝與立委，更曾企圖以香港居留權的身分，參與一九九六年回歸前夕中共所主導的香港立法會選舉，但最後在中共的干預之下作罷。[17]歷史就如同智慧女神的夜鷹一般，總在黃昏時刻才起飛；這位公園路口的牛車少年與「竹雞仔」，誰能料到其在日後竟會成為台灣家喻戶曉的明星。

爾後，隨著高雄港的發展，高雄拆船業逐漸累積出踏上世界舞台的實力時，由即將拆解的廢船上所卸下除役的各式馬達和機械，遂被送往公園路上進行回收修復再利用。於是，公園路上便開始出現許多機械五金的店面，取代了公園路上為了滿足碼頭工人口腹之慾的眾多「飯桌仔」林立的景象。此一取代過程，可以說是新移民選擇高雄落腳，並以自身的拚搏寫下那「黑手變小頭家」的歷史故事。「沙仔地」這塊聚落，亦就銘刻著一段高雄現代化的身世歷史。

事實上，位於公園路北側的四十公尺寬土地，早在一九五五年間，就經都市計畫通過為綠帶用地，此一東西向的長條狀綠帶用地貫穿整個鹽埕區沙地、南端、港都、河濱、江南、江西等六個里之多。當中路旁的機械五金業者曾多達兩百多戶。半世紀之後，謝長廷開啟的高雄綠美化運動，循著愛河兩岸逐漸展開，看似髒亂的五金街，再次成了美容整妝的對象。

二〇〇七年二月，筆者與三五志趣相投的好友，在五金街的店家協力之下，於公園路口的「東富

◀二〇〇七年五金街業者跟勞動者在亭仔腳聚會，商討籌組「打狗五金老街保存發展協會」一景。照片中左方吊晾衣服的地方即是碼頭洗衣部，隔壁則是柯俊雄出沒穿梭的碼頭娛樂撞球間。（胡耿豪攝）

電機五金行」旁舉行了「亭仔腳」會議，並在同年七月正式催生「打狗五金老街保存發展協會」，希冀市府能與店家攜手再造五金街的產業與勞動歷史文化風華。[18]然而，深陷廉價拆遷式思維的市府，最終還是選擇以推土機碾平的方式，於二〇〇八年開始，以前後三期的「鹽埕綠廊」工程，一路從「12號真愛碼頭」至七賢路口，將公園路右手邊所謂的「抵觸戶」店家，以及鑲嵌其上的城市產業與勞動文化記憶給徹底剷平。[19]

那天，象徵布爾喬亞的「綠色推土機」疵牙裂嘴、張牙舞爪地剷除了原本應屬於普羅文化的空間——一個充滿五金機械氛圍並用一雙雙黑手所寫下的，屬於戰後高雄工業城市歷史記憶的空間，被推土機給驅逐出境。這一切，美其名是都市市容空間視野的「紳士化」（gentrification）過程，然而背後卻是一股毫無靈魂的空洞。這種無靈魂狀態宛如一種可怕的幽靈，讓布爾喬亞得以以城市空間為經緯天地，恣意傲慢地發動對勞工階級領地的欺凌與侵略。據說，人死的時候會減輕二十一克——或許這就是靈魂的重量，公園路五金老街走入了歷史，對於大多數人來說，或許只是抽離記憶中的二十一克重量般地微不足道吧，儘管那些逝去的歷史很可能就是人們記憶中的靈魂所在？[20]

▲五金黑手的一身機械五金本領跟知識，便是靠著每天的「實戰」經驗所累積出來的。（陳奕齊攝）

雖然文字無法恢復那些消失的過往，但卻可以讓人們透過想像去貼近與造訪，那些曾在此駐足與揮灑過的勞動身影。請務必記得，在這片看似紅綠相間的整潔外觀，實卻精神荒蕪的綠廊背後，原本屬於這裡的五金黑手們，曾經想望、追逐著一種與市府截然不同的城市發展圖像——一種銜含著勞動、文史地景與城市綠美化共生的想像風貌！㉑底下，就讓我們的想像，伴隨著撲鼻的大五金油垢、迎面的黑手身影，來一趟五味雜陳的大五金之旅吧！

## 都是「拆船」牽的線

一九三四年，高雄市尹松尾繁治（Shige-haru Matsuo）便說：「高雄港是高雄的生命線。」果若如此，隨著高雄港的發展脈動，大量外來移民尋訪工作機會的足跡，陸續尾隨而至。其中，碼頭苦力的出現與聚集，更是得力於高雄港的繁榮發展所致。然而，歷史的訓示

▲公園路五金街的典型意象——充滿粗獷線條與油汙勞動感。（陳奕齊攝）

▲圖為二戰末美軍轟炸高雄港日本軍艦一景。（圖片取自Taipics.com，公衆領域）

就宛如老子禍福相倚的哲學一般，打從戰前日本捨沖繩取高雄做為南進基地之時，高雄就註定其繁榮，但也同時預告了高雄港在太平洋戰爭時的盟軍砲火。尤其是隨著二戰戰事逐漸吃緊，盟軍藉由對基隆與高雄二港的疲勞轟炸以摧毀日本政府的後勤補給，再加上日軍於港口入口處自沉幾艘大船，以「封港」策略阻卻美軍可能的登陸作戰。於是，戰後國民政府撤退來台後，高雄港已淪為「沉船星羅棋布，嶙峋水面，僅三百噸級船隻可通行」的堪憐景況。[22]

對當時的國民黨政府而言，回復港口功能乃為急迫之要務，但其本身能力有限，因此於一九四七年便制定《打撈沉船辦法》及《打撈沉船辦法實行細則》二項法令，規定除了軍艦與軍品之外，港口沉沒船隻不屬政府接收日產之列，得歸打撈商人所有，以此鼓勵民間業者加入打撈工作㉓，希冀港口功能可以迅速恢復。此後，民間沉船打撈公司便如雨後春筍般成立，投入港口的沉船打撈工作中。當時在高雄港的大小沉船多達一百七十八艘，因此，在戰後初期清港與恢復經濟運作的同時，亦埋下了高雄「舊船解體工業」（俗稱拆船業）發展的種子。

國民黨政府撤台之後，為鼓勵和恢復各級商會的運作，還曾特別批准省商聯會打撈一艘高港沉船，以處分拆解後的廢鋼作為省商聯會的首筆運作基金。㉔由此看來，沉船打撈拆卸並進行廢鋼處分之獲利相當可觀。因此，從一九四五年直至一九四九年的港口沉船打撈解體，成就了高雄港拆船業的起步機緣。

爾後，隨著國民黨戰敗撤退台灣，這些從中國轉進台灣的撤台江輪，在台灣此種流路短促的荒溪型河川中，根本無用武之地，只能淪為一九五〇年至一九五二年間的解體船來源。一九五二年到一九六一年，則是拆解汰舊國輪的時期。經過前三階段的資金和技術累積，一九六一年即有兩家鋼鐵公司自備外匯進口兩艘美製T2型郵輪進行拆解，此後高雄港拆船業便正式踏上進口舊船的拆解階段。自一九六九年伊始，台灣便踵繼日本與香港之後，正式接下世界第一拆船量的「拆船王國」桂冠，並持續稱霸了二十年之久。㉕當然，國貿局在一九六五年的《獎勵舊船加工輔導辦法》，以及一九七三年更一舉把進口廢船列入「特案融資」項目等政策鼓勵，都是台灣拆船業蓬勃發展的推手。㉖

由於戰後初期高雄港航運尚未發達，打撈沉船的工作必須就近向當地港務局港內公有碼頭申請。爾後，為配合高雄港自身航運發展，拆船基地便前後移轉達九次之多。㉗例如在一九四七年至一九五七年間，新濱碼頭是拆船主要基地，迨至一九五八至一九六一年則轉移至11、12號碼頭，以及3號船渠。

由此可見，高雄拆船業發展之初，幾乎沿循著碼頭邊的公園路發展，直至一九七二年，已累積龐大財力的拆船業者遂自行出資在小港區大人宮與大林埔兩地，總共興建三十七個拆船船席。[28]不論如何，公園二路的五金機械聚落的形成，即是得緣於拆船業的後勤帶動所致。

根據報紙報導，早在一九六〇年代末，一九七〇年代初，公園二路就被拆船商人占據做為工場和倉庫，每天有幾百人在此敲敲打打。後來，受到當地居民多次向警察抱怨檢舉，並在台灣機械公司的出面干涉之下[29]，才逐漸轉往附近街道巷內。[30]到了一九七二年，公園二路上敲敲打打的黑手，早已在敲打之間打造出五金機械的聚落。

▲停泊的待解船隻一景。（陳奕齊收藏）

▲由拆船現場看來，船隻殘骸總呈現出一種「杯盤狼籍」的髒亂感。（陳奕齊收藏）

拆船同業公會的李永成先生曾言：「船一旦進了拆船碼頭以後，必須先將船上的床、桌子等家具、木材、五金材料，以及一些船上的潛水裝、時鐘等較精緻的奢侈品拆解下船，賣給當地的一些居民以及一些收舊貨的商人；因為船上的東西都得承受得住某些程度上的撞擊，所以都特別的堅固耐用，自然銷售十分的迅速……」[31]可見，拆船業除了本身解體鋼板，曾供應全台製造業高達四成以上的鋼料來源之外[32]，解體船隻的每個部件，幾乎都有其獨特的市場買家。尤其，時值台灣經濟仍處在抑制進口鼓勵出口的年代，以及彼時民眾消費力尚不足以購買第一手的船來品時，船隻上的家具就成了台灣早年「歐風家具」的主要來源。[33]

一九七五年到一九八九年間，

可說是高雄港拆船業的全盛時期，一九八六年更創下拆船量的最高峰。此一時期的小港大人宮[34]是全國最大的舊船解體場，擁有三十餘家的拆船解體公司，一萬餘名的工人在此揮汗工作，打造出名副其實的「拆船王國」，爾後，便以「大仁宮」取代原有的「大人宮」之寫法。

公園路五金業者林澄洲獻給大人宮的第一次經驗，煞是有趣[35]：

我那個時候就走大人宮了，走小港大林埔那邊，那是非常出名的拆船場……我退伍回來的時候，從軍中買了一台摩托車回來，富士一二五的，我同學從鄉下牽一台90cc的，我們兩個都騎摩托車，有時候相載，載去小港去跟人家問，才知道大人宮拆船場在小港，那時候也不知道那叫做大人宮，只知道小港拆船場。兩個去拆船場那邊看，整個簡直像一座山，一片到處都是，好幾百間，拆船業者每一家都是開進口車，最差的還是「藍寶堅尼」(Lamborghini)[36]的，全都是進口車，看到那些車我跟他們問一台要多少錢，他們說一台要一百多萬，夭壽，那時候一間房子才十幾萬而已，一台車幾百萬在路上跑一跑，哪天壞掉了，就沒了十幾間房子，我做夢都不敢這樣想，我什麼時候才能賺這些車。」

▲公園五金業者林澄洲，談起他從「無師自通」到對其商品「秦不落庫」（台語，吊車／chain block）的知識，一系列如數家珍的故事，實是引人入勝。（陳奕齊攝）

由此可見，早年拆船業的利潤相當驚人，當然鉅額的利潤亦就免不了引起地痞無賴的覬覦。於是一群諢稱為「鐵仔蟲」[37]的人，也從此而生：

……以前的拆船大王就是王茲華，以前的海軍將軍退休，他以前也住在七賢路跟公園路的那附近。他是拆船公會的理事長。他的拆船場是最大的，是外省的，他的場子裡面也請外省人在裡面管理，可能是他以前的部屬，不過他在做生意很公正，他不會向惡勢力低頭，像一些流氓、「鐵仔蟲」……不過王茲華那間鐵仔場就不是這樣，鐵仔蟲就鐵仔蟲，你要賺吃人家那邊的生意人也是要賺吃，什麼人先來的就先賣什麼人，所以我很喜歡到他那一場買東西。[38]

歷史一點靈

## 拆船大王在高雄

早年拆船業高額的利潤造就許多拆船大王，王茲華便是其中一位。出生於中國江西臨川縣，是國民黨十三屆中央候補委員、國民黨中央黨務顧問。王茲華自一九三七年始，先後就讀於南昌一中、成都中央軍校。一九四七年出任國民黨駐滬海軍中校科長，一九四九年赴台，一九五一年棄戎從商，並在高雄創辦「啟順華鋼鐵公司」，專門從事沉船打撈、船舶解體等煉鋼生意。由於其分公司橫跨美國和香港，遂有「世界拆船大王」之稱號。一九九〇年五月，王本人參加美國經貿考察團至中國訪問，曾受到中共中央總書記江澤民、國務院總理李鵬的接見。

一九七九年，王茲華致贈其一九七三年款的凱迪拉克給時任高雄市長的好友王玉雲，做為高市府外賓接待的禮車之用。但就在報紙披露此事之後，招致一陣沽名釣譽的指摘，並指陳老爺車接待外賓是失禮之行徑、所費不貲的老車維修與耗油，不如購買新車云云。[39] 無論如何，從此事看來，當年的王茲華在高雄也算是首屈一指的在地名流。

事實上，出身軍旅的王茲華踏足以本地台灣人為主的拆船業，總難免啟人疑竇。但若從另一位低調的拆船大王——台灣星級飯店品牌、晶華酒店潘家的故事，或許便可略知箇中「眉角」。晶華酒店董事長潘思亮的父親潘孝銳，福建人氏，早年在上海隸屬特務頭子戴笠麾下，從事特務工作，於一九六〇年代投入拆船致富。二次大戰後，美國不少軍艦退役標售，依規定必須將軍艦上的武器用電銲鋸掉，但潘家有辦法將整船弄回來，對台灣軍方非常有幫助，因此潘孝銳被以「愛國商人」待之。據說潘孝銳最後被美國政府盯上，遂於一九七〇年代悄悄收掉日正當中的拆船事業。[40] 同時，台灣最早的拆船業調查報告，便是由潘孝銳的兒子潘思源所撰寫的。[41]

退役當小工・拆船成鉅子
體壇獨行俠・出錢稱豪客
本報記者 蕭美君

▲當年拆船大王王茲華，算是拆船業中比較常因從事「公益」而登上新聞版面的一位。（陳奕齊翻攝）

除了「鐵仔蟲」，在一九八〇年李師科首開搶銀行的風氣之前，結夥洗劫拆船場的新聞，或許才是家常便飯。為了抵禦搶匪與捍衛財產，前高雄市長王玉雲的四弟王慶禾原本打算籌組一支「自衛敢死隊」的私人武力部隊，準備採取「以暴制暴」的方式對抗拆船搶匪，此舉遂在高雄市警界引起一陣騷動。[42] 由此可見，高雄的拆船業在當年是多麼的風光。

然而，美好風光總有消逝之時。一九八六年八月十一日，原伊朗籍「卡納利」號（Canari）油輪在兩伊戰爭中被伊拉克擊中報廢後，由弘榮鋼鐵公司標得，最後拖泊在大仁宮拆船專用12號碼頭外。但因為艙底殘油未除，且在人謀不臧下偽造清艙證明進入高港，不幸引發大爆炸慘劇，導致十六人死亡、八十七人輕重傷，隨後，拆船業便在輿論與市民一陣環保、工安的指責，以及產業生態變遷等因素下，逐漸走向沒落而消失。[43]

面對問題

多麼令人失望的城市——高雄

楊憲宏／ 攝影／冷莉萍 張芳聞

▲廢氣與的煙霧干擾住著吃拆船飯的工人——他們生活在乙炔焰、噴火槍、煙塵與震耳噪音包圍中。

▲廢鋼屑塊「橫行霸道」——從拆船場出來，大仁宮路上重型卡車負載著山型鋼板，幾乎佔滿了路面，一路隆隆撼動而去。

▶當年知名環保記者楊憲宏以一篇〈多麼令人失望的城市—高雄〉，直指拆船業帶給高雄市沉重的環境與工傷成本。（陳奕齊翻攝）

## 拆船衍生的副產品

除了促進經濟發展的資本利潤與就業機會之外，拆船業也帶來了各種社會與文化的副產品，其中走私跟工傷職災兩項，倒是值得一記。

事實上，拆船業豐厚的利潤背後，隱藏著種種只有內行人方知的「眉角」。尤其是解體船隻進港之後，船上一切配備幾乎有其市場買家，因此，利用空船「夾帶」進港成功，便可營造出多餘的利潤。此外，解體船隻原本就有剩餘油料，所以運載「油品」販賣給地下油行，也成了另一門創利的手法。當年小港地區猖獗的地下油行，即是來自於解體船本身剩下的油品，抑或是刻意夾帶的油品。[44]只要不肖業者偽造國外的清艙證明，便可輕易夾帶「油品」進港；而「卡納利」油輪爆炸慘案，就是在偽造清艙證明的情況下，拆船工人切割船上鋼板時不慎引起爆炸所致。

除了油品之外，最為「犀利」的走私品就是「黑槍」。一九八〇年代伊始，「黑槍」走私改變了台灣傳統「地方角頭」的地盤控制與利益，和地盤之間原本相安無事的「和平」狀態。傳統的黑道生態，是以「大哥」的威望基礎，帶來外部震懾與內部約制的力量，但是槍枝走私出現後，「大哥」的定義便逐漸成為擁槍自重的逞兇鬥狠。換言之，傳統黑道倫理中的「年資制」（seniority）和「等級階序制」（hierarchy），逐漸受到以「黑槍」火力所展示出的「功績表現制」（meritocracy）的挑戰。[45]所以，得力於高雄港拆船業大量進口而來的黑槍以及擁槍自重的情況，成為一九八〇年代初高雄市幫派最令警方頭疼的問題，也帶出高雄在一九八〇年代高潮迭起的「黑道風雲」：新興黑道團體與傳統角頭間的崢嶸較勁[46]，而後，隨著拆船業的沒落，中共黑星手槍便逐漸改由高雄港的漁船走私而來。[47]一九九〇年，林清介導演的笑鬧喜劇《大笑兵團》，即是由廖峻所擔綱演出的高雄港修船工人，無意間在船上撿到一包中共黑星手槍，並據此招來黑道追殺與警方緝捕的故事。

值得一提的是，走私的物品其實不只黑槍。例如前高雄市議員蔡慶源因從解體船走私「中國大米」混裝成「西螺米」販售而被檢方函送法辦。[48]由此可知，台灣市面上各種「MIT」產品是由中國貨混充的情事[49]，早在一九八〇年代前市議員蔡慶源的走私故事中就已揭開序幕，並延續至今而不墜。這頁中國貨佯裝混充台灣貨的歷史，不正是台灣政經轉型的縮影嗎？

走私之外，拆船業給高雄人最沉重的副產品，莫過於有太多輕盈的勞動者以生命為典當，質押在這高效率、高利潤的拆船業之中。拆船業一直無法擺脫高職業災害與高汙染的糾纏，因此，這行業通常是聚集在發展程度較低的國家；而當中的故事主角，也幾乎都落在拆船業中的暴發戶大款與貧窮基層拆船工人兩個極端，所以東南亞窮國孟加拉和高雄之間，都有一段如此相似的拆船故事[50]——韓國導演朴奉南（Bong-nam Park）拍攝的紀錄片《鐵烏鴉》（Iron Crows），正是描寫孟加拉南部吉大港中超過兩萬名拆船工人，為了每日兩美元的收入，在充滿金屬汙染和有毒氣體的拆船環境中拚搏的底層勞動身影。[51]

事實上，高雄港早年拆船業的豐厚利潤，除了拜高雄港的水文、氣候與腹地條件之賜，讓高雄港區全年皆可解體，加上政府政策的支持、環保要求低等等有利條件之外，最重要的秘訣即是隨時以拆船工人生命為質押所得的高效率——在國外，一艘上萬噸油輪的拆卸得耗時半年，但在高雄港則只需一個月的時間。[52]

如此令人驚豔的效率，絕不能只說是「吃苦耐勞」的工人，在「多勞多得」的鼓勵下打造而得。因為高效率的背後，是不按安全工序進行船隻解體與鋼板切割的粗糙過程，例如拆解現場往往可見在巨大甲板上，凌空虛掛著只剩下少數「腳路」連接、支撐底部的巨大鋼塊，如此令人怵目驚心的工安景象。

而這種不按安全工序，只講切割效率的作業方式，換來的是令人不忍卒睹的職災發生率。姑且不論投保人數遠低於實際拆船工人數的情況，就只以勞保請領的保守數字為計的話，一九八三年有十死五十八傷殘；一九八四年有十四死一百三十七傷殘；一九八五年有十四死一百五十二傷殘。[53] 這些數字，不啻是拆船場宛如戰場的明證，吾人也才驚覺，原來「拆船王國」桂冠與榮景的背後，乃是許多拆船工人以輕盈的生命為質押而換得的。

## 大五金聚落：從「殺肉」到「辦外匯」

「拆船」除了各種可以回收再利用的船舶機械與五金機具之外，也帶來大量的廢五金。而把廢五金「分解」、「拆卸」的過程，稱之為「殺肉」（台語）。一開始，公園路以接近拆船碼頭的地利之便，開始有各種船舶機械與五金敲打維修、回收拆解等工作出現，同時也吸引許多原在沙仔地的碼頭工人投入「殺肉」這項取銅拿鐵的勞動之中。後來，因為店家為了省下工錢，開始採用機器切割而不用人工敲打，所以「殺肉」也逐漸式微。在一九七〇年代中期就已投入沙仔地「殺肉」行當的布袋籍碼頭工人子弟蔡鎮興，不僅仍保留那隻生財工具「美製鐵鎚」，其略顯歪曲的食指則宛如當年「殺肉」行業的退休印記。[54]

▲早年從事「殺肉」的蔡鎮興，手上這隻「美製鐵鎚」可是當年的生財工具。（廖沛怡攝）

「殺肉」是分解工作，原本賺的是工錢，但機械五金若經過適當維修整理，遂成為可販售的「成品」，提供給當時如雨後春筍般冒出的中小型製造工廠所用，獲取比「殺肉」更高額的利潤。所以，「殺肉」這行業逐漸由取銅鐵轉為挑選成品來獲利，小從螺絲、中至軸承，甚至整顆馬達都可販賣。如同大剛五金老闆王文郎所言：先分門別類，從做中學，類似古物商，雖然一開始每樣東西都有，也還不知道如何使用[55]；至此，公園路便慢慢地轉型為類似「前店後廠」式的大五金街。

換言之，一九七〇年代敲敲打打的五金街和「殺肉」作業，正緩慢地進階升級成另一種形式：將批發回來的機械五金進行清創維修，並就地以大五金機械「店面」面客，成為今天廠辦一體的模式。五金殺肉的黑手，開始成為五金機械廠店面的頭家，一齣齣「黑手變頭家」的變身故事，便此起彼落地在此上演著。

## 廢五金中來挖寶

早年拆船可做為各項再生機械大五金的來源，但隨著一九八〇年代末拆船業進入遲暮之秋時，另一項「廢五金」進口開始填補拆船沒落後的貨源缺口。[56]一九六六年，台灣開始有廢五金進口[57]，迨至一九七〇年代，惠發、華龍、三達和大總等公司，即以彼時因水泥開採而呈現光禿一片的半屏山為背景，在高雄市博愛路底附近設立貨櫃場，做為「廢五金進口貨櫃集散中心」。當年，許多走私貨亦從這個「壞鐵仔」貨櫃場流入，如一九八二年就曾在惠發查獲走私錄影機。[58]

早年這些廢鐵是以散裝船進口，直到一九八〇年，這些廢鐵業者才集體向政府要求開放使用貨櫃進口。當年在高雄半屏山下博愛路底的廢五金集散中心，當地人稱之為「美國垃圾」。[59]顧名思義，這些廢五金大多從美國進口；至於這些從美國進口的工業垃圾，則是由當年留美的台灣學生居中牽線仲介而來，方得以串起這些第一世界的工業垃圾，以寶藏之姿傾銷第三世界的橋樑。而這種垃圾處理的國際分工地圖，在目前也已形成一種「西方下單、台灣接單、中國處理」的三角模式；例如二〇一二年六月中國海關即曾破獲荷蘭有毒工業廢棄物，委由台灣公司承接，進口中國回收的新聞。[60]

高雄市做為拆船的大本營，帶動了廢五金回收處理的生意，爾後聚集在半屏山下的這些業者開始從事廢五金買賣，並直接進口廢五金。直至一九八三年，「大發廢五金專業區」在高雄大寮成立，早年聚集在半屏山下的業者便轉移陣地，到了一九八四年，「大發廢五金專業區」原有二十家左右的業者突然陡升十倍，至一九八六年的全盛期計有兩百家之多。據大業董事長郭海碑表示，

▲拆遷前五金街一景，外人看來蕭涼髒亂的店面，卻不知裡頭可是台灣製造業機具的後勤支援中心。（陳奕齊攝）

極盛時期大發廢五金專業區每月至少從美、日進口超過三千個貨櫃，當時每個貨櫃內裝廢五金價值約八十萬元，每年廢五金產業可產生超過三百億元產值，並能創造數千人的就業機會。[61]

但是，一九八〇年代反公害的聲浪，已逐漸將問題鎖定在世紀之毒「戴奧辛」（dioxin）的排放之上，並開始在高雄與台南二仁溪附近的灣裡「捕煙」。[62]事實上，台灣民間早在一九六〇年代中期，便開始藉著酸洗與燃燒的方式來回收廢棄物中的貴金屬。但是，這種回收過程不僅會產生有毒廢氣、廢水，更會遺留大量焚燃後的廢棄物。例如集中在台南、高雄交界的灣裡村，是露天燃燒廢五金的集中地，因為汙染過於嚴重，不僅影響當地居民生活，排放的廢水也讓二仁溪成為全台最毒的河川。直到一九七五年，二仁溪旁的居民生出畸形和兔唇的新生兒之後，國人方知這些燃燒廢五金所產生的劇毒之害。[63]終於在一九九二年六月，大發廢五金工業區迎來了關門的命運，翌年三月，政府正式宣布全面禁止廢五金的進口。[64]

最後，原本透過廢五金進口，把這些名為廢五金的壞鐵仔，經過清創、維修與整容手術重新上市的五金機械成品的業者，也受到燃燒廢五金汙名的連累，並促使某些公園路五金街業者在一九九〇年代往中國挺進。[65]

## 來去「辦外匯」

在「外匯」依舊受控管的年代中，從美國或日本以「壞鐵仔」名義並用整個貨櫃進口台灣的方式，被五金街業者稱之為「辦外匯」。[66]後來，五金街業者甚至親身到日本蒐購淘汰後的二手發電機或五金機具，藉由大發工業區定量的混合廢五金名義進口台灣，並經一番清整維修，重新問世，以這種相對而言較直接的「辦外匯」方式，延續著廢五金禁止進口之後的五金街繁華。[67]然而，這種貨源依舊不敷五金街業者的需求，因此，有些業者也直接自行生產機具，或者西進中國設點以為轉型路徑。[68]此外，據說日本工安要求較高，工廠的機具設備通常以五年為期限，退役後的淘汰品進口台灣，經過一番清創維修，其操作使用的效能不僅比本地台製機具五金更好用，其價格亦比一手進口品更為經濟實惠。

事實上，台灣人至日本「辦外匯」以進口報廢的二手機具，不只是台日間的貿易而已，就連遠在拉丁美洲的秘魯台僑都與此有一段淵源。話說日裔秘魯籍的藤森（Alberto Fujimori）於一九九〇年擔任秘魯總統之後，為了發展秘魯經濟，便與日本政府商議進口日本淘汰的二手車，來換取對日龐大債務的免除。此舉不僅可讓日本解決棘手的二手車問題，同時，右駕的日本車進口至秘魯後必須改裝成左駕，據此創造出的工作機會也可帶動秘魯經濟發展。姑且不論這些二手日本車在秘魯製造的廢氣汙染與其他問題，腦筋動得快的台灣人便趁機以「辦外匯」的方式進口日本的報廢引擎至秘魯，原本一、兩百美元的舊引擎，竟能翻身一、兩千美元一顆，利潤相當驚人。於是，有一批台灣人就在此「辦外匯」的機緣下，落腳拉美成為秘魯台僑。[69]

2009(CC) Iamtheboo〈Alberto Fujimori during his trial〉@wikipedia/CC BY-SA 3.0

▲秘魯前日裔總統藤森（Alberto Fujimori），於二〇〇八年九月在秘魯首都利馬受審之情景。

▲「銘鴻行」老闆洪進元，曾三兩下便解決核三廠苦尋不得其解的馬達問題，可見其專業。（陳奕齊攝）

此外，相較全新品的價格，公園路的機具五金重新上市後的價位更為經濟實惠，這也讓五金街的名聲遠播台灣製造業界，甚至聞名中國南方工業城鎮。全台各地業者工廠只要有零件損壞、或臨時需要各種生產機械、大五金機具，頭一個想到的便是公園路的五金業者，縱連中鋼在高雄挖捷運遇到的各種難題，可能都得仰賴五金街業者特製的「水龜」（沉水馬達）才能解決，像是銘鴻行出產的馬達，在三兩下之間便解決了核三廠機組的困擾。

看似無所不能的五金業者，不但是一路透過自學或是補習相關的知識，從「做中學」（learning by doing）來練就一身機械五金本領與知識直到「出師」，也由於五金業者處理的「廢五金」包含非常多千奇百怪的品項，所以，公園路的五金業者往往成了台灣引進西方科技文明產品的先鋒部隊。例如從日本淘汰下來的各種用品，公園路業者幾乎是同步引進，當台灣民眾還沒見過「微波爐」的時候，公園路的五金業者已經透過廢五金進口取得，扮演著將科技文明引介給台灣民眾的角色。[70]

換言之，如果台北五分埔是台灣緊抓日本流行文化裙擺的最前沿，那麼，高雄公園路五金街則是台灣跟隨西方科技文明的最前線。

也因此，當廢五金禁口令一下，五金街業者都相當惋惜，因為這個政策讓外國先進的事物無法透過廉價的廢五金名義進入台灣，使得台灣在技術知識上失去迅速效法學習的機會。更有甚者，原本政府國防單位可私下透過廢五金進口名義，取得西方最新穎先進的電機設備，但這些機會都隨著禁止進口而失去了。71

## 市府vs.市民，誰的城市發展想像？

公園路在日治時期原本是規劃做為公園綠地，但後來因為高雄港成為南進基地，此地便更動為六十公尺寬的戰備跑道。等到國民黨來台之後，六十公尺寬的空間便一併承襲下來，並規劃為道路二十公尺，公園綠地四十公尺。

在早年，四十公尺的綠地主要功能是為了隔離

大高雄社區新聞

蘋果日報 96.07.25

# 拆五金老街 30住戶抗議

## 年產值18億 盼改建成愛河文化一部份

【周昭平／高雄報導】高雄市公園二路一帶，昔日因拆船業帶動形成五金產業街，市府最近為開發鄰近碼頭為觀光遊憩空間，附近真愛碼頭的三十餘住戶今年九月將面臨拆除命運，住戶昨組成自救會，希望市府能拆並考慮保留產業街特色，但市府表示，該處影響交通及整體景觀，「拆除工作勢在必行。」

近二十位公園二路上的五金老街住戶組成自救會，昨天在預定九月就要拆除的房子前，拉起寫著「原地保留五金街，再造鹽埕新貌」白布條，抗議市府要求住戶拆遷的動作太粗暴。

自救會長、大障機械老闆王文郎說：「六月來貼公告，九月就要拆，沒講過也不協調。」他說，這條五金產業街年產值約十八億元，「拆除趕人很容易，可是產業的歷史與發展就這麼完蛋了。」

### 民眾：不知搬去哪

住在被拆除範圍內的陳世明則表示，他在這裡住了四十幾年，市府六月公告拆除範圍，測量調查後才給十多萬的補償金，「一紙公告就要我們搬走，時間匆促，真的不知道要搬去哪裡。」

不少住戶、業者為了保留五金街，準備組成「打狗五金老街保存發展協會」，協會籌備處秘書孔瓊徵

### 早已規劃為公園

負責拆遷及規劃的高雄市政府工務局養護工程處主任秘書吳昆成說，這些房子就在真愛碼頭旁邊，「從交通或整體景觀來看，都有拆除的必要」。

去年就開始和當地居民開會溝通，拆遷補償金也是依法計算，每戶從十多萬至一百多萬元不等，拆除後，年底前整建可銜接現有的愛河與公園綠地。

都發局代局長洪曉聰則說，公園二路一帶早在四十多年前就已規劃為公園綠地，既有拆遷補償預算，就必須逐步進行拆遷；至於拆遷後，業者要何去何從，建設局則將會協助他們至鄰近工業區設廠。

■昔日拆船業帶動形成的五金產業街，卻將面臨拆除命運（上圖），住戶昨組自救會拉布條抗議。張世瑜攝

五金產業街小檔案

| | |
|---|---|
| 位置 | 高市公園二路（11、12號及新濱碼頭、3號船渠一帶） |
| 規模 | 約150家，年產值約18億 |
| 緣起 | 二次戰後初期打撈、拆解沉船 |
| 規劃 | 輔導業者至工業區設廠，原建物拆除作為公園綠地 |

資料來源：打狗五金老街保存發展協會籌備處、高市府都發局、建設局

▲粗估18億的五金街產值，就在拆遷過程中消失了，殊為可惜。（孔瓊徵攝）

▲圖為市政府的綠地開發計畫，令人質疑的是，真的沒有一種城市綠美化與文化歷史共生的開發可能嗎？（圖取自市府給居民的開發圖）

台灣機械公司製造的噪音，後來台機公司轉移場址之後，五金街業者便質疑四十公尺的綠地規劃是否仍有其需要。[72]畢竟，在拆船歷史發展中無預期帶動的公園路大五金的「結市」（產業聚落），不只解決了台灣中小型製造廠商各種關於生產機具的疑難雜症，更可以利用低成本取得生產必須之機械五金，間接以後勤之姿提升台灣中小型製造廠商的競爭力。[73]如今，市府要以廉價的拆遷思維來解決，不僅毀壞歷史給予五金產業聚落的形成機緣、產業與勞動文化的積澱，更讓原本超過一百五十家以上的五金店家、上千個就業機會、進出口金額高達數十億的產業聚落毀於一旦[74]，實是不智！

雖然拆遷之前的五金街看起來總是帶有一種油膩髒亂的暗色調氛圍，然而這樣的色調，卻是在市府以「抵觸佔住戶」名義之下，禁止五金街店家進行過多的整容拉皮所致。事實上，打狗五金老街發展協會曾提出再造方案，企圖將「廠店合一」的五金店家進行重組，強化店家的「商業展示」功能，並把製造跟維修的部分集體轉移至碼頭邊的閒置大樓再利用。此舉不僅可以讓油汙髒亂集體處理，同時也可藉此進行公園路五金店家的升級，轉型為研發後勤和成品展示中心。

如此一來，五金街將能以「機械五金」為主題，進行整條五金老街的整體規劃和再造。試想，當整條街的招牌都用機械五金來展示之時，公園

▲五金街業者與住戶最後的呼籲。（孔瓊徵攝）

路便成為「五金機械產業文化街」了。而且，在這樣的想像與規劃之下，每間不同機械產品的店面，都將成為各有特色的活機械五金展示館，並能在五金老街打造出一間五金機械文化展示館，豐富港區的文化內涵，形成文化、經濟產值跟市容三方共贏的局面，而抵觸戶還能用店面租金貢獻市府財政呢！

有時候你贏了，但其實你輸了。誠如電影《女人香》中，艾爾帕西諾所飾演的一位失明的退伍軍官，他在片中激昂地說道：「人生，會遇到無數的十字路口，每一次，我們都知道那條路是正確的，但我們從不選它，因為我們知道，正確的路有多難走。」這次，正確的道路又被忽略、否決了；畢竟，「拆除」是多麼輕易跟廉價的選擇啊！

這趟五金街的懷想之旅，或許該就此打住。但在繼續前行之前，也讓思

▲變身為公園綠廊的五金街，入口處以一個「吊車」造景，讓人憑憶這裡曾是全台最知名的大五金機械聚落的時代風華。（陳奕齊攝）

緒向那五金街曾經寫下的勞動與產業點滴告別之時，格瓦拉的那首詩，竟莫名地浮現腦海：

如果說我們是浪漫主義者，是不可救藥的理想主義份子，

我們想的都是不可能的事情；

那麼，我們將一千零一次地回答說：

「是的，我們就是這樣的人！」

——切・格瓦拉

## 註

❶ 曾玉昆，《高雄市地名探源（增訂版）》（高雄：高雄市文獻委員會，二〇〇四年），頁四七。

❷ 關於公園路布袋碼頭工人的聚落故事，請參見魏聰洲、陳奕齊、廖沛怡，《移民、苦力、落腳處：從布袋人到高雄人》（高雄：高雄市勞工局出版，二〇〇五年）。

❸ 黃保林訪問（葉明兆、陳奕齊採訪），地點：鹽埕區沙仔地 I Coffee，時間：二〇〇一年四月六日。

❹ 姚立群編，《台灣影視歌人物誌 1950-1965》（台北：行政院新聞局出版，二〇〇八年），頁一〇六。

❺ 柯俊雄訪問（陳奕齊採訪），地點：台北市立法院柯俊雄辦公室，時間：二〇〇五年三月二十日。

❻ 台灣省諮議會，《李源棧先生史料彙編》（台中：台灣省諮議會，二〇〇一年）。

❼ 劉星訪問（陳奕齊採訪），地點：高雄市三民區建國一路四六六號，時間：二〇〇三年七月十五日。

❽ 台灣省議會檔案，典藏號：003-03-09OA-01-5-1-00-05665，檔案系列：議事錄，檔案日期：民國五十六年（1967-05-15 ~ 1967-05-15）。

❾ 台灣省議會檔案，典藏號：003-04-01OA-19-6-7-00-01910，檔案系列：公報，檔案日期：民國五十七年（1968-06-03~1968-06-03）。

❿ 台灣省議會檔案，典藏號：0034450356005，檔案系列：檔案，檔案日期：民國五十六年（1967-05-08~1968-12-20）。

⓫ 台灣省議會檔案，典藏號：0035230159005，檔案系列：檔案，檔案日期：民國五十九年（1970-03-02~1970-04-24）。

⓬ 《自由時報》，〈唯一獸運工會獲不解散〉，二〇〇三年六月二十八日，第十七版。

⓭ 《高港簡報》，〈牛車水別傳——本港勞働界的前輩〉，一九五七年五月一日，第四版。

⓮ 參閱莊峰綱，《台灣戒嚴時期愛國電影的政治傳播：1974-1986》（台北：中國文化大學中山學術研究所碩士論文，二〇〇九年）。

⓯ 李彪，《愛河流域文藝復興：高雄新城市運動》（高雄：高雄市政府新聞處，二〇〇三年），頁十九。

⑯ 莊金國，〈高雄電影圖書館　坐落愛河畔文化流域〉，《新台灣新聞周刊》，第三四六期，二〇〇二年十一月十一日。

⑰ 《TVBS》，〈在港參選中共要求退KMT 柯俊雄拒絕〉，二〇〇四年七月十九日。

⑱ 打狗五金老街發展保存協會，《協會快訊》，第一期，二〇〇七年八月十五日。

⑲ 《蘋果日報》，〈鹽埕綠廊抵觸戶完成拆遷 過年前展新貌〉，二〇一一年十月十五日。

⑳ 陳奕齊，〈自序——過去的政治是歷史，現在的政治展演了歷史〉，收錄於《黨國治下的台灣「草民」史》（台北：前衛出版社，二〇一〇年），頁三～十。

㉑ 關於五金協會的想像，可參見〈願景與展望〉（陳奕齊口述，盧宛君紀錄，胡耿豪潤稿與補充），收錄於《協會特刊》，二〇〇七年七月，頁四～十四；打狗五金老街保存發展協會，〈打狗五金老街發展再造遠景方案〉，二〇〇七年十二月五日。

㉒ 潘思源，《台灣拆船業的滄桑》（台北：經濟日報社，一九七四年），頁十一。

㉓ 國史館檔案，目錄號：063，案卷號：019。

㉔ 黃耀鏻，〈陳啟清談光復初的經濟〉，《聯合報》，一九六六年十月二十五日，第十一版。

㉕ 蔡政勳，《產業變遷研究——以台灣拆船業為例》（高雄：國立中山大學企業管理學系碩士論文，一九九三年）。

㉖ 何慧娟，〈拆拆卸卸卅年，拆出了好多資源〉，《光華畫報》，一九七九年六月號，頁三八～四〇。

㉗ 高雄港拆船業碼頭空間的轉移，可參考台灣區舊船解體工程工業同業公會編，《台灣舊船解體工業要覽》（台北：台灣區舊船解體工程工業同業公會，一九八七年），頁一〇九。

㉘ 董吏安，〈拆船碼頭等待黎明〉，《經濟日報》，一九八八年十月二十九日，第二十三版。

㉙ 公園路右手邊那塊大空地，早年即是台機公司的總公司與鑄造廠所在。後來，因為影響鄰近住宅安寧甚劇，再加上廠區過於狹小，遂於一九七六年起開始遷移至小港臨海工業區內與中船跟中鋼比鄰而居。由此背景或可推論，台機出面干涉五金工人的敲敲打打，實也反應出台機公司可能常得間接承擔五金工人的噪音而成為被投訴的常客。陳政宏，《鏗鏘已遠：台機公司獨特的一百年》（台北：文建會出版，二〇〇七年），頁一〇六。

㉚ 何方，〈處處髒亂吵〉（「玻璃墊上」專欄），《聯合報》，一九七二年七月六日，第九版。

㉛ 轉引自〈湮沒的輝煌：高雄拆船業的過去與現在〉論文中對李永成先生的訪問記錄（第二屆全國高中台灣人文獎

第一名），謝翔宇、黃科瑋、王佑睿、李宗儒、歐真銘共同著作（未出版論文），二〇〇三年。

㉜ 蔡政勳，《產業變遷研究——以台灣拆船業為例》（高雄：國立中山大學企業管理學系碩士論文，一九九三年）。

㉝《民生報》，〈來自世界 都是舊貨 行家眼中全是寶貝〉，一九八八年五月二十日，第二十三版。

㉞ 今小港鳳宮里所在，康熙年間明鄭征台時，泉州府南安縣的余、呂、張、黃、宋等五姓共同來此建基，胼手闢野，然後分向南北兩方擴大墾地，將最早的墾地叫「中節仔」，向南拓展之地稱「山林尾」，其北的拓地叫「鹿窟」。乾隆年間，建造聚落的守護廟「鳳儀宮」，祀奉「王爺神」，古人對於王爺或官宦等，均以「大人」稱之，鳳儀宮，遂亦名「大人宮」，嗣後其聚落也以大人宮稱之。見曾玉昆，《高雄市地名探源》（高雄：高雄市文獻委員會，一九八七年）。

㉟ 林澄洲訪問（陳奕齊、廖沛怡、張雲祥、薛百均採訪），地點：林澄洲的五金店面，時間：二〇〇五年五月二十一日。底下五金業者的訪談資料謄稿同時收錄在《走近／走進五金街：公園二路五金機械產業與勞動聚落的形成》的期中報告。主持：徐純，計畫執行：陳奕齊、廖沛怡（勞博館籌備處委託研究案，委託時間：二〇〇六年八月一日至十二月三十一日。）

㊱ 世界上被列為「超級跑車」的廠牌為數不少，極富盛名者有法拉利（FERRARI）、藍寶堅尼（LAMBORGHINI）、蓮花（LOTUS）、保時捷（PORSCHE）等。藍寶堅尼是義大利製造農耕機的商人費魯科意歐．藍寶堅尼（Ferrueoio Lamborghini）為爭一口氣所創。一九六三年初春，藍寶堅尼駕著心愛的法拉利 250GT 跑車，走訪同鄉安佐．法拉利（Enzo Ferrari）。正當兩個車迷聊到口沫橫飛之際，藍寶堅尼便直指法拉利的變速箱仍有待改進云云，法拉利一席：「用不著製造拖拉機的人告訴我如何造跑車！」的回嘴，便讓聚會不歡而散。於是，超跑藍寶堅尼就在不服輸的刺激下誕生。參見敖自寧，〈車徽的故事：藍寶堅尼奔出蠻牛精神〉，《聯合晚報》，一九九四年十一月二十四日，第二十版。

㊲「鐵仔蟲」宛如盤據蔬果運銷過程哄抬價格的蔬果中間商販「菜蟲」一般。一九九〇年，軍人閣揆郝柏村即曾指示農政單位出面抓「菜蟲」以穩定波動的菜價。當年農委會出面表示，僅是賺取「合理」利潤合法的果菜批發商、零批商等運銷業者，不算是「菜蟲」，並將「菜蟲」定義為：1.非法占用市場，不依法繳交市場管理費者；2.以脅迫手段強行購買，以壓低價格，或強行出售商品或服務，收取超額費用者；3.勒索騷擾供應人，索取保護費，或強占供應人貨品者；4.強力阻擾農民團體共同運銷或其他供應人進入市場，破壞市場交易制度者；5.暴力脅迫市場管理人員、供應人及承銷人者。參見《經濟日報》，〈賺取「合理」利潤者 不算「菜蟲」〉，一九九〇年十月十二日，第十八版。從此定義，亦可權充為對「鐵仔蟲」之理解。

38 林澄洲訪問（陳奕齊、廖沛怡、張雲祥、薛百均採訪），地點：林澄洲的五金店面，時間：二〇〇五年五月二十一日。

39 民言，〈王茲華捐出老爺車 被人指責沽名釣譽〉，《高雄論壇》，第一五三期，一九七九年八月一日，頁十。

40 《壹周刊》，〈潘思亮 布局飯店大會戰〉，第四〇一期，二〇〇九年一月二十五日。

41 參見潘思源，《台灣拆船業的滄桑》（台北：經濟日報社，一九七四年）。

42 《高雄論壇》，〈王慶禾異想天開〉，第一五二期，一九七九年七月十六日，頁十九。

43 《聯合報》，〈解體舊船意外頻仍 內政部決進行調查〉，一九八六年八月十二日，第三版。

44 《聯合報》，〈拆船另有油水可撈 私油猖獗源源不絕〉，一九八六年八月十八日，第三版。

45 關於黑槍走私對台灣傳統黑道生態的衝擊，可參見陳國霖，《黑金：台灣政治與經濟實況揭密》（台北：商周出版，二〇〇四年），頁二四～六一。

46 《聯合報》，〈幫派問題系列專文之三：黑道大煞星．盤聚高雄 港埠是非多．幫派林立〉，一九八四年十一月十七日，第五版。

47 泉錫，〈私槍氾濫 治安完蛋！〉，《民生報》，一九八九年七月二十八日，第十五版。

48 《聯合報》，〈加工廠包裝「西螺米」 警方查獲可疑麻袋〉，一九八七年四月三日，第五版。

49 《自由時報》，〈中國貨假冒台灣製／奇威倉庫 搜出1.5萬件剪標品〉，二〇一〇年九月十七日。

50 See Roland Buerk, Breaking Ships: How Supertankers and Cargo Ships are Dismantled on the Beaches of Bangladesh, New York: Chamberlain Bros Press, 2006.

51 Bong-nam Park,《Iron Crows》（鐵烏鴉），公共電視《紀錄觀點》（第三三四集），二〇一二年一月十七日。

52 〈湮沒的輝煌：高雄拆船業的過去與現在〉論文中對李永成先生的訪問記錄（第二屆全國高中台灣人文獎第一名），謝翔宇、黃科瑋、王佑睿、李宗儒、歐真銘共同著作（未出版論文），二〇〇三年。

53 楊渡，〈拆船王國的「血肉長城」〉，收錄於《民間的力量》（台北：遠流出版，一九八七年），頁二一九～二七二。

54 蔡鎮興訪問（廖沛怡採訪），地點：沙地里蔡鎮興里長辦公室，時間：二〇〇六年八月二十三日。

55 王文郎訪問（廖沛怡、詹力穎、張雲翔採訪），地點：大剛五金行，時間：二〇〇五年八月三十日。

56. 蔡東采訪問（廖沛怡採訪），地點：東富電機五金行，時間：二〇〇六年十月四日。

57. 杜劍鋒，〈鹽埕區拆船業與五金街興衰〉，《高市文獻》，第二十一卷第三期，二〇〇八年九月，頁四五。

58. 《經濟日報》，〈市面上錄影機如何進口 財政部要查個水落石出〉，一九八二年五月十八日，第三版。

59. 《聯合報》，〈戴歐辛流毒可怖．廢電纜照燒不誤〉，一九八三年八月十一日，第三版。

60. 《經濟參考報》（中國），〈荷蘭洋垃圾經臺灣進入大陸 走私者獲利數十倍〉，二〇一二年六月一日。

61. 《經濟日報》，〈廢五金業陷困境 向政府求援〉，二〇〇四年二月二十四日，第十一版。

62. 《聯合報》，〈戴歐辛流毒可怖．廢電纜照燒不誤〉，一九八三年八月十一日，第三版。

63. 陳奕齊，〈嗚咽的二仁溪〉，《台灣立報》，二〇〇二年一月二十日。

64. 參見張瓊霞，《公害糾紛白皮書》（台北：行政院環保署，一九九四年）。

65. 王文郎訪問（廖沛怡、詹力穎、張雲翔採訪），地點：大剛五金行，時間：二〇〇五年八月三十日。

66. 參考《走近／走進五金街：公園二路五金機械產業與勞動聚落的形成》的期末報告書。研究主持：徐純，計畫執行：陳奕齊、廖沛怡（勞博館籌備處委託研究案），二〇〇六年十二月十五日。

67. 黃俊達訪問（廖沛怡採訪），地點：公園二路統大五金，時間：二〇〇六年九月七日。

68. 財團法人成大研究發展基金會，《高雄市拆船及廢五金業者之經濟產值及未來發展趨勢成果報告書》，高雄市政府建設局委託，二〇〇七年十二月二十日，頁三八～三九。

69. 秘魯台僑陳漢寧訪問（陳奕齊採訪），地點：高雄市三民區驛站餐館，時間：二〇一二年五月二十一日。

70. 林澄洲訪問（陳奕齊、廖沛怡、張雲祥、薛百均採訪），地點：林澄洲五金店面，時間：二〇〇五年三月五日。

71. 洪進元訪問（廖沛怡採訪），地點：公園路銘鴻行，時間：二〇〇六年十月二日。

72. 林澄洲訪問（陳奕齊、廖沛怡、張雲祥、薛百均採訪），地點：林澄洲五金店面，時間：二〇〇五年三月五日。

73. 洪進元訪問（廖沛怡採訪），地點：公園路銘鴻行，時間：二〇〇六年十月二日。

74. 打狗五金老街發展保存協會，《協會特刊》，二〇〇七年七月，頁三二。

Stop

第五站

V

# 3號香蕉碼頭區

# 來去香蕉共和國

3號碼頭區原有三棟建物，分別是已經改為海景宴會餐廳的「香蕉棚」，二〇〇六年拆除的「招商局辦公室」，以及「港史館」。這三棟建物不僅有各自寫下的港口歷史，同時也是戰後高雄港區政經發展的重要歷史拼圖之一。近年，港區地景風貌在高雄市政府發展親水觀光的主旋律之下，不僅風貌變化快速，許多鑲嵌港區歷史記憶的空間、建築與紀念碑，便在變身過程中悄然消失，殊為可惜。

走進3號碼頭區，最先映入眼簾的勢必是這座二層樓高的「香蕉棚」。二〇〇一年，市府將「香蕉棚」規劃成「觀海台」向市民開放，並在二〇〇三年登錄為高雄市的「歷史建物」。直至二〇〇九年「河邊餐飲集團」入駐之後，便更名為「香蕉碼頭」並成為各種宴會

▲昔日的香蕉碼頭，已經變身為今日「河邊餐飲集團」的海景宴會餐廳。（陳奕齊攝）

舉辦的場所。走近香蕉碼頭，所能看見的除了是一樓「香蕉故事館」所描繪的種種浪漫香蕉記事，以及美化過後的台蕉輸日史之外，我們並無法從故事館中找到台蕉從天堂跌進地獄的過程究竟是如何發生，遑論透過香蕉棚上所展演的台蕉輸日史，替這略顯蒼白的台灣戰後政經發展史，進行補綴塗色。

台灣香蕉輸出的輝煌歷史，令人想起「香蕉共和國」（Banana Republic）一名，這個稱呼除了是美國Gap服飾集團旗下的服裝品牌之外，在社會科學裡頭，「香蕉共和國」指涉的是那些倚靠單一經濟作物出口（如香蕉、可可、咖啡等），並深受貪汙以及外國勢力介入掌控的寡頭財閥政府，所以許多中南美國家屢屢成為「香蕉共和國」的刻板代言國。同樣地，「香蕉棚」在高雄港3號碼頭起造之後，不但是那段台蕉輸日風光史的具體展演，其旖旎風光的背後，一齣具有台灣特色的「香蕉共和國」劇情，也正同步上演著！

## 香蕉棚上的「香蕉共和國」

一九五〇年代末，美援正從「無償」改成「貸款」並逐步終止，出口創匯成了國民黨政府當時的第一要務。一九六〇年，王作榮把美援官員郝樂遜（Wesley C. Haroldson）的「八點財經改革」建議，重新編排擴充成「十九點財經改革」後，便宣告台灣正式往出口導向經濟體的方向邁進。於是，日本時代台灣水果農產品銷日的歷史過往，此時遂成了出口創匯的好點子。

名列省議會「五龍一鳳」的郭國基曾在一九六〇年代初於省議會提案，建議政府必須爭取日本青果市場以增加外匯收入。根據郭國基的描述，日治時期台蕉輸日高達三百六十萬籠，是一九六〇年代初的兩倍多，遑論彼時日本內地的米、糖、鹽、茶、鳳梨與香蕉等幾乎端賴台灣的供應。❶於是，隨著一九

▲打從日治時期伊始，高雄港便是台灣香蕉的輸日最前線。（圖片取自Taipics.com，公眾領域）

六三年日本池田勇人內閣把香蕉列入自由貿易的項目之中，久違的「台蕉輸日」風光史終於得以繼續書寫。

## 「香蕉棚」弊案？

當香蕉以創匯領頭羊之姿風光輸日之時，倚靠人力堆疊在碼頭空地的輸日台蕉，往往會因為日曬雨淋造成品相不佳，甚至有變質腐壞之虞，於是在一九六三年四月十一日，兩層樓的「香蕉棚」便應運而生，甚至在一九六四年還進行擴建工程。❷這座由美援貸款挹注八百餘萬打造的「香蕉棚」，乃是委由民間「力霸鋼鐵公司」製作，下層為鋼筋混凝柱樑與樓板，上層天花板則為「力霸鋼架」，同時配備「機械輸送」與照明設施。但「香蕉棚」完工之後，機件設備卻屢出狀況。

原本船隻吊桿只能承載五噸起重，但

棚內配備的升展裝蕉機竟重達七噸，導致機械裝蕉效率每小時不及五百簍，低於原本每小時六、七百簍的人力裝蕉。如此不堪的機件，竟還向負責香蕉輸出的青果合作社收取每簍二點四元的機件使用費。於是，耗費不貲的「香蕉棚」最終只能淪為「遮風避雨」之所。❸再加上日方對香蕉品質的要求❹，待一九六五年六月於31號碼頭新建的「香蕉冷氣庫」竣工之後，「香蕉棚」便以早夭之姿，逐步退出香蕉出口的歷史舞台。

開工才一年多的「香蕉棚」隨即淪為低度使用的「蚊子館」，是港務局的怠忽職守，抑或是當中有人謀不臧所致，早難以追查。但若按照當時香蕉創匯的能量跟利益，以及後來引發的「蕉蟲案」脈絡看來，若有官商想從香蕉出口中上下其手，實是不難想見。

▲這張海報原展覽於香蕉棚登記為歷史建物後的「香蕉棚觀景台」。海報內容則是當時利用皮帶輸送帶，將一籠一籠的香蕉從一樓輸送至二樓放置乘涼之景。（陳奕齊攝）

歷史一點靈

## 力霸「犀利」的政商關係

彼時承包「香蕉棚」建案的「力霸公司」，還不是由涉入掏空案落跑海外的王又曾所掌理，而是由台灣股市聞人翁大銘的父親翁明昌所經營。出身浙江的翁明昌，早年於上海創業，並在美援時期創辦「嘉麵公司」，以及在一九五九年時值水泥特許年代中創辦「嘉新水泥」，足見翁明昌的手腕與政界人脈關係；畢竟在那年代中可以取得美援麵粉跟特許水泥者，定非普通商人所能及。❺

事實上，國營的台灣機械公司也曾參與當年「香蕉棚」的興建過程，但後來無故退出興建，由力霸一家提出計畫審核。儘管台機退讓使得力霸以獨家之姿承包的原委已難查知，但從後來「香蕉棚」機件一修再修的事實看來，似乎很難不啟人政商交相賊之疑竇。

後來，力霸公司因緣際會落入了政商人脈更為綿密、擅於操作錯綜複雜的企業交叉持股的王又曾手中。此後，王又曾便利用力霸做為基地，名列十七個公會理事及理事長，據此把持商總二十四年，成為台灣商界特大咖的人物。此外，按照李敖考察，王又曾是從經營「軍中樂園」（軍中妓院）起家，隨後轉進「仙樂斯」舞廳的經營，便開啟其飛黃騰達的人生。❻

也正是經營舞廳的機緣，讓王又曾認識了翁明昌，並趁著翁明昌發生財務危機，以及後來突然驟逝，就此接收了翁明昌的企業地盤，讓力霸集團跟王家從此劃上等號。直至二〇〇七年王又曾因掏空力霸落跑海外成為通緝犯至今。

## 蕉王變蕉蟲？

隨著香蕉輸日的暢旺，台灣的香蕉外銷終於達到日治時期數量的兩倍——七百萬籠以上。一九六五年，蕉農的每籠所得更攀升至兩百零三元之譜，讓蕉農年收入可達二十萬元以上，對照彼時一般公務員五百元月薪，足見香蕉出口所創造的財富與利益。當時，以種植香蕉為主要經濟活動的旗山，每每華燈初上，「三步一茶室，五步一酒家」的燈紅酒綠就盡現眼前，不僅讓「到旗山街仔看查某」得以流傳，更讓旗山在台灣茶室史中，以「北九份，南旗山」而佔有一席之地。❼

在旗山街上，西裝領帶者不受青睞，但見渾身「芎蕉奶」，小姐必定前呼後擁，如同高雄港區早年身沾牛屎味者，必被當成「大款」的牛車運輸工人一般，深受酒家小姐喜愛。❽這些流傳於常民記

▲圖中站立者為「蕉神」吳振瑞，其背後一籠籠的香蕉，幾乎就是白花花鈔票的代名詞。（吳庭和提供）

憶中的粉味故事，再再說明當時蕉農收入之優渥。一九六七年，香蕉外銷達到歷史新高，創匯金額高達六千多萬美金，光是香蕉的創匯，即佔彼時台灣年度外匯的四分之一到三分之一之鉅。❾

香蕉銷日成就的背後推手，正是被蕉農稱之為「蕉神」或「香蕉大王」的吳振瑞——高雄青果合作社理事主席。也就是在吳振瑞主持青果社期間，台蕉在日本市場佔有率高達百分之九十以上，但一九六九年三月七日的「金盤金碗案」（剝蕉案）發生之後，台蕉出口量遂從一年兩千七百萬箱，瞬間陡降至七百萬箱，隨後便如水銀瀉地般一蹶不振，幾乎從日本市場中絕跡。

對於當年橫掃日本市場的台蕉何以在一夕之間從日本市場中消失的理由，官方說法不外乎是青果聯合社壟斷台蕉外銷的制度，使得台灣小農式的生產環境不敵

▶旗山農會大廈落成之時，還透過飛機在空中飛翔做為啓用誌慶之禮，足見旗山香蕉當年的風光盛況。（旗山農會與柯坤佑提供）

跨國農企公司式的生產；因此，一九六九年中之後，台蕉在日本市場便受到菲律賓、美國農企業的香蕉競爭，導致連續兩年滯銷之慘況。此外，當時也傳出國民黨的黨營事業早已赴越南栽種香蕉，準備回銷日本打擊台蕉，引起輿論一片嘩然。再者，根據彼時農政官員的說法，當時台蕉感染了有香蕉之癌稱號的「黃熱病」，影響台蕉收成，終讓台蕉黯然神傷而退出日本市場[10]，各種原因，眾說紛紜。

但是，貿易除了有產品本身的價格與品質問題之外，經營日本市場的貿易，更銜含著高度的人為因素在其中。例如在一九八〇年代，日本跟台灣一樣面臨美國「貿易三〇一」的施壓以開放市場，終讓美國柑橙香吉士可以往日本市場長驅直入。但後來美國人發現，日本公公婆婆所開設的傳統「柑仔店」，竟不擺賣這種欠缺情感與信任的香吉士和果汁，此舉惹惱山姆大叔，並在貿易法庭中提起不公平貿易的興訟。[11]如同美籍華裔學者趙全勝就曾利用日文的三個概念：「付合」（Tsukiai）、「黑幕」（Kuromaku）、「根回」（Nemawashi），以形容日本社會中關係交往與決策作成（decision making）之間的非正式機制。「付合」意指下班後的社會交往，如同台語的「搏撚」（puânn-nuá）；「黑幕」則是類似台灣檯面下的「喬」；「根回」用以指涉人際之間的含蓄交流，以形成不言而喻的潛在共識。這三個非正式機制的過程，往往才是日本人決策做成的關鍵。[12]

因此，吳振瑞這位串起台日貿易的中介靈魂人物一旦垮台，某種程度也意味著台日香蕉貿易中的信任紐帶隨之戛然而斷。而一九六九年三月「剝蕉案」爆發之後，同年夏天，台蕉便兵敗如山倒地從日本市場退出，時間點的巧合，不禁令人懷疑吳振瑞一案對台蕉輸日的衝擊之劇。當時鋪天蓋地的輿論，不僅炮製「高雄青果運銷合作社」理事主席吳振瑞貪汙，更言之鑿鑿地指控合作社對蕉農的惡質剝削，於是一干涉案人等便被媒體汙名為「蕉蟲」。

媒體一陣沸沸揚揚之後，蕉神在一夕之間淪為惡人蕉蟲，終至一九七二年五月十日最高法院判決確定，吳振瑞刑期兩年六個月，可由於查無舞弊之情事，便以違反「國家總動員法」中的禁止黃金買賣之罪予以判刑。但是，誠如農運人士馮清春所言：「所謂禁止黃金買賣係指『純金金塊』而言，而青果社向銀樓購買的金碗等乃屬『黃金飾品』，並非『純金金塊』，根本無所謂違法，故改以背信、侵佔入罪。但當時贈送金碗給香蕉出口有功之人員，是經過社員大會通過，授權理事會處理，何來背信，侵佔？可見剝蕉案全然是個冤案無疑。」⑬

▲吳振瑞一生的榮枯，宛如與台灣香蕉的命運連動起伏。（吳庭和提供）

## 政治惡搞下的香蕉死亡記事

為何會突然發生「剝蕉案」此一冤案呢？根據一九八八年底「台灣農民聯盟權益促進會」替吳振瑞「剝蕉案」翻案時所整理的當事人口述記錄中，大概可歸結出三個可能原因。第一，吳振瑞希冀推動「產銷合一」增加農民收入，最後雖未竟全功，但爭取到「五五制」（青果合作社與青果輸出公會各百分之五十）之後，總算是替農民從青果公會爭回一半輸出權，並免除了加諸在農民身上的「中間剝削，特權壟斷」。但此舉讓原本壟斷香蕉出口的「青果輸出公會」（即連戰親家陳查某等人）⑭的利益受損，因此，財路受阻之人向高層進讒諫言，也就不難想像。

事實上，青果輸出的壟斷位置鞏固與否可是攸關利益榮枯的關鍵，早在一九五一年，台灣省商會聯合會就曾提議籌組一公私合組的管制機構以管理青果輸出問題，輸出業者陳查某即刻上書台灣省參議會請願，力陳反對之意。[15]又如一九五〇年青果運銷合作社聯合社曾向省府要求實施「青果統一出口辦法」，以此保證外銷青果之價格，果不其然，青果輸出商陳查某等人馬上聯合各地業者三百多名上書省府，以「避免獨家壟斷」為由，表達強烈反對之意見。[16]由此可知，推動香蕉輸日「五五制」的吳振瑞，樹敵之眾，不在話下。[17]

再者，吳振瑞與李國鼎為了香蕉採傳統籠裝或紙箱裝，進行了一場兩年多的「紙箱戰爭」，更讓吳振瑞成了擋人財路的眼中釘。李國鼎弟弟在美商「律頓」公司任職經理，律頓以幫助台蕉一貫作業為名，要求改為紙箱包裝。但吳振瑞以台蕉生產以小農為主，不同於拉美大農場的條件，再加上運送距離與條件的差異，堅拒採用紙箱包裝，因此得罪形象清新的技術官僚李國鼎的吳振

▲上圖 1 為吳振瑞及其妻子照片，可見台灣香蕉採用傳統籠裝的樣子；圖 2 則是坐在一籠籠香蕉上的蕉農。（吳庭和提供）

瑞，受到政治報復與清算，也就不意外。[18]

再來，吳振瑞可能是夫人派與蔣經國鬥爭下的犧牲品。因為當年台蕉輸日可是創匯要角，因此在外貿會轄下便設有一「香蕉小組」，主事香蕉輸日業務。在一九六九年之前，經濟部國貿局與央行外匯局尚未設立之時，外匯跟貿易是由「行政院外匯暨貿易管理委員會」（外貿會）掌管，而徐柏園更是身兼央行總裁與外貿會等兩大重要金融財經機構的主委。身為夫人派（蔣宋美齡）的徐柏園，其威脅性已相當高，遑論他還緊抓外匯與外貿這兩大財經機構。因此，「金碗金盤」案就成了蔣經國「假途滅虢」的政治戲法，借道吳振瑞以翦除夫人派的財經要角徐柏園，並順利掌控外匯與外貿這兩大財經領域，為未來接班提前佈局。[19]

除了以上三個政治惡鬥的原因之外，另有二說：一為蔣經國要安插兩百位退伍軍人到青果社服務，為吳振瑞所拒而得罪了小

▲圖為高雄港「31號香蕉冷氣碼頭」，上頭題字的署名落款者，正是當年財經外匯的把手徐柏園。目前這座冷氣庫已經拆除，消失於歷史之中。（陳奕齊攝）

蔣；二為吳振瑞有意競選增額立委，但因非國民黨規劃中人選，吳執意參選而遭忌。但此二說均為吳振瑞所否認。[20]

不論真相為何，國民黨的政治惡搞對台蕉從此潰敗日本市場的影響，絕對是厥功甚偉。出獄後的吳振瑞，遠渡日本低調度日，直至蔣經國逝世，吳振瑞才於一九八九年十月六日回台。吳振瑞抵台當天，不僅高屏兩地蕉農以一路拉開的鞭炮聲響迎接這位他們心目中的「蕉神」，就連國民黨要員蔣彥士也現身接機，宛如以行動替此一政治惡鬥背景下所羅織的「剝蕉案」翻案。

早年高雄港那一抹香蕉出口風情的淡去，除了有台灣內部種種供給面的因素之外，也有日本國內需求面的考量。根據神戶海事博物館的介紹，早年一串台蕉的價格可是會讓一般日本上班族「痛心疾首」的，但自從一九六九年來自菲律賓種植園規模經濟下的廉價香蕉輸日之後，香蕉便開始紆尊降貴成為平民水果。換言之，日本民眾對蕉價的可親性期待，似乎也有助於日本進口商尋求更廉價香蕉的動力；尤其是從二戰幾近亡國廢墟中重建的日本，其宛如水銀瀉地的國民信心，可說是透過各種民生用品，例如黑白電視機、彩色電視機與洗衣機等物品的普及指數，一點一滴地尋回拼湊而得的。不過，一九六〇年代末，當菲律賓的廉價香蕉大舉往日本挺進之時，日本民眾的蘋果消費便逐步被香蕉取代，竟也意外導致日本在地蘋果農受到嚴重的滯銷衝擊。[21]於是，台蕉倒地後的蝴蝶效應，讓日本蘋果農也同感悲戚。

儘管「剝蕉案」已經遠颺，此一斑斑歷史卻鮮少被正視，尤其市府委託「河邊餐廳」經營香蕉棚之時，一樓的香蕉故事館對此一過程幾乎隻字未提，實是有辱「香蕉棚」上所展演的一頁台灣香蕉風雲。畢竟在「剝蕉案」發生之後，台灣蕉農的榮景，就如明日黃花，再也回不來了。二〇一〇年六月，吳振瑞之子吳庭和主演的音樂劇《金蕉歲月》，正式搬上國父紀念館與高雄文化中心的表演廳，讓後人可以

用戲劇與音樂的形式，去憑弔這段已被塵封與遺忘數十年的香蕉歷史！㉒

## 香蕉與烤鴨

二〇〇九年，市府將香蕉棚委託「河邊餐飲集團」經營規劃之後，北京知名的「全聚德烤鴨」便打算以兩岸餐飲合作的方式，進駐香蕉碼頭宴會餐廳，著手進行一場從水果類香蕉轉進肉禽類烤鴨的變身戲碼。㉓原本中國北京「全聚德」已選定供應五星級飯店水平的宜蘭三星鄉豪野鴨場的櫻桃谷鴨做為其烤鴨供應商㉔，此舉不只在媒體掀起一陣話題，更讓十方饕客引頸企盼著。但不知何故，一則「全聚德」堅持使用油脂肥厚的中國鴨新聞見報後，3號碼頭上的「香蕉變烤鴨」便宣告破局。㉕儘管「全聚德」批評油脂不足的台灣鴨，無法呈現出道地的北京烤鴨風味，可是台灣消費者的味蕾早已習慣台灣鴨，這種說法應只是冠冕堂皇之詞罷了。

北京全聚德烤鴨
考慮高雄開分店

據台灣媒體報道，全聚德董事長和30多位北京老字號企業大老闆，前往台灣考察市場，考慮在高雄開設分店，同時也到屏東鴨場，瞭解台灣鴨子生長情況，未來不排除用台灣鴨或者是自行養殖鴨子，來製作正統的百年北京烤鴨。

全聚德到台灣做市場考察，第一件事要做的就是看臺灣的鴨肉有沒有符合他們的要求。

北京全聚德董事長姜俊賢表示：「台灣這個養殖過程、食品衛生的檢疫這些方面、產品的出口，都很值得我們學習。」全聚德董事長考慮在高雄開設海外分店，但北京烤鴨好吃的秘訣，最重要的還是鴨肉肉質本身。

經過一番考察比較，這位全聚德董事長說，北京全聚德採用的烤鴨是品種鴨，比較肥、脂肪多、肉質嫩，而台灣鴨體型大、纖維質厚，肉質則比較硬。姜俊賢說：「台灣本地品種和北京品種還是在肉質結構上有區別，我們也跟養殖業者探討，看能不能養殖上做些改變。」

用台灣鴨可能不合適，姜俊賢說未來或許會考慮在台灣養殖北京品種鴨，或者是用空運的方式來台。不管如何，這道聲名遠播的全聚德北京烤鴨，將有可能在春節前於港都飄香，滿足饕客味蕾。

▲當年「全聚德」可能落腳高雄香蕉碼頭的新聞，連歐洲華文報紙都有大篇幅報導介紹。（陳奕齊攝）

◀儘管高雄港繁忙依舊，但香蕉早已不是出口的主角。（陳奕齊攝）

個人臆測，中國全聚德烤鴨來台破局的主因，是全聚德堅持使用中國鴨，但是進口中國家禽，勢必牽涉到「食品安全檢驗與動植物防疫檢疫措施協定」（Sanitary and Phytosanitary Measures—SPS）中的檢疫問題。檢疫標準，乃是「世界貿易組織」（WTO）所允許的少數「技術性貿易障礙協定」（Agreement on Technical Barriers to Trade，簡稱TBT協定）中的一項，是著眼於國民健康跟農產品安全為慮的合理「貿易管制措施」範圍。[26]全聚德對中國鴨的堅持，某種程度即是想藉馬英九營造的兩岸資本往來無阻的契機，以代表北京形象的全聚德餐廳投資為引，一舉把嚴格的「檢疫」標準此一橫陳兩岸之間的合法貿易障礙給剷除，替更多中國家禽農產品挺進台灣市場，進行清道闢路的工作。換言之，中國舞「鴨」，志在「檢疫」。

不論此一臆測正確與否，從香蕉到烤鴨、從出口創匯到本地消費，看來婉約樸實的香蕉，早已用其散逸的香味，以及流洩其間的苦澀，寫就了以香蕉為襯底，卻可管窺台灣戰後政經發展史的一頁歷史縮影！[27]

歷史一點靈

## 一九四九年政治性難民在高雄港

文化聞人龍應台，其母親應美君逃難來台後，第一站便抵達高雄港，並在3號碼頭後方落腳。當年來到高雄港邊的難民一景，龍應台以文學筆調重描其母親眼前所見：「高雄，一個從沒聽過的都市，那兒的人皮膚曬得比較黑，說一種像外國話的方言。五月天，這裡熱得出奇，很多難民身上還穿著破爛的棉衣，脫下來是光光的身體，不好看；留在身上，又濕熱難熬，一場急雨打下來，碼頭上的人群一陣狼狽亂竄，其實沒有一片屋簷可以逗留，於是乾脆就坐在地上，大雨傾盆。」[28]

據龍應台自己所言，她是在高雄縣大寮自來水廠出生，後來在3號碼頭後頭住過一段時間，並讀過鹽埕國小，其母曾在3號碼頭邊開設「美君商號」，在夏天賣起西瓜與雜貨。說是「商號」，其實是一個二點四公尺乘二點四公尺見方的小攤子，龍應台的母親就是一邊用這商號小攤賣東西養活家中兒女，一邊尋找其失散的父親。後來，碼頭邊的難民與軍眷，甚至有長期盤據第6、7、9號倉庫以及台灣航運倉庫為家之情事，當中丈夫亡故的家庭，處境更為堪憐。小朋友在碼頭倉庫邊，把遺落地上的糖渣掃起，賣給擺賣冰糖水的小販，景況令人鼻酸。於是，這些占據碼頭邊倉庫一年多的難民，遂成為港務局的燙手山芋。[29]

從此一情景描述，可見國民黨攜帶鉅額黃金來台發展經濟之說法甚為無稽，畢竟由龍應台以及港務局載錄的高雄港邊難民慘況可見，國民黨政府根本連龐大的逃難避禍軍眷都無法安置，任由難民在港邊倉庫「放生」，遑論還有餘裕拿來發展經濟！

消失的周阿根紀念碑

當香蕉碼頭變身為海景宴會餐廳之後，原本矗立於3號碼頭西北角的「義烈永昭——周故海員阿根殉職紀念碑」，也就莫名地消失。此一紀念碑所記載的故事，是中國海運旗下巴拿馬籍的「阿羅哈」（ALOHA）輪船，從時為葡萄牙治下的印度「摩慕高港」（Mormugao）[30]前往日本室蘭港途中，途經菲律賓巴士海峽時，突遭疾風巨浪，導致「阿羅哈號」在一九五八年一月五日晚間九時餘沉沒的事件。

船隻滲水傾斜之際，船長下達棄船指令，海員周阿根不驚不懼地放下左舷救生艇。無奈進水速度過快，情勢危殆之際，淡定的周阿根不僅沒有兀自逃生，反倒以搶救同仁為先，並護送叔父上艇後，導致自身逃生不及而淪為波臣，得年三十三歲。後經日輪「萬世丸」前往營救，救起四十五名船員，雖然當時亦曾報導途經船難地點的美國軍艦所救上的一名船員有可能是周阿根，但最後確定是誤傳。[31]

周阿根的事蹟傳回台灣後，首在《中央日報》見報。[32]經過數日的跟進報導之後，海員工會與政府各界不僅發起追悼大會，更傳出要將周阿根的事蹟編入教科書。[33]在一陣褒揚悼念的輿論聲中，基高二港各自興建一座周阿根紀念碑的倡議，便開始提出。[34]於是，一九五九年七月十一日，座落於3號碼頭邊，碑身五尺的大理石紀念碑，便在時任港務局長的王天池和招商局代表共同主持下揭碑。[35]

事實上，國民黨轉進台灣之後，失業的船員高達四千名以上，官方遂於一九五六年制訂《外國航商商借中華民國船員赴國外辦法》來解決船員就業問題。[36]因此，周阿根服務的巴拿馬籍「阿羅哈號」上的船員，幾乎都是台灣出身者。再加上這艘巴拿馬籍「權宜輪」[37]隸屬於香港船王董浩雲的「中國航運公司」旗下，因此「中國航運」就在各界目光下，負起從優撫卹的職責。[38]

周阿根——義人立碑的風氣先行者？

中國國民黨到台灣之後，與中共隔海展開武裝叫陣與對峙，於是，各種針對全體民眾的動員運動此起彼落。有些是利用「運動」名義，以遂行「不樂之捐」的動員，如「一元獻機」、「建艦復仇」、「三一儲蓄」、「敬軍」等運動；有些則是將重心放在民眾士氣與品格培養等精神層次，將鼓舞的士氣投入生產，或把同仇敵愾的心情轉化成符合國家治理需要的品格，如「毋忘在莒」、「反共自覺」、「自強救國」、「克難增產」、「好人好事」等運動。㊴

根據美國社會學學者裴宜理（Elizabeth J. Perry）的研究，共產黨跟國民黨這兩個兄弟黨，都共享著「愛運動」的習癖，並透過這些動員運動以便治理與規訓其人民。但是，裴宜理認為國共兩黨的不同之處在於：共產黨總是藉由運動喚起「情感上」的譴責，以便把這股熱情化作革命動力；但反觀國民黨的各種運動與動員，常常是致力於人民的「高尚品格」與「果敢意志」的培養等倫理學層面，而非單純的感性訴求。㊵

▲此紀念碑乃是從3號碼頭邊消失的「周海員阿根殉職紀念碑」。（陳奕齊攝）

因此，國民黨政府治台期間，（大陳）義胞、榮民、（反共）義士不僅俯拾皆是，甚至會透過對各種義人與義行的表彰鼓勵，讓符合統治者需求的倫理道德能夠產生風行草偃之效。海員周阿根的殉職故事，不僅開了當時「素人義行」報導風氣之先，同時，當周阿根義行得以用紀念碑文的方式，被銘刻在基隆與高雄二港碼頭邊之時，戰後台灣社會替「捨身就義」的素人進行塑像的風氣，也就成為可能。是故，周阿根為義捨身之舉，竟意外地讓台灣塑像文化除了鋪天蓋地到單調貧乏的「蔣孫二偉人」（偉大的達官貴人）銅像外，還有各種義行素人塑像可供尋訪。

此後，如一九六四年野柳林添禎塑像、一九六五年台北縣瑞芳簡金墻、一九六六年桃園大溪蕭曜友、一九七〇年台北市的高施傳等[41]，直至二〇一二年四月二十六日，高雄旗鼓輪船員楊清吉的銅像再度於旗津輪渡站大廳內重現[42]，足見義行素人的塑像慣習，早已植根台灣社會民俗中。半世紀前，周阿根殉職「義行」中所兼具的「高尚品格與果敢意志」，以風範倫理的引領姿態，矗立於高雄港3號碼頭西北一隅，直至二〇一〇年市府把香蕉碼頭委外變身為「海景宴會館」後，紀念碑便拆除。據說，拆除後的紀念碑藏放在高

▲此為重新豎立於旗津渡船口的義人楊清吉之銅像。（陳奕齊攝）

雄港港史館的倉庫之中，但由於無法目睹而無從證實。可見「文化資產」的流失，往往來自於我們對歷史文化的輕忽與無知所致，失卻歷史文化，也就毋須連帶繼承責任的重量，於是，一個無感跟膚淺的社會便由此而生。[43]

## 立碑日的故事：航海節與自由中國號

7－11，除了是林立於大街小巷間的便利商店之外，更是屬於台灣船員與水手的特別日子——航海節。矗立於3號碼頭邊五尺高的周阿根紀念碑，便是在一九四八年七月十一日第五屆的「航海節」當天所揭幕的。

至於擇定7－11為航海節，據說乃源於明朝三寶太監鄭和下西洋的首航日期：七月十一日——明朝永樂三年六月己卯（十五）日，但這一天並非「首航日」而是「奉詔日」。無論如何，鄭和下西洋是華人「下海」的里程碑象徵，因此以7－11為「航海節」的意義不言而喻。[44]但是，為何首屆的航海節是從一九五五年開始？此乃為了紀念當年台灣省政府漁管處青年船員种玉麟、周傳鈞、胡露奇、徐家政、陳家琳與美國駐台副領事麥克文（Calvin E. Mehlert）等六人，準備駕駛無動力中式戎克帆船「自由中國號」（The Free China Junk），橫渡太平洋至美國紐約，參加當年度六月十一日將舉辦的國際帆船比賽，並橫越大西洋到瑞典參加國王盃比賽所致。[45]

故事是這樣被傳頌的。一九五五年，周傳鈞無意間見到關於國際帆船賽的報導，便寫信給主辦單位詢問報名之可能，並獲得主辦單位熱烈的應允。於是，這幾位年輕船員變賣家產購船，後來得到當時的基隆市長謝貫一協助半數經費，更名為「基隆號」。爾後台灣省主席嚴家淦獲悉此事後，不僅贊助全部經費，更把船隻正式命名為「自由中國號」，並在當時社會輿論與新聞報導間捲起一股熱潮，食物、衣物與各種贊助，便紛紛湧入。46

至於美國人麥克文也成為六名隊員之一，據說是因為麥氏乃為領事館簽證主其事者，不能得罪以及有利於簽證辦理的顧慮，便讓麥克文隨行。47在萬眾的矚目與期待下，一九五五年四月四日，「自由中國號」正式從基隆港出發。但就在往目的地開拔而去時，遇到大風返航，選定四月十六日再度出發，沒幾天在沖繩島附近遇到颱風船底漏水，政府命附近航行的「渝勝號」商船前往救援，並拖往日本橫須賀修理。直至六月十七日再度出發，歷經海上五十七天航行後，一船人終於抵達舊金山，但卻早已錯過了比賽日期。48

二〇一〇年七月的紐西蘭國際電影節播放了一部名為《The Free China Junk》的紀錄片，記述了當年戎克船橫渡太平洋的故事。身為故事主角之一的胡露奇出席了放映會，並在接受訪問時說出了真正冒險航海的動機。胡露奇說：「那個時候台灣人根本沒有辦法去美國，非要去美國的周傳鈞就想出這個法子要移民到美國去。他要我去，我也就是為了朋友，也想看看美國是個什麼樣子，也是新鮮好玩就同意去了。」49所以，「自

中華民國四十八年七月十一日

航業界今慶航海節
基市舉行航海成果展覽
高港周阿根紀念碑揭幕
航業團體將分組訪問海員眷屬

航業界十年奮鬥 對財經貢獻大

我漁船一艘在菲海被扣

省府夏令辦公時間 十六實施

回教朝覲團昨返國
朝覲訪問歷時四十餘天 贏得國民外交輝煌勝利

▲當年報紙也報導了在航海節舉行周阿根紀念碑揭幕典禮的新聞。（陳奕齊翻攝）

由中國號」故事的起心動念才真相大白——原來是偷渡奔向美國懷抱的動力所致！最後，除了徐家政在抵美第二年車禍身故之外，周傳鈞落腳洛杉磯、陳家琳住舊金山、胡露奇最後移居紐西蘭，果真圓了各自的移民夢。[50]

「自由中國號」在抵達舊金山後，由於無處停泊，便以象徵性一美元轉賣給當地博物館，最後被棄置於舊金山的私人船場等待拆解。迨至二〇〇九年，當年的老船員及其後代發起保存運動並寫信給總統府，而興起黨國少年馬英九的共鳴記憶，於是，文建會即刻派人前往勘查保存之可能。[51]終於，離台五十七年之久的「自由中國號」在二〇一二年五月十七日抵達基隆港[52]，回到這個有「自由」但已非「中國」的台灣土地上！

## 歷史一點靈

### 「自由中國」

「自由中國」（The Free China），是中國國民黨政府轉進台灣後的自稱，同時也是國際新聞媒體的慣稱，並以此區隔對岸「紅色中國」（The Red China）或者「共產中國」（The Communist China）治下的人民所受到的奴役狀態，而大快朵頤地吃起對岸的政治豆腐。再者，「自由中國」此一稱謂也帶有強烈的中國正朔之意味，以此合法化其對福爾摩沙地區下所謂自由的「中國人民」的統治正當性，並讓台灣只能降格成為中國的一個省份地區。這種凜然的中國大義與標舉的自由大纛，更曾讓《聯合報》在其社論大言侃侃地力主廢除這個以地區命名的「新台幣」，改發行所謂「自由中國國幣」，以求名正言順。53

然而，在一九五〇年代接踵而繼的台海風波中，以及一九五五年四月中共總理周恩來出席印尼舉行的「萬隆會議」（Bandung Conference），企圖爭取第三世界國家對中華人民共和國的支持，並認為談判比製造台海危機更能爭取到國際支持之時，美中台的三角關係開始有些變化。時任美國總統的艾森豪與國務卿杜勒斯（John Foster Dulles）設想過兩個中國的主張——承認聯合國有兩個中國代表權的可能性，並認為以印度取代中國為安理會的成員，將有利於美國默認兩個代表權之可能。縱使於一九六一年接續艾森豪總統位置，且外界看來最挺國民黨政府的約翰·甘迺迪，其國務院都曾嘗試以「繼承國家說」（successor state formula）來處理中國問題，並以兩個中國都源於一九一二年的中華民國的說法，嘗試肯證聯合國雙重代表權之可能。54

為了安撫國際上挺中共的聲音，以及解決把治理廣大土地和人民的中華人民共和國排除在聯合國之外的荒謬問題，「兩個中國」或「兩個代表權」遂成了美國再三推敲之下最有可能的解套方案。可是，退守台灣的蔣介石不僅對美國好意不領情，更擺出一副漢賊不兩立的頑固態度。於是，為了澄清國際上兩個中國的視聽，以及對國民黨政府明顯欠缺正當性統攝代表全中國的疑慮，外交部便在一九五九年四月發文要求政府各機關單位涉外之時，必須自稱「The Republic of China」（R.O.C／中華民國），而對共產黨政府一律統稱為「The Chinese Communist」（中共），並禁止自稱「自由中國」（Free China）。55

此舉證明了國民黨政府「此地無銀三百兩」的心虛，因為國民黨政府唯恐「自由中國 vs. 紅色中國」的名稱對比，會強化當時美國設想的兩個中國代表權的解套方案。就這樣，「自由中國」便就受到國民黨官方的拋棄，逐漸淡出在官方文書與國民黨主控的宣傳媒體上了！

## 「招商局」二三事

位於香蕉碼頭隔鄰，原有一棟興建於一九四六年的招商局辦公廳，卻在二〇〇六年左右被陽明海運無預警地拆除。原本這棟閒置多年的辦公廳曾有轉作「船舶博物館」的規劃，但陽明公司最後於二〇〇七年底，在旗津漁港邊設立「陽明高雄海洋探索館」以為替代。同時，鑲嵌在此招商局辦公廳牆邊一隅，且具有歷史意義的竣工碑文，也連同建築一起灰飛煙滅，殊為可惜。

招商局在台灣的歷史，見證了國民黨從窮兵黷武的「軍事反攻」、到漢賊不兩立的「政治反攻」，乃至當前兩岸高官杯觥交錯的歷史進程。底下，就讓我們來一趟「招商局」在台灣的時光之旅吧！

▲此建築物乃是原本座落於香蕉棚旁邊的「招商局輪船股份有限公司」。目前此建物已拆除，四周僅餘鐵籬圍起的雜草堆。（陳奕齊攝）

## 一分為三的招商局

說到「招商局」（China Merchant），台灣人可能沒什麼印象，縱或有印象者，對其歷史可說是不甚了了。事實上，台灣的「陽明海運集團」（Yang Ming Group），就是由招商局演變而來的。

招商局創辦於清同治十一年（一八七二年），翌年一八七三年一月十七日正式開業，掛著雙魚旗和龍旗的招商局「伊敦號」海輪滿載貨物，隨即首航香港。同年五月，招商局分局於香港成立，成為港英殖民下的首間「中資」公司。

自從一八四二年鴉片戰爭清廷大敗以來，《南京條約》（或稱《江寧條約》）規定洋人輪船可以行駛中國沿岸各地，迨至一八五八年在第二次鴉片戰爭下又簽署《天津條約》以求媾和，外國人輪船又進一步可行駛長江，一時之間各國商旅絡繹於途，便利異常。於是，當時清廷直隸總督李鴻章即建議成立「輪船招商局」，以便從外人獨享的厚利中分潤。

但由於清國政府迂腐，守舊派人士認為此舉將使民間河船生計大受影響，唯獨李鴻章力排眾議指出：「河船將逐漸被淘汰，咸豐年間河船多達三千艘，同治年間已剩下四百艘，如果再不成立輪船招商局，不但海上的利權失去，連河運也將落入外人手中。」是故，清同治十一年，招商局正式成立，並由朱其昂主其事，並佐以幹練精明的盛宣懷為襄助。在三、四年的光景內，招商局已奠定初步基礎，而與當時的英國太古、怡和，併稱「三公司」。[56]

一開始時，「招商局」乃「官督商辦」，如同今天「公辦民營」或者「委外」的經營模式。但由於經濟命脈對於政權的維繫息息相關，而在一九三一年九月十八日「九一八事變」爆發後，外敵環伺侵略，南京國民政府所力主的「發達國家資本」的經濟統制意識形態逐步獲得強化，並陸續設立「建設委員會」、「經濟委員會」、「國防設計委員會」、「資源委員會」等強調經濟統制功能的機構。在這些統制性經濟機構的背景下，各種經建計畫紛紛出台：例如實業部的四年計畫、資源委員會的三年計畫、國民黨中央的五年計劃等，力圖以計畫政策推動國營工礦業的發展。踵繼其後，金融和貨幣等制度改革，也陸續出台。

在此脈絡之下，輪船招商局便於一九三二年被收歸國有。不過事實是，打從一九二七年下半年伊始，國民黨與交通部早就用各種名目與理由，對招商局內部的人事進行滲透，以便就近監管。迨至一九三二年春，國民黨中央政治會議議決，將招商局撥歸交通部管轄，並易名為「國營招商局」。

據中國學者虞和平指出：「招商局十月收歸國營，趁招商局股票跌價之機，將每套（包含2股航業股和1股產業股）價值三百兩的股票，以五十兩的低價強行收購，從而以幾近趁火打劫的方式，實現了將招商局國有化的目的。」[57]

一九三七年八月十三日，日軍進攻上海招商局本部，為了減輕招商局的財產損失，總經理蔡培基帶領幾艘輪船與部分人員遷往戰爭孤島——「香港」避敵，同時也設立辦事機構，讓香港辦公室成了招商局的臨時指揮中心。直至一九四五年日本投降後，招商局香港分局遂得以恢復。爾後，隨著國共內戰日熾，中國國民黨敗象已現，一九四八年十月國營招商局遂進一步改制為「招商局輪船股份有限公司」。此時，國營招商局香港分局也正式易名為「招商局輪船股份有限公司香港分公司」，並於一九四九年二月十日跟港英政府辦理了登記註冊，領取營業執照而成為相對獨立的經濟法人。

一九四九年初，中國國民黨蔣介石政權落跑台灣，暫時得以苟延殘喘，當時百分之八十的招商局輪船，幾乎在國民黨脅迫之下轉運台灣，其餘少數船舶則成為中國共產黨組建的「中國人民輪船公司」。於是，一場對招商局輪船船長的「汝策反，吾反間」的遊戲，終於在國共之間展開，並上演了多齣精彩的船長與船舶爭奪戰。早在蔣介石轉進撤退台灣前夕，國民黨便將招商局船舶一分為三：一部分留在上海、一部分駛往台灣，最後一部分則轉進香港。一九四九年九月二十八日凌晨，招商局「海遼號」客貨輪拉響所謂「起義的汽笛」，開足馬力往中共解放的大連港奔去。此舉讓香港招商局信心大增，終在一九五〇年九月二日正式接下中共交通部頒給香港招商局的證明書，確認其乃中國交通部下轄之海外企業。一九五三年發行的舊版五分人民幣紙鈔上頭的輪船，所描摹的即是「海遼號」客貨輪的身影。

## 國民黨的「正名運動」

在「海遼號」所吹起的號角激盪之下，一九五〇年一月，招商局「海辰號」船長張丕烈駛離台灣開往日本吳港，並聯絡當地組織幹員，準備投效共產黨。張丕烈在日本承租一家旅社客廳，親自動員並鼓勵船員參加起義。但由於內部出賣導致消息走漏，遂使「海辰號」在駛離日本往中國青島挺進的途中，突遭中國國民黨軍艦的近身攔截，並將人船一併押返高雄港。一九五〇年三月二十二日，「海辰號」一靠岸，張丕烈隨即被急衝上船的憲兵包圍逮捕，並於一九五〇年七月十一日以「準備發動叛亂」為名，於台北馬場町刑場槍斃，時年五十二歲。

▶這張紙鈔是早年的五分人民幣，當中的船隻即是轉投中共懷抱的「海遼號」客貨輪。（陳奕齊收藏）

當年招商局投共的船舶，乃是共產黨新中國組建的一支重要水上運輸力量，為中國的航運事業與打破外國封鎖發揮了積極的作用。招商局在中國上海及各地機構分別改稱為「中國人民輪船」總公司、分公司，但基於中國與英國尚未建交，香港的招商局若擅自更名，可能引發產權過戶與註冊之爭議，因此香港分公司遂保留「招商局輪船股份有限公司」的名號。此後，「招商局」的名字，便同時出現在台灣與香港兩地。台灣的招商局雖於一九四九年遷設台北，但由於業務長期不振，招致經年累月的虧損，直至一九七〇年招商局開張九十九年時，才首度轉虧為盈。反觀座落於香港島上環的招商局，業務則是蒸蒸日上，相較起台北招商局的不忍卒睹，實是判若天壤。

▲圖左紅色大樓，樓頂一個類似麥當勞「M」字的高樓，即是香港的招商局大廈。

迨至一九七一年，國民黨與中共在聯合國的中國席次代表權上易手，中共便打蛇隨棍上，趁勢追討「招商局」旗下的中國船隻所有權。國民黨政府唯恐財產也跟著轉讓，遂萌生將招商局更名的想法，正名為「陽明海運股份有限公司」，抹去英文名字中的「中國」字眼。「陽明」之名，當然是取自蔣介石崇拜的王陽明理學之名號而來。對照阿扁任內意欲對中鋼、中油、中船等國營事業正名而受到的抨擊，實是有必要提醒，「去中國化」的「正名運動」的祖師爺，正是國民黨本身。

事實上，招商局正名有其需要。因為船舶在海上航行必須停靠港口，如果旗下船隻灣靠中共建交國港口，招商局名下的船舶可能會被中共申請扣船。然而，台灣「招商局」也並非一夕之間轉變成「陽明」。當年國民黨政府於一九七二年十二月二十八日成立「陽明海運股份有限公司」，以兩間公司並存的方式，利用五鬼搬運的伎倆，把招商局底下的船舶改登記至「陽明海運」旗下；同時，為了讓「招商局」名號繼續存在，則在「招商局」名下保留一艘環島郵輪。因此，招商局跟陽明海運的關係，宛如以對外航權是陽明，對內航權是招商局的兩個面具示人。後來，招商局便逐步裁撤併入陽明海運。

從招商局正名的故事看來，中國國民黨身扛的「中華民國」招牌，除了對內情感的安撫之外，在國外早就失去了立足之地。

## 從反共到親共：陽明海運的故事

座落於香蕉碼頭旁的招商局辦公廳，其牆角一隅嵌飾著一塊立於民國三十五年八月的石碑，並載有如下的碑文：「建國大道，首重交通；台灣要港，基隆高雄；航權所寄，國營是從；奠此始基，善與人同。」從碑文可知，航權勢必是以國營跟國有為要，跟當前名義上早已民營的陽明海運的實情看來，

▲此碑文即是原本鑲嵌於高雄港3號碼頭上招商局辦公室建築外牆一隅的碑文。隨著招商局辦公室的拆遷，碑文也跟著下落不明。（陳奕齊攝）

著實令人有「天上浮雲如白衣，斯須改變如蒼狗」之嘆。

事實上，航運必須國營的真正用意，除了蔣介石奉循孫文三民主義中「發達國家資本，節制私人資本」的宣示意義外，也與當年蔣介石在台灣建構「戰時體制」，並企圖將台灣打造成所謂「復興基地」有關。因此，船隻乃是蔣介石動員戡亂時期下負有戰爭運輸作用的工具，船舶不僅肩負著軍需後勤補給與士兵運送之責，必要時更可被徵召為服役船艦。為此，唯恐這些戰爭設備落入中共手中，早年陽明海運董事長或者高階主管，幾乎清一色乃由海軍將領轉役擔綱。[58]不過，安插在陽明海運中的海軍人士的比例頂多百分之一至百分之二，而且這些轉任的軍中人士鮮少待在業務單位之中，畢竟航運專業遠非海軍轉任者可以勝任。

據說，當年中共滲透力十足，深恐軍中情治不足以控管，於是，在那動員戡亂的年代中，船舶都得領有「回航保證」，方得出航。[59]同時，世界各國的船隻若是在半年內曾駛過「匪區」（所有共黨國家地區船舶），則一律不得來台停靠。[60]蔣介石打造的「戰時體制」，果真徹底。

於是，在黨國不分的年代中，以「軍事」為名，便可避人耳目與監察，上下其手的特權與空間往往如此滋生。當時承包陽明海運業務的「鴻霖空運」，跟陽明一樣同是成立於一九七二年，且鴻霖空運的董事長兼總經理則是由蔣經國的公子蔣孝勇擔任。直至一九八二年，台灣電影界抓到了一家盜版公司「昌運」，公司負責人邱創壽被告上法庭，雖然邱氏本人被判無罪，但在辦案過程中無意間查出邱創壽乃是鴻霖空運的常務董事，引起外界將遐思的矛頭指向蔣孝勇。此後，蔣孝勇便辭去鴻霖空運總經理和董事長兩職，並轉入幕後控制，同時也把重心轉向國民黨「黨營」的中興電工機械公司，以及中央玻璃纖維股份有限公司的董事長兼總經理職位之上。[61]

2009(CC)pete (Ym People at Keelung) @Flickr/CC BY 2.0
▲陽明海運已經成為大型貨櫃海運公司。圖為停泊於基隆港西岸的陽明海運貨櫃輪一景。

邱創壽跟蔣孝勇關係匪淺，根據章孝嚴（現已改名為蔣孝嚴）自述，一九八七年七月蔣孝勇曾透過鴻霖的合夥人邱創壽轉告說，蔣孝勇想正式認章氏為哥哥。[62]由此可見，蔣孝勇、邱創壽以及鴻霖空運關係相當深厚，所以，由權貴經營之公司一旦承包國營陽明海運的業務，便容易啟人特權承包之質疑。

歷史反諷的是，當一九九六年陽明海運進行民營化的體質變身之後，伴隨著經濟全球化以及中國以世界工廠之姿竄起的背景，陽明海運遂開始與中共交通部底下的「中遠集團」合作，一路從以往的間接合作，發展到當前除了歐美航線互租艙位的營運之外，地中海與美國航線更建立共同派船的直接合作關係。據說陽明進入中國市場之後，其同為招商局的歷史淵源，促使其選擇中遠和中海這兩大中國海運公司為聯營伙伴。[63]

同時，除了鴻霖空運之外，泰明海運也是陽明海運在香港長期的合作對象，迨至一九九六年陽明海運民營化之後，陽明更將泰明海運買回並成立光明海運。然後，陽明海運新加坡子公司在一九九四年於香港轉投資成立孫公司——陽凱公司。陽明海運孫公司便是透過「陽凱公司」與已故的前中共中央軍事委員會副主席，且有「十大元帥」之稱的葉劍英系統所掌控的「凱利集團」（據說是從事軍火與政戰系統起家）[64]旗下的公司「凱陽貨代」（凱陽國際貨物代理），進行合作。

然而在二〇〇三年之際，時任立委陳建銘即曾接獲檢舉指出：「陽明海運因應大陸市場營運需求，赴香港成立陽凱公司，由陽明百分之百轉投資之新加坡子公司持有九成一股權。陽凱的獲利並未依據九成一股權比率分配給陽明海運，而是先扣除四成二的『顧問費』，匯予三位中國特定人士，再將所剩利益依照股權分配……據了解，三人之中有一位是北京凱利集團的葉飛，他是中共已故元帥葉劍英之子；另二位尚不知名，但可能只是『人頭戶』，錢最終還是流向葉飛。」[65]

事件曝光之後，陽明海運雖曾出面澄清指出，當年為了進軍中國市場開拓業務，一番審時度勢，才找上凱利為合作伙伴，並在香港合資成立陽凱公司。況且，一九九七年香港主權移交中國之後，基於安全考量及加強對陽凱的掌控，陽明海運已決定贖買百分之四十二的股份，凱利只留下百分之三。全案經由香港律師居中協調，陽明海運以總價四十二萬元港幣買回股份，但條件是每年需自陽凱盈餘中提撥一定比率付給凱利做為「顧問費」，若虧損則不支付，自一九九七年至二〇〇三年，即付出約二百餘萬美元。[66]

此外，高雄港早年除了限制船舶航行「匪區」之外，凡是六十天內曾經駛進「匪區」（世界上任何一個共黨國家）的船舶，都不得灣靠高雄港卸貨。此一令人咋舌的規定，好似有著「匪菌潔癖」般，唯恐高雄港受感染。但時至今日，如火如荼建造中的高雄港「洲際貨櫃中心」深水碼頭，原由陽明海運的

▲高雄港的景致依舊，但從進出口貨物的更迭，早已見證台灣多次的經濟轉型。（圖片取自高市府都發局全球資訊網「空中高雄」）

子公司「高明公司」獨家特許經營，目前已經獲得馬英九政府同意，可將股份釋出給中國的「中遠海運」等公司，共同投資經營。[67]

高雄港從「匪菌潔癖」到你儂我儂的「共同投資」，招商局到陽明海運一路以降在高雄港所寫就的歷史，就如同人生一樣戲劇化。歷史如果是人，那麼它必然有著一張嘲諷的臉龐。

## 港邊「紅樓」夢——高雄港港史館

在已經拆除的「招商局」辦公室旁邊，有一棟稱為「紅樓」的建築，目前做為「高雄港港史館」之用。此棟具有巴洛克風情的二層紅磚建物的「紅樓」，建造於日本大正三年（一九一四年），以作為港務局辦公之用。[68]在國民黨政府轉進台灣後，港務局順勢將這棟建物挪為港務局的辦公室使用。這

▲此建築即是名為「紅樓」的高雄港史館。（陳奕齊攝）

棟泛染著古典歐風外觀的建物，除了建物本身的雅致韻味外，建築本身和室內空間也有許多值得一說的歷史故事。

「紅樓」內部的二樓天花板，並非如一般的平整攤開狀，而是一種階梯格局式的漸層感。這種層層隔鄰落差約二十公分的現象，據說是受制於過去建築技術之故，導致樑柱長度受限，而採取分段施工所致。此外，室內通往二樓的木造樓梯，每個梯階幾乎都有兩個明顯的下凹處，而此一「下凹」正是由日治時期到國民黨時期，每一位曾在此辦公的人員以歷史接力的「足跡」所寫下的見證。[69]

至於港史館的右手邊牆壁是整面水泥牆，跟左邊牆面呈現出一目了然的「不對稱格局」，這種風格並不是後現代建築中的戲謔與嘲諷表現。若有戲謔，則應是嘲諷當時官方口袋不深，讓「紅樓」受制於經費，導致此建築本體一直處於「建造中」的狀態，有待資金到位後以加蓋擴建。

事實上，這棟古色古香的歷史建築，差點也毀於港務局手中，裡頭具有「歷史足跡感」的階梯，也因過於老舊之故，而被不具任何古蹟保存概念的港務局長官給拆除。後來，在港務局某位女性員工用幾近霸占這棟大樓的抗議方式，最終才獲得保留，並轉變為高雄港口發展歷史的展覽空間。[70]

以博物館的展示與檔案典藏的角度視之，由港務局員工轉任管理、以及囿於港務局重視度不足而讓經費匱乏的港史館，實是個不合格的博物館。但是，港史館在二〇〇二年十二月一日開館前夕，曾經發現一批當年日人為發動戰爭所需，而派人前往越南考察當地港口特色的珍貴史料一事[71]，足見港史館擁有成為一個好博物館的潛力。下次，請別再過門而不入港史館，畢竟「紅樓」建物本身就是高雄港的歷史，紅樓裡頭的展示，更是具體而微的高雄港百年風華啊！

歷史一點靈

# 消失的「人字臂」

從港史館往前的碼頭檢查哨走去，檢查站後方的3號船渠邊，有一個「員工訓練所」的人字臂吊掛和吊桿，是早年碼頭員工訓練的實務操作場地。然而這座幾十年資歷，並訓練出不知凡幾且吊掛技術高竿的碼頭工人的「人字臂」，已無聲無息地被港務局作廢拆除。

吊桿操作，不僅是技術含量高的工種，更是高危險的行業。尤其是碼頭進出口貨物來自五湖四海、廣納千奇百怪，因此，散雜貨的吊桿操作工人，除了得嫻熟吊索、吊桿承受力等攸關吊掛操作中的應用力學知識之外，技術的精進還有賴具體操作的實感積累才能達致。畢竟，從韓戰、越戰、八二三砲戰等的吊飛機大砲、到奇形怪狀的各類進出口貨物與機具，考驗的都是碼頭工人的臨場反應。

事實上，早年在碼頭海上操持吊桿，絕非刻板地使用蠻力即可，智慧性的操作使用，更是作業所需。如同碼頭工人黃順龍，跟當年為開鑿十大建設中的北迴鐵路而從國外進口的大型穿山車「大約翰」

▲高雄港碼頭工人的吊掛技術，幾乎都是經過這座「人字臂」的實際教導訓練出來的。（陳奕齊攝）

（Big John）有過一段夾纏拉扯的緣份。當年這部所費不貲的穿山開鑿機具，一上陣就卡在山洞中進退維谷而報廢陣亡，成了戒嚴時期常民百姓私下調侃蔣經國的笑話。此一大而無當的「大約翰」，其實早在停駐高港碼頭時，即因為體型過於龐大而卡在船艙內，無法拖吊上岸，急煞隨船的工程師。最後，迨至順龍伯上陣，「大約翰」的賴皮，硬是在順龍伯的巧妙操持與推拉扯拖下，乖乖束手就範。佇立於船長室的西德工程師豎起的大姆指，至今，仍是順龍伯最引以為豪的榮耀。

位於高雄市成功路「85大樓」旁邊的新光碼頭公園上，有一座噴水圓形池，此一噴水的機具，據說是為了彰顯高雄港的意象，特別以「人字臂吊桿」的外觀形象做為其主要特色。[72]因此，高雄呈現了一個相當有趣的情形：拆掉船渠碼頭邊具有歷史價值跟意義的真實人字臂，卻在另一端港區公園裝上具有人字臂造型意象的噴水立桿。這一拆一建之間，著實也反映了高雄這個城市的官員和市民，對於城市歷史記憶、文化資產的態度跟想法。

就這樣，屬於城市的歷史記憶，就一點一滴地從吾人指縫間、時序的吐納中不斷地蒸發、逝去，消逝在我們還來不及親近與認識之時，僅存空氣中的惋惜與嘆息聲。僅以文字為記，記那港邊悄然逝去的歷史與文化資產！

▲位於85大樓旁邊新光碼頭上的戲水池，其紅色造形的噴水柱所採用的就是「人字臂吊掛」的意象。（陳奕齊攝）

## 註

❶ 參見台灣省諮議會，《郭國基先生史料彙編》（台中：台灣省諮議會，二〇〇一年）。

❷ 高雄港務局編印，《高雄港三十年志》（高雄：高雄港務局，一九七五年），頁二三五～二三六。

❸ 參見台灣省諮議會，《李源棧先生史料彙編》（台中：台灣省諮議會，二〇〇一年）。

❹ 當時旗山蕉農可是用棉被套裹著香蕉，再送到集貨包裝場，以免造成蕉皮損傷，足見香蕉之珍貴。

❺ 呂國禎，〈「王」朝垮了？〉，《商業周刊》，第九九九期，二〇〇七年一月十五日。

❻ 李敖，《中國性研究》（台北：李敖出版社，一九九〇年）。

❼ 《民生報》，〈旗山街仔變貌 茶室變學生居〉，二〇〇六年二月二十八日，CR2版。

❽ 劉星訪談（陳奕齊採訪），地點：三民區建國路獸運職業工會，時間：二〇〇三年七月十五日。

❾ 滕淑芬，〈台灣農產品搶佔國際〉，《光華雜誌》，二〇〇五年六月號，頁六～十五。

❿ 陳秀蘭，〈香蕉王國一頁滄桑史〉，http://forums.chinatimes.com.tw/special/banana/main.htm

⓫ 趙萬來演講，〈WTO對台灣的影響〉，中央大學地區發展研習營，一九九七年一月二十九日。

⓬ Zhao Quansheng, "Japanese Politics and Policymaking – Informal Mechanism", paper presented at the Monthly Seminar for Taiwanese Phd Students' Society at Leiden, 2009.02.21；趙全勝，〈日本政策制訂與中日關係〉，《21世紀雙月刊》（香港），第三十六期，一九九六年八月，頁一四五～一五九。

⓭ 馮清春，〈為蕉界功臣吳振瑞冤案平反憶往〉，《台灣公論報》，二〇〇七年六月二十九日。

⓮ 連戰女兒連惠心的先生陳弘元，即是陳查某之孫。

⓯ 台灣省議會史料總庫，典藏號：0014350040001，檔案：經建／農林／特產／總節，日期：民國四十年（1951-01-10~1951-04-02）。

⓰ 台灣省議會史料總庫，典藏號：0014250039005，檔案：經建／建設／商業／總節，日期：民國三十九年（1950-07-11~1950-12-27）。

⓱ 馮清春，〈為蕉界功臣吳振瑞冤案平反憶往〉，《台灣公論報》，二〇〇七年六月二十九日。

18 吳振瑞，〈香蕉王國的末代皇帝——吳振瑞回憶錄〉，收錄於林純美編著，《吳振瑞悲情二十年——香蕉王國興亡史》（台中：林豐喜發行，一九八九年）。

19 王駿，〈徐柏園與剝蕉案（1~5）〉，《中國時報》，二〇〇九年三月二十五日至四月二十二日。

20 林純美編著，《吳振瑞悲情二十年——香蕉王國興亡史》（台中：林豐喜發行，一九八九年）；馮清春，〈為蕉界功臣吳振瑞冤案平反憶往〉，《台灣公論報》，二〇〇七年六月二十九日。

21 Ann D. Brucklacher, "Facing Globalization: Japanese Famers' Responses to Changing Markets", Japanstudien, No. 12,2000, pp.229-247.

22 《自由時報》，〈蕉神之子現身說法 吳庭和演父親吳振瑞 金蕉歲月感人登場〉，二〇一〇年六月九日。

23 李雪莉，〈全聚德北高報到 台灣鴨增肥大作戰〉，《天下雜誌》，第四二四期，二〇〇九年六月。

24 《自由時報》，〈櫻桃谷鴨肥美 美食節指定用鴨〉，二〇〇九年六月二十日。

25 《自由時報》，〈開放中資藍綠同批 中資來台 志在掠奪技術〉，二〇一〇年四月十五日。

26 關於TBT的操作，請參見張凱媛，〈試析美國2012年技術性貿易障礙協定之貿易障礙報告〉，《經貿法訊》，第一一三期，二〇一二年五月十日。

27 二〇一五年三月初，另一間名聲沒有全聚德響亮的北京便宜坊烤鴨，終於在香蕉碼頭現身。便宜坊的鴨便是來自宜蘭契作的台灣本地鴨。參見《經濟日報》，〈六百年北京燜爐烤鴨便宜坊 高雄開店〉，二〇一五年三月五日。

28 參閱龍應台，《大江大海一九四九》（台北：天下雜誌，二〇〇九年）。

29 鄧耕石，〈本港軍眷問題〉，《高港旬刊》，第二一期，一九五一年五月二十二日，第四版。

30 Mormugao 或拼之為 Marmugao，是當時葡屬印度果阿（Goa）的主要港口。本港口地理位置參見周敏主編，《世界港口交通地圖集》（中國北京：中國地圖出版社，二〇一〇年），頁三二~三三。

31 《中央日報》，〈阿羅哈沈沒海面 傳美艦救獲一船員〉，一九五八年一月二十三日，第三版。

32 《中央日報》，〈船員周阿根 捨身救同仁〉，一九五八年一月十九日，第三版。

33 《聯合報》，〈捨己救人精神不死 周阿根事蹟將編入教材〉，一九五八年一月二十三日，第四版。

34 《中央日報》，〈義勇精神永垂不朽 基高兩港將建紀念碑〉，一九五八年二月九日，第四版。

35 《中央日報》，〈航業界今慶航海節 高港周阿根紀念碑揭幕〉，一九五九年七月十一日，第三版。

36 謝海泉，《航業史》（台北：中國海事專科學校印行，一九八二年），頁二四五～二四六。

37 「權宜輪」（convenience ship）是二戰之後盛行於全球海運市場的船舶登記制度，主要目的為降低工資成本。但台灣的權宜輪是為了政治考量，方便禁航地區之行駛，同時也便於向外國銀行借款而來。一九五九年，台灣的權宜輪船籍早已超過本國船籍，並引起非議討論，唯恐戰時無法徵用船隻而不利戰情。《中央日報》，〈我國權宜船籍超過國內噸位 引起朝野關切〉，一九五九年七月十一日，第三版。

38 《中央日報》，〈家屬哀戚生活亦堪虞 中航公司決從優撫卹〉，一九五八年一月二十日，第三版。

39 請參見陳奕齊，〈中華民國「萬萬稅」，人民「萬萬衰」?!〉，收錄於《國民黨治台片斷考》（台北：前衛出版社，二〇一〇年），頁七〇～一〇〇。

40 Elizabeth J. Perry（李寇南、何翔譯），〈重訪中國革命：以情感的模式〉，《中國學術》（北京），二〇〇一年，第八期。

41 按照李王瀚研究，周阿根之前的捨身救人行為的報導，不僅篇幅不大，報導內容的側重並非以「義」的角度切入。參見李王瀚，《生命．政治．神話——台灣戰後義人塑像》（台南：國立成功大學歷史系碩士論文，二〇〇六年六月）。

42 根據報導，服務於高雄鼓山與旗津間的旗鼓輪船員楊清吉，在一九九一年七月二十六日晚間七時四十分左右，義無反顧地跳入黑暗的海中搭救落海的蕭姓女乘客，乘客安全獲救後，楊清吉卻因筋疲力盡而失蹤，救起送醫後不治。這是楊清吉第七次，也是最後一次跳海救人，是年五十一歲。在楊的義行曝光後，高市各界要求立碑塑像，並在金龍獅子會捐助下，讓楊清吉塑像得以矗立在旗津輪渡站內。一九九八年，因為輪渡站體改建施工，銅像被移置倉庫並被遺忘，經過家屬陳情後，楊清吉銅像跟新紀念碑文終於得以在旗津輪渡站重見天日。見《自由時報》，〈「捨身救人」楊清吉紀念銅像 重見天日〉，二〇一二年四月二十七日。

43 至於基隆港的周阿根紀念碑，因二〇〇九年的基隆港聯外道路工程而有拆遷之虞，但在立委林淑芬以及基隆在地文史工作者的呼籲奔走下，尚不知此紀念碑是否可比高雄港的紀念碑幸運，得以逃過拆除的命運。參見立法院，《立法院公報》，第九十八卷，第六十二期（院會記錄），二〇〇九年十月；《自由時報》，〈東岸聯外道工程 施工干擾到古蹟〉，二〇〇九年十月九日。

44 邱文彥、傅瓊慧，《赴美國辦理自由中國號現堪及研商後續相關事宜（出國報告）》（台北：行政院文建會，二〇〇九年八月三十一日）。

45 狄寶賽文庫（台大特藏），檔名：db09_04_004_02，題名：Down To the Sea in Junks- The "Free China" skims across Pacific in 54 days。

46 《中國時報》，〈六好漢乘風破浪自由中國傳奇不死〉，二〇一二年四月十五日。

47 《聯合報》，〈自由中國號 沒引擎的老船 吹到美國〉，二〇〇四年七月一日。

48 《聯合報》，〈自由中國號五船員找到了〉，二〇〇四年七月一日。

49 王寧，〈移居美國之夢造就了《自由中國號》的傳奇自由中國號五船員找到了〉，《博訊新聞網》，二〇一〇年八月八日，http://news.boxun.com/news/gb/pubvp/2010/08/201008082142.shtml

50 周傳鈞後來也將這段戎克船橫渡太平洋的歷史著書出版。參見 Paul Chow, The Junk that Challenged the Yachts, CreateSpace Press, 2012.

51 邱文彥、傅瓊慧，《赴美國辦理自由中國號現堪及研商後續相關事宜（出國報告）》（台北：行政院文建會，二〇〇九年八月三十一日）。

52 《自由時報》，〈漂泊57年 自由中國號返抵基隆〉，二〇一二年五月十八日。

53 《聯合報》，〈社論：應即建立全國性貨幣制度，請將新台幣正名為自由中國國幣〉，一九五三年六月二十一日。

54 Nancy Bernkopf Tucker（林添貴譯），《1949年後海峽風雲實錄——美中台三邊互動關係大揭密》，（台北：黎明文化出版，二〇一二年），頁二九～三三。

55 《高港簡報》，〈澄清「兩個中國」觀念外交部規定名稱使用〉，第一五四期，一九五九年四月十六日。

56 《明報》（香港），〈招商局130周年〉，二〇〇二年十二月十七日至十九日。

57 虞和平，〈以國家力量為主導的早期現代化建設——南京國民政府時期的國營經濟與民營經濟〉，收錄於《現代化研究第二輯》（中國北京：商務印書館出版，二〇〇三年九月）。

58 以軍事需要為廉價的藉口，當然也替海軍將領創造出許多退休去處，例如，早年台灣航業、陽明海運、港務局、航政司司長、驗船協會等等，皆是海軍退休將領或軍官轉任的肥缺與閒缺。一九八〇年代中末期，軍文不分的體制，時常成為反對黨跟與論抨擊的焦點。

59 國史館檔案，目錄號：172-3，案卷號：1476，案名：基高兩港船舶進出口手續辦法。

60 國史館檔案，目錄號：078，案卷號：117-4，案名：禁止曾赴共黨國家港口船隻承載美援物資卷。

61 參閱陳風編著，《四大家族秘聞》（中國北京：團結出版社，二〇〇八年五月）。

62 參閱蔣孝嚴，《蔣家門外的孩子》（台北：天下文化出版，二〇〇六年五月）。

63 蔡朝祿，《定期貨櫃航運公司經營策略之研究》（高雄：國立中山大學企業管理學研究所碩士論文，二〇〇四年六月）。

64 葉劍英第三個兒子葉選廉原為中共軍方保利集團下屬凱利公司董事長兼總裁，可見當時「凱利」集團可是個不折不扣的中共「太子黨」企業。

65 《自由時報》，〈立委質疑 陽明海運每年輸送中共人士150萬美元〉，二〇〇三年二月十四日。

66 《自由時報》，〈陽明否認資助特定人士〉，二〇〇三年二月十四日。

67 《工商時報》，〈中遠入股高雄港碼頭 今年有望〉，二〇一二年二月二十日。

68 《聯合報》，〈高雄港史館完工 擇期開張〉，二〇〇〇年三月四日，第十九版。

69 《聯合晚報》，〈高港滄桑史 且聽「紅樓」細細說〉，二〇〇〇年二月五日，第二版。

70 李嘉璋訪問（陳奕齊採訪），地點：高雄港港史館，時間：二〇〇五年四月十五日。

71 《聯合晚報》，〈高港滄桑史 且聽「紅樓」細細說〉，二〇〇〇年二月五日，第二版。

72 陳凱凌，〈城市的關鍵時刻：高雄市地貌改造運動暨水岸開發〉，《建築師雜誌》，二〇〇六年四月，頁一〇〇～一〇三。

Stop

第六站

VI

# 旗后

▲圖為旗后山空照圖。圖中長方形的平台乃旗后砲台所在，另一邊有小黑色圓帽的點，即是旗后燈塔。（圖片取自高市府都發局全球資訊網「空中高雄」）

# 打狗旗后山之戀

旗津一日遊，勝讀三年書

旗津可說是高雄市區最早發展的地區之一，以前人稱「打狗」的地方所指涉的便是今天「旗后（後）」的所在。直至日本人於一九〇八年開始進行打狗港的填築工程，並經由港灣與航道疏浚的泥沙填築打造出哨船町、新濱町與湊町等今日鼓山「哈瑪星」（Hamasen）❶之後，漁港、漁市場和商業的發展勢頭，便逐漸凌駕腹地狹小的旗津，旗后也就在高雄市區近現代化發展的過程中，因為商業重心的轉移而逐漸趨於平淡。❷

大正七年（一九一八年），當哈瑪星與鹽埕區的築港填地工程幾乎陸續完工、商業重心轉移之際，日本政府也提出「遊廓」❸的遷移主張。然而旗后平和町的八家「貸座敷」❹中，有七家業者連同當地居民，以無力遷徙及影響旗后發展甚劇為由大力反對，僅有「大笑樓」❺老闆岩田芳人贊成，並因此招致繪聲繪影的恐嚇與暴力傳言。此一遊廓遷移風波，亦就成了旗津風華在商業重心轉移下沒落的最後身影與見證。

位於旗津北端的小山丘名為「旗后山」，又名「砲台山」，隔著一港口而與對岸的「打狗山」（柴山）對峙相望，據說遠望似旗，又稱「旗山」。因打狗山又稱鼓山，所以高雄港便被夾在「旗鼓相對」之間。❻轉悠徜徉於長約兩百公尺，高約五十公尺的旗后山上與山腰下，除了可以一覽港內船隻的送往迎來與港外開闊一片的海面之外，這上下五十公尺的高度間所曾流傳的故事與傳說神話，讓人在心弛神往之餘，宛如也進行了一場在現實的這端與虛構的彼端之間的捭闔縱橫。

## 旗后燈塔下的神話

旗后山上北端靠港口邊，建有一座為船隻指引明路的燈塔，名為「旗后燈塔」或「高雄燈塔」。一八五八年《天津條約》簽訂之後，打狗以安平港的替代副港之姿，成為台灣開港的名單之一，彼時雖然就有興建燈塔之提議，但鑑於外商複雜，建塔之議遂作罷。直到一八八三年（清光緒九年），時值法國欲派兵染指越南此一清廷藩屬國並引發戰事之際，清廷唯恐戰事一起，法軍趁機摸黑進入打狗港，遂催促鳳山縣副將王福祿敦聘英籍技師在今天旗后山頂（旗津區旗下巷三十四號）處興建燈塔一座，採中式方形紅磚建築，裝六盞單蕊定時光燈，映照方圓十浬之遙。❼

爾後，隨著日人一期築港工程竣工，高雄港日益繁忙，貨物吞吐飛躍成

▲屹立百年之久的旗后燈塔，是高雄港歸處的方向指引。（陳奕齊攝）

◀此空拍圖是高雄港一港口，古稱打狗隙之處，也是林道乾寶劍破港傳說地。（圖片取自高市府都發局全球資訊網「空中高雄」）

長，巨輪絡繹不絕，遂於一九一六年（大正五年）著手在原本磚造燈塔比鄰之處建造歐式新塔，以適應新的需要。但受到第一次世界大戰之擾，燈光交貨延遲，遂於一九一八年始將燈光器材裝設於今日此一八角形歐式燈塔之上。有趣的是，此一白色塔身搭配黑色瓜帽狀的塔頂，讓「旗后燈塔」遠望看來宛如一大型公仔玩偶。❽

## 十六世紀海賊王林道乾

站在燈塔邊，望出去即是高雄第一港口。高雄港乃一天然港灣，以彼時的「旗津半島」做為屏障，港內風平浪靜，讓這個「旗鼓相對」所護夾的打狗港灣擁有得天獨厚的港灣條件。這個古稱「打狗隙」的港口缺縫，流傳著「寶劍破港」的神話故事。故事的主角，乃是以明朝嘉靖年間，中國沿海出沒的海盜中那位曾引領風騷的林道乾為藍本，所寫成的十六世紀台灣版的「神鬼奇航」。

這個歷史上曾經存在的海盜林道乾，其出身在不同的古籍中有不同的記載。有說是福建泉州人氏，亦有說是出自廣東澄海或惠來。古籍記載，林道乾於明嘉靖末年為明軍所敗，揚帆至雞籠山（今台灣基隆），經呂宋（今菲律賓）至大泥（今泰國南部「北大年」）。然而古籍記載不一，到底林道乾是敗逃到基隆還是今天的打狗，也無法確切知曉。但根據《台灣府誌》與《鳳山縣誌》的書寫，林道乾曾經在高雄沿海活動。

據說，一五六三年敗於明軍都督俞大猷的林道乾潛逃至今天的打狗港，由於船隻海上受創需要修復，在缺乏原材料之下竟屠殺打狗社平埔族原住民，取其血並摻和著泥灰以修復戰船。於是，受到驚嚇的打狗原住民便流亡至今日的屏東市，成為「阿猴社」。事實上，阿猴社的確來自高雄打狗社原住民的遷徙後代，但是否是令人聞風喪膽的林道乾所致，便不得而知。❾

▲從旗后山望向柴山方向一景。（陳奕齊攝）

林道乾在打狗留下了「埋金山」與「寶劍破港」兩個傳說。話說當林道乾縱橫海上劫掠，並在打狗山紮寨時，誤信堪輿師之言，若能吉葬其父骨骸於蕭壠（今台南佳里）龍穴，則能南面為王。林道乾照辦之後，又遇一奇人，贈予三枝箭與一百粒白米，該人交待供奉箭於神桌上，口含百粒米睡百日，並在最後聽聞其妹的錦雞啼聲，起床便向西北方射箭，射死皇帝後，即可兵取天下。此一錦雞乃打狗山的群雞之王，其妹金蓮不敢誤兄大事，用一黑布罩雞，直至百日將至之際，徹夜未眠的金蓮，乃把錦雞懷攘胸中，黑暗中的錦雞以為時候已至竟啼，附近雞隻亦隨之啼叫。林道乾起身便射箭，於是，皇帝早朝後發現龍椅上刻有林道乾的三枝箭，便起兵圍剿。

林道乾深知誤事，怒急攻心之下便砍死錦雞，準備逃走。倉促間，十八籃半的金銀財寶來不及帶走，便埋於打狗山。金蓮以看守寶藏為藉口，意欲留下，情急下的林道乾便一劍劈死其妹金蓮，讓她永遠看守這金銀，「埋金

▲日治時期的旗后燈塔，外觀跟目前的樣子差不多。（圖片取自Taipics.com，公衆領域）

▲旗后燈塔一景。（陳奕齊攝）

山」的傳說從此之後便不逕而走。一九一二年，日本財閥淺野水泥在鼓山興建水泥廠之後，財源廣進，社會上便流傳著林道乾那十八籃半的白銀金寶已被淺野會社取去半籃，而僅餘十八籃。⑩

眼看圍剿的官兵將至，船舶又停在打狗山下，林道乾情急之下便取出寶劍，大喝一聲往打狗山跟旗后山劈去。剎時間，一陣天搖地動，打狗山跟旗后山便裂隙開來，海水湧進讓出一條水路。於是，林道乾便捨棄船隊，抄起一張草蓆，乘著蓆子往南洋揚長而去。⑪

## 林姑娘死亡記事？

儘管林道乾在打狗寫下的傳說，隨著他往南洋奔去而戛然而止，但林道乾在南洋卻也開啟了新的神話篇章。一五六五年，明朝嘉靖四十四年，一路清剿沿海倭寇所向披靡的福建總兵戚繼光，帶兵圍攻廣東汕頭南澳島，潮汕海商（海盜）被迫出逃，林道乾海商集團也率部下暫逃至泰國，成了泰國最早的華人移民。直至萬曆元年（一五七三年），林道乾集團再度被明朝廷清剿，林便率兩千餘名部下遁逸於今日泰國南部的「北大年港」。據說當時北大年國王畫地若干，供林道乾居住並把女兒許配予林。在當地墾荒有功的林道乾深受當地人愛戴，爾後，便把北大年港更名為道乾港，以為紀念。⑫

除了林道乾以外，他那曾在打狗死過一次的小妹，在當

▲圖為泰國南方北大年府的「林姑娘廟」，據說奉祀的也是林道乾之妹。（圖片由林姑娘廟粉絲專頁(กลุ่มเจ้าแม่ลิ้มกอเหนี่ยว-องค์เล็ก)提供）

今泰國的北大年地區也流傳著另一則死亡記事。北大年府有一間建於一五七四年的「靈慈宮——林姑娘廟」。根據當地華人的說法，廟裡供奉的「林姑娘」，即是林道乾原名慈貞的妹妹。這位小妹慈貞，因為林道乾去國多年，家鄉母親憂子而病重，後來其妹便從回鄉探親的鄉人口中得知林道乾本人正在北大年。於是，林姑娘慈貞便往北大年尋兄回鄉，但已放不下北大年榮華富貴的林道乾拒絕了請求，林姑娘遂採取激烈的上吊死諫相逼。當地人為了崇敬林姑娘的忠貞至孝，便在林姑娘墳墓旁建廟祭祀。此外，據說泰國國防部前面廣場上陳列的「雌雄砲」，是林道乾當年所鑄造遺留的。[13]

林道乾神話的迷人之處，不僅在於可從歷史上找到原型人物，兜轉一圈之後，林道乾的傳說竟在南洋繼續書寫、展延，連平行的神話翅膀也得以在「北大年」的

▲傳說中林姑娘廟的埋骨墳墓。（圖片由林姑娘廟粉絲專頁(กลุ่มเจ้าแม่ลิ้มกอเหนี่ยว-องค์เล็ก)提供）

▲「打狗隙」望出的迷人落日，數百年來應該都一樣漂亮吧！（陳奕齊攝）

時空中遨翔，並化成當地俗民的信仰而流傳後世。歷史與神話的想像，讓素昧平生的「打狗港」與「北大年港」珠串一塊，並帶出林姑娘死亡記事的不同版本，也讓「打狗港」在世界航路上占有一席之地。果不其然，尾隨十七世紀大航海時代的到來，引人入勝的海盜列傳與傳奇便紛紛崛起，讓林道乾就如同動漫《海賊王》中的神話海賊哥爾．D．羅傑一般，無意間替十七世紀大航海時代的海賊王競逐，掀起了那迷人的歷史簾幕。

## 旗后砲台的身影想像——黃飛鴻

旗后山上燈塔的另一邊即是「旗后砲台」的所在。話說一八七四年時，因為琉球漁民船難誤入屏東牡丹社（今車城）而被殺，日本遂以「義舉征台」。⓮而日本三菱船隊便是在牡丹社事件中負責兵員運輸，並以此軍援功勞受到日本政府保護，逐步奠定三菱財閥的誕生基礎。⑮

事件之後，清廷始重視打狗防務，並於一八七五年（光緒元年）派淮軍提督唐定奎與鳳山縣副將王福祿督造新式砲台。長方形的砲台陣地，以「目字狀」分成大堂、指揮官區和中央地區三塊。北區為操練場，中區指揮中樞，南區則為礮座區，並在東西兩側配置二十二間兵房。北區操練場的大門走東開闔，門額有「威震天南」題字。門柱兩旁「囍」字磚飾，取其砲台防衛將讓「國泰」與「民安」兼得之意。至於砲台兩側磚牆上的蝙蝠圖案，象徵以戰止戰為民之「福」。⑯而此砲台本體建築的紅磚可能是產自廈門，外垣所用之「鐵水泥」（cement，以前譯成「塞門德土」。據稱乃十九世紀發展出來的一種水泥，堅固異常，多用於軍事工程）則購自歐洲。⑰

一八九四年（清光緒二十年），清廷以日清關係惡化，密令南澳總兵劉永福率黑旗軍

▲「旗后砲台」的內部空間一景。

來台幫辦防務，並加強打狗港三處砲台：打狗山砲台、港口砲台（雄鎮北門）、以及旗后砲台。⑱此外，劉永福曾將指揮部設於三塊厝，後來轉駐旗后，以強化南台灣的布防。翌年一八九五年初，打狗防務重責委交黑旗軍將領劉永福義子劉成良駐守接管，點交清點之際砲台發生爆炸，死傷八十餘名，原副將萬國標革職。⑲

一八九五年四月，日清《馬關條約》將台灣治權移轉至日本手中，五月二十五日台灣仕紳成立「台灣民主國」，依舊奉清廷為永遠正朔。六月八日，日軍攻陷台北，唐景崧、丘逢甲等高官相繼遁逃中國，紳民相率至旗后迎劉永福至府城台南，另闢南台灣抗日戰場。十月十五日，在日本常備艦隊司令有地中將指揮下，日軍艦砲轟打狗港，日艦「吉野號」把「威震天南」的「威震」擊毀，只餘「天南」二字。⑳然而劉成良在接獲劉永福的電報之後，早已於凌晨四時棄職落跑，剎時間，群龍無首的眾人，宛如烏合之眾，早上九時許打狗港守軍便已撤離完畢，下午四時打狗港便告陷落，猶如「無血開城」一般。

▶「旗后砲台」門楣上被打落的題字，只剩「天南」二字。（圖片取自維基共享，公眾領域）

# 阿婆ㄚ浪港？

台語有句俗語，形容某某「落跑」或溜之大吉，則以「阿婆ㄚ浪港」（台語）稱之。此俗語相當地形象化：「化妝成老太婆的樣子落跑」，但關於此俗語的出處，則有不同說法。

第一個較為通俗的說法，指的是當時台灣末代巡撫唐景崧在眾人推就下成為「台灣民主國」首任總統，結果日軍攻陷基隆之後，便遁逃至滬尾（淡水），搭乘德國輪船「鴨打號」（Arthur）落跑至廈門，讓立國不到十天的民主國，就像一場扮家家酒般地笑鬧落幕。

另一個說法，則是源於黑旗軍將領劉永福在日軍未攻入台南之前，便化妝成老太婆的樣子帶著心愛的小狗，登上英籍輪船「Thales」落跑。[21] 詎料劉永福在距離廈門十五海浬的台灣海峽公海上被日軍軍艦查獲扣押，後來在英國抗議下，此艘輪船便被釋放，劉永福也順利地回到中國。

▲劉永福肖像。（圖片取自維基共享，公眾領域）

不論此俗語典故是源自唐景崧抑或是劉永福，「阿婆ㄚ浪港」都是描述台灣被拋棄的故事。因此，坊間會用「阿婆ㄚ浪港」形容擁有綠卡的馬英九，也就不足為奇。[22]

▶黃飛鴻玉照，但也有人質疑此乃跟黃飛鴻外表最相似的兒子的照片。（圖片取自維基共享，公眾領域）

## 黃飛鴻在砲台練兵：有影？無影？

在電影的推波助瀾之下，廣東佛山無影腳黃飛鴻成了家喻戶曉的「犀利」人物。根據統計，以黃飛鴻為主角拍攝的電影少說一百多部，電視劇兩百多集，再加上無法計數的小說、漫畫與電子遊戲等。也因此，黃飛鴻本人的真實身影，在影視編劇的誇飾之下，實是真假難辨。

但是，歷史上真實的黃飛鴻，據說跌打醫術與武藝的確有一定水準。一八八八年黑旗軍首領劉永福騎馬摔傷，造成腳疾損傷難以治癒，後來便到訪寶芝林尋求黃飛鴻醫治。七日之間，劉永福腳疾痊癒，並致贈一塊據說由張之洞題寫的「醫藝精通」匾額，聊表謝意。後來，劉永福更敦聘黃飛鴻為軍醫官與福字軍技擊總教練。

一八九四年，劉永福奉命幫辦台灣防務工作之時，黃飛鴻也受邀一起進駐台灣從事防務。[23]儘管黃飛鴻在台灣的紀錄付之闕如，但若以劉永福來台後曾將指揮部設於打狗三塊厝（今日的三民區西側）[24]，後來移駐旗后的記錄看來，黃飛鴻跟隨劉永福抵達旗后砲台教導技擊武術，似乎也不是全然不可能！不論黃飛鴻在旗后砲台練兵的身影是否有史實可證，但作為歷史遐想，卻有著無比盎然的興味！

## 旗后教會——歷久彌新的志業

「醫療」雖是西方傳教士到台灣的宣教手段，但不可否認的是，現代化的西方醫療的確是由此進入台灣。一八六五年五月二十九日，來自英國長老教會系統的馬雅各（James Laidlaw Maxwell）醫師抵達打狗港準備在台灣南部傳教，一八七二年，加拿大的長老教會則派牧師馬偕（George Leslie Mackay）博士到淡水，分別展開其醫療傳教的志業。與荷蘭人不同的是，早年荷蘭人在香港開設診所，可是為了推銷其菲仕蘭牛奶——看來「志業」這種東西，到了務實的荷蘭人手裡，往往都會變成「商業」。

馬雅各醫師選擇前往府城台南落腳傳教，但因民情激憤，遂於七月十三日退回到打狗，並在旗后山下開設醫院傳教。㉕一八六六年六月，馬雅各醫師在旗后後山腰（高雄燈塔下的台灣機械修船塢處）買地起造台灣第一間禮拜堂——「打狗禮拜堂」；同年九月二十一日，更完成一間有八張病床的醫院，俗稱「打狗醫館」。直至一八八〇年底，醫療工作便由設在鄰近新開的「慕德醫院」(David Manson Memorial Hospital)和醫學校賡續。㉖但醫學校最後只有一位名為「林晟」的學生，得到醫學文憑的證件。

▲拆遷改建前的「旗后教會」，倒是頗有歐式小教堂的氛圍。(陳坤毅拍攝提供)

## 萬巴德與孫中山

打狗醫館，歷經萬巴德（Dr. Patrick Manson，一八六六年至一八七一年就任）、萬大衛醫生（Dr. David Manson，一八七一年至一八七三年就任），之後則由連多馬醫師（Dr. Thomas Rennie，一八七五年至一八七九年就任）和梅醫師（Dr. W.W. Myers，一八七九年至一八八六年就任）陸續接手。當中「慕德醫院」的籌建，據說是為了紀念客死於福州的萬大衛（Dr. David Manson）醫師。[27]

萬大衛醫師的兄長萬巴德在台灣研究痲瘋（癩病）、象皮病與馬拉利亞（Malaria，瘧疾）等病，他是受聘於海關的醫師，主要替外國海關關員看診，並協助馬雅各醫師的打狗醫館，後來於一八七一年轉任廈門，直至一八八三年又前往香港。[28]據說，萬氏當年在打狗捲入地方事務過深導致調職廈門，但這個時間點，卻是他醫學事業的轉捩點，並獲得「熱帶醫學之父」的名號。[29]一八八七年，萬巴德（香港譯為白文信爵士 Sir Patrick Manson）醫師創辦「香港華人西醫書院」，成為首任院長[30]，而他正是第一屆畢業生孫中山的老師。

據說，萬巴德創辦西醫書院的機緣，源起於一八八七年李鴻章身染舌疾群醫束手無策之時，李鴻章便邀請萬巴德醫治。彼時受到痛風折磨而站立困難的萬巴德心想，若把大人物李鴻章治癒，或許中國人會更容易接受西醫。於是，萬巴德便從英國起身奔波至地球另一端替李鴻章治病，療癒之後，萬巴德便

▲孫文的老師「萬巴德」醫師的肖像
（圖片取自維基共享，公眾領域）

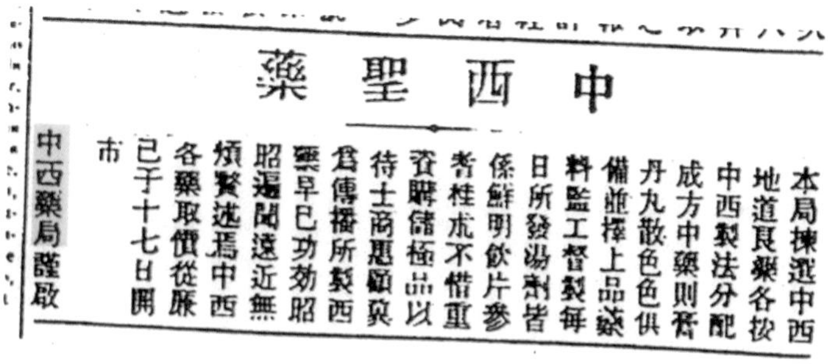

中西聖藥

本局揀選中西地道良藥各按中西製法分配成方中藥則膏丹丸散色色俱備並擇上品藥料監工督製每日所發湯劑皆係鮮明飲片參耆桂朮不惜重資購儲極品以待士商惠顧莫為傳播所製西藥早已功效昭昭遐聞遠近無煩贅述焉中西各藥取價從廉已于十七日開市

中西藥局謹啟

▶孫文在澳門《鏡海叢報》的置入性行銷。（圖片取自草堆街80號專題網頁）

藉此時機，順勢在香港成立西醫書院，並由康德黎（James Cantlie）擔任教務長，男女學生皆收，一八九二年便有第一屆畢業生。㉛

畢業後的孫中山即開拔到澳門鏡湖醫院擔任該院的首位西醫，後來便索性跟鏡湖醫院借款在澳門草堆街八十號開設「中西藥局」。後人研究孫中山在澳門足跡之時，往往會引用一八九三年創辦的《鏡海叢報》上的報導為憑指稱：「孫中山在澳門執業不滿三月，聲名鵲起，中西藥局的藥品如『中西聖藥』般神奇」，以此做為孫中山醫術高明的證據。㉜孫中山的醫術如何，我們並非彼時空之人，實是無法評斷，但如果吾人對「置入性行銷」（placement marketing）最大的質疑乃其「老王賣瓜」、自我吹擂，那麼這份《鏡海叢報》資料的信度與效度則必須打上折扣。畢竟這份由孫中山與其凱子好友——土生葡人連斯科．飛南第（Francisco H. Fernandes）出資合辦的報紙，可說是孫文在澳門的專屬大聲公機關報。㉝這是份宣傳孫文革命思想的報刊，若有吹捧自家醫館的廣告，也是人之常情。

一八九六年秋天，孫中山因第一次的「廣州起事」失敗，輾轉流亡至英國。後來，孫中山在倫敦被清廷的特務盯上並被捉進清廷駐英國的大使館之內，引發了所謂「倫敦蒙難記」（Kidnapped in London）的國際事件。不過，李敖經過各方資料比對考究之後，認為孫文的蒙難記，不僅是孫文自作聰明地主動進入使館參觀一番，竟還把清廷當白癡耍，雞婆地跟使館老鄉宣傳革命思想，在被識破抓包後受困的「白目」行為所致。㉞

說到底，辛亥百年跟台灣幾乎八竿子打不著，畢竟當中國還在以辛亥武力推翻綁辮子的清國政府時，台灣社會的「斷髮不改裝」運動早就搞得沸沸揚揚[35]，而那時的「打狗」(Takao)，正完成今天「哈瑪星」新濱町、湊町等現代化街廓的填築，並以打狗中央市街與金融中心的姿態崛起。[36]但是，不管當年孫文倫敦綁架案的真相為何，奔走營救孫中山者，除了康德黎之外，另一位恩人即是萬巴德。如果沒有這位出身打狗

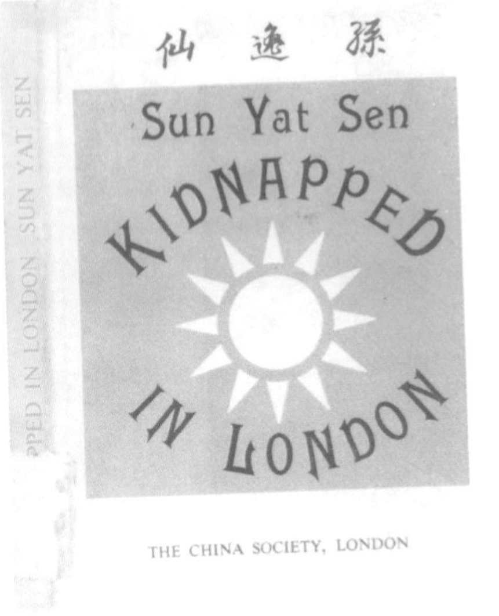

▲香港圖書館收藏的《倫敦綁架案》一書。

▲此為澳門版的「國父紀念館」，此處是孫文的大老婆——「國母」盧慕貞在澳門的居所。（陳奕齊攝）

醫館看診研究的恩人萬巴德相救，或許，孫中山可能不是用革命「志士」之姿，而是以「烈士」之名迎接辛亥革命，遑論被拱成今日「國父」的地位。

歷史一點靈

# 黃飛鴻與孫中山的生死恩怨

孫中山有個外號叫做「孫大砲」。有人認為這是出自袁世凱用以消遣孫文長於空言大話而不切實際云云。然而，究史實可發現「孫大砲」可不只是舌燦蓮花的嘴上功夫罷了，在一九二〇年代，孫文可是這廂砲擊陳炯明，那廂砲轟廣東商人的名副其實的大砲手。

話說一九一二年所謂「民國」肇建之後，可說是有名無實，政治局面依舊一片混亂。陳炯明跟孫文兩人之間，除了長期宿怨積累之外，兩人對於解決民國分裂狀態，可說是各自堅持。孫文主張以武力北伐統一，陳炯明則力主實行「聯省自治」，政治路線的歧異，最終還是引爆了一九二二年六月十六日的「孫陳決裂」事件。果不其然，迨孫文逃出至「永豐艦」之後，對廣州市區便是一番狂轟猛炸的回擊，導致百姓財物與生命損傷慘重。後來，落敗的陳炯明解散軍隊，避居香港。

因為國民黨史觀書寫之故，便把孫文的政治主張視為「政治正確」的版本，而把「孫陳決裂」後導致陳炯明用武力驅趕孫文的關鍵事件，妖魔化成「陳炯明叛變」或者「孫文永豐艦蒙難」，忽略了陳炯明的政治主張。㊲畢竟孫文的北伐策略，不僅會讓陳炯明雄心勃勃的「自治運動」化為烏有，更讓陳炯明想把廣東省透過民選議員與地方首長的方式，以建設成模範的自治省，並成為聯省自治運動的領頭角色全數作廢。誠如印裔美籍歷史學家杜贊奇（Prasenjit Duara）認為，「孫陳決裂」是中國追求現代化過程中，對「民族國家」兩種不同觀念的衝突表現：「中央集權主義」（centralism）vs.「聯邦分權主義」（federalism）。這場文化戰爭中，大一統的文化觀念戰勝了，也深刻地影響了爾後中國現代化的發展面貌。[38]

至於黃飛鴻與孫文的恩恩怨怨，則結於一九二四年的「廣州商團事變」之中。鴉片戰爭後，廣州以五口通商之姿，帶來熱絡的商業活動與經濟發展。因此，辛亥革命之後的治安敗壞，讓廣州商人基於自保而自組廣州商團，後來更進一步把商團給武裝化。彼時，孫文在廣州因與陳炯明軍事對峙，為了彌補軍費支出便廣徵財源而引發民怨。一九二四五月，廣州市政廳更發布「統一馬路業權」法案以開徵新稅。廣州商界的罷市抗議[39]，便由此展開。

就在雙方情勢緊繃之際，廣州商團進口的一批槍械竟被扣押未還，逼迫商會想再次使出罷市此一撒手鐧向廣州政府施壓，於是，孫文礙於壓力便將部分軍火歸還商團。眼看事態逐漸降溫之際，孫文「聯俄容共」政策而來的一批蘇聯軍火援助卻在此刻送達；於是，打蛇隨棍上的中共廣東區委，便趁勢發起大規模群眾運動聲援孫文，終讓孫文在一九二四年十月中旬對廣州商團採取強硬的鎮壓。經過一輪的狂轟猛炸、機關槍掃射與四處縱火之後，黃飛鴻位於廣州西關仁安街的跌打醫館「寶芝林」便付之一炬，導致畢生心血與財物，就這樣毀於孫大砲的回擊鎮壓之下。

結果，「積鬱成疾」的武術家黃飛鴻，便在一九二四年底於廣州城西方便醫院辭世；過沒多久，「積勞成疾」的革命家孫中山也在翌年一九二五年三月十二日，於北京協和醫院駕鶴西歸。恩怨的兩人，一前一後的辭世，是偶然或有著冥冥因果與造化的牽引，實引人遐想。

打從一八六五年馬雅各醫生展開宣教工作起算，旗后教會在打狗的歷史也已將近一百五十年之久。事實上，旗后教會前後經過三次遷址，八十多年前，教會為了籌措台灣新樓醫院的經費，出售旗后教會土地，幸由周瑞醫師以兩千日圓買下土地，再捐給教會。上次的教會建築本體，乃是一九三五年改建成的鋼筋混凝土的教堂，以仿羅馬小教堂的褐黃色洗石子為牆面，並以其拔尖突出的鐘樓為其特色。

二〇〇九年開始，教會因建築老舊之故打算改建，於是，教友們便在旗津街頭販售自製冰沙以籌募改建基金。[40]新的旗后教會樓高七層，採哥德式建築，頂端聳立三個尖塔，地下室則將成為歷史展示館，企圖讓旗后教會透過煥然一新與雄偉肅然的變身，延續這個已經寫就一個半世紀的歷史榮光！[41]

▲「旗后教會」未來改建後的外觀圖。（陳奕齊攝）

## 不能說的秘密——民眾服務社

覽閱旗津的歷史風華，可從當地歷時數百年之久的漁業考察起㊷，亦可從在地各種廟宇與家族祠堂尋訪著手。此外，旗津多變的國籍拼盤，也反映出早年港口國際化，以及近年的漁村沒落之後，基層漁民迎娶來自印尼、越南、泰國、菲律賓或中國等國新婦為妻的變遷。例如旗津中洲的葉姓家族繁衍一百多戶，裡頭的「新台灣新婦」就有二十、三十位之多，讓家族聚會宛如小聯合國一般。㊸

除了上述等刻畫在旗津人文地景上頭的有趣故事之外，位於旗后山下渡船頭旁的海岸路上有一間「民眾服務社」的特別建築，也值得一觀。事實上，早在一九四六年，中國國民黨即在台灣發展基層組織，從一九五二年伊始，國民

▲旗后山旁邊這一大房子聚落，便是俗稱旗后之所在地。（圖片取自高市府都發局全球資訊網「空中高雄」）

黨為了在異地進行有效統治，便在各鄉鎮廣設「民眾服務社（站）」以做為其地方黨部的掩飾化身，企圖強化對台灣基層社會的有效掌控。根據日本的台灣研究學者若林正丈統計，一九五一年國民黨改造之後，在各鄉鎮的民眾服務社已經設立兩百三十四所，至一九五四年之後，幾乎各鄉鎮都已經設有一間「民眾服務社」。㊹

研究國民黨統治的台灣社會學或政治學學者，幾乎偏重於國民黨利用本省地方派系建立一種「經濟利益交換政治忠誠」的「恩庇侍從主義」（patron-clientelism），用以解釋國民黨這個「外來移植政權」（émigré regime）為何能夠深入並紮根於台灣社會基層紋理。㊺但這項解釋若要能夠徹底成立，則必須證明地方派系能夠實質且有效地掌控與動員台灣基層民眾的投票行為。可是，現實上隨著一九五〇年代農村破產之後，台灣社會歷經從工業化過程伴隨而來的高度都市化現象，讓都市地區盡是外來人口，那地方派系如何能有效掌控這些新興的流動人口呢？例如二戰結束後，經過行政重劃的高雄市人口約莫十三萬，直至一九八〇年代中期，高雄市人口已經成長十倍，來到一百三十萬之譜，理論上，新興城市的移入人口應該很難受到地方派系掌控才是，因此以「地方派系」威權侍從主義解釋國民黨基層統治基礎的建構，實是有其侷限性。㊻

▲圖為座落於旗后山下的國民黨「民眾服務社」。（陳奕齊攝）

是故，除了地方派系之外，還必須注意遍布全台灣各鄉鎮，並以「民眾服務社」為內裡包裝的國民黨地方黨部，是另一項國民黨滲透台灣基層社會的有效工具。根據學者龔宜君的研究，國民黨著眼於外省籍與軍公教的「特種黨部」，以及本省籍台灣基層民眾的「區域黨部」，是國民黨有效統治台灣社會的兩隻重要臂膀。而國民黨基層社會的滲透能力，則起於一九五〇年蔣介石轉進來台之後，開始進行大規模的國民黨改造變身的工作，主要目標則是「建立普遍深入群眾的組織，以掌握大多數的群眾」。㊼

說穿了，「民眾服務社」就是國民黨在基層社會的細胞組織，並以包山包海的「服務」：法律諮詢、識字班講習、助考駕照、田地助割、義診、就業輔導、獎助學金、急難救助、婚喪喜慶參與等等，以拉出打進的方式佈建與台灣基層民眾之間的關係網絡。㊽因此，國民黨黨工就曾自信滿滿地說：「國民黨興盛時期的地方民眾服務站，除了不會替民眾生孩子服務外，其他無所不包、無所不能。」㊾可見國民黨在基層社會的滲透能力與能量，實是相當驚人。相較之下，這也是為何民進黨屢屢會以「地方經營」不足做為敗選理由，甚至民眾服務社所攤開的社會關係網絡，往往就是一張有利的「走路工」（買票）網絡，這些都是民進黨無法比擬之處。詹碧霞，一位從民眾服務社基層幹起的黨工，就曾以《買票懺悔錄》一書告別其二十四年的黨工生涯。㊿

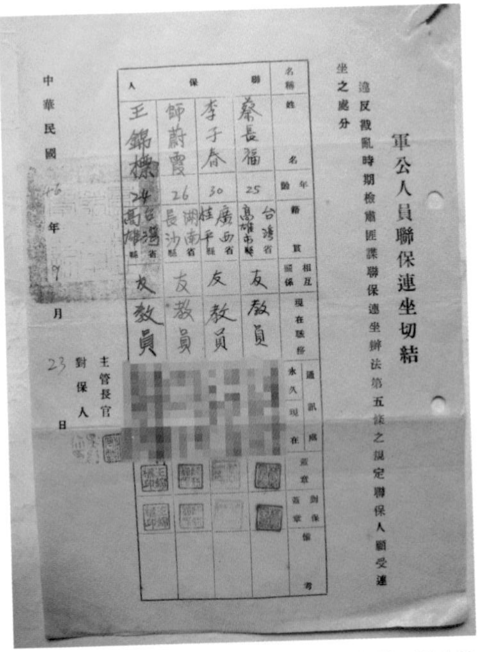

軍公人員聯保連坐切結

違反戡亂時期檢肅匪諜聯保連坐辦法第五條之規定聯保人願受連坐之處分

| 名稱 | 姓名 | 年齡 | 籍貫 | 相互關係 | 現在服務 | 通訊處 永久 現在 | 對保蓋章 簽章 | 備考 |
|---|---|---|---|---|---|---|---|---|
| 聯保人 | 蔡長福 | 25 | 台灣省高雄市縣 | 友 | 教員 | [redacted] | | |
| | 李子春 | 30 | 廣西省桂平縣 | 友 | 教員 | [redacted] | | |
| | 師蔚霞 | 26 | 湖南省長沙縣 | 友 | 教員 | [redacted] | | |
| | 王錦標 | 24 | 台灣省高雄縣 | 友 | 教員 | [redacted] | | |

主管長官
對保人

中華民國 46 年 9 月 23 日

▲威權國民黨的社會控管可說是相當全面，軍公教身分者必須簽下「聯保連坐切結書」一份，方能執教。此份文件乃前雄女校長師蔚霞簽署的連坐切結書。（陳奕齊收藏）

# 國民黨統治的擘劃師——滕傑

國際學界普遍認為國民黨的黨政關係，是一種所謂「擬似列寧政黨」（pseudo-Leninist Party）形式，亦即國民黨的黨組織控制著各級政府機構，使得國家和黨環環相扣，呈現出二元一體的格局。[51]此一準列寧式政黨的黨國夾纏結構，在一九五〇年的國民黨改造後更加縝密，國民黨不僅對國家處於監督與指導的地位，對社會生活也施以一種無所不在的干預與介入。

國民黨基層組織的滲透佈建原則，相當程度是按照滕傑的規畫與設計。滕傑在《論黨的基層組織》這本小書中即指出，按照列寧原則，匪黨支部應該建立在各種生產單位之中，就是每一工廠、作坊、礦山，以及農場等生產單位中；但因中國並非產業發達國家，無法滲透控制群眾，於是，滕傑認為應採用跟中共黨組織類似的形式加以修正：「黨的組織是按照地區或按照生產部門為標準建設起來的。」[52]

基於此，國民黨在台灣的黨部形式，的確是以滕傑的規劃為藍本：針對職業和生產單位設置各種產職業黨部或特種黨部，以及針對本省社會為主的基層地區黨部兩大類。前者主攻外省軍公教，後者主抓本省基層民眾，按此順藤摸瓜，國民黨在台灣的社會基礎，便由此盤根錯節地攀展滋生。再者，滕傑繼續說道：「政治到了基層，問題是很實際的，並且凡帶有普遍性的問題——如交通、治安、衛生等，都直接關係到每一個人的切身利害。小組能夠推動政治，黨員便能透過一定的方式參與其切身利害問題的解決……。」[53]從此觀之，「民眾服務社」做為國民黨在基層社會的黨細胞組織，除了生孩子之外的包山包海服務項目的原則，其實便是滕傑所指涉：基層政治的原則便是民眾的切身利害。

為國民黨統治獻策的滕傑，是國民黨黃埔軍校第四期畢業生，後來在蔣介石欽點下，留學日本明治大學。爾後，滕傑想仿照一九二五年「五卅慘案」時，中共採取一種秘密但成功指揮和動員學生組織的經驗，以黃埔軍校學生為骨幹建立起「對蔣介石領袖效忠的民主極權」之秘密組織，此即一九三二年成立的「力行社」（三民主義力行社），滕傑即擔任此一秘密社團的首任秘書長。不久後，從「力行社」的核心組織中，派生出「藍衣社」，這個希冀學習義大利法西斯主義者墨索里尼黑衫黨的組織，以及「特務處」——軍統局的前身。54 換言之，國民黨嫻熟有效但異常恐怖的特務組織與統治手法，便是從滕傑擘劃的「力行社」組織中，脱胎派生而出。

一九四八年，滕傑當選江蘇的國大代表，榮膺「萬年國會」的「老國代」（坊間慣稱「老賊」）領乾薪一伙近半世紀之久，直至一九九二年國會全面改選。55 此外，滕傑也擔任國民黨中央設計考核委員會委員，指導國民黨的黨務考核。一九八八年一月十三日，蔣經國因病逝世之後，李登輝扶正成為總統。直至一九九〇年，國民黨的權力較勁日趨激烈，裂解成以繼任總統李登輝為首的「主流派」，和過往外省權貴老賊等既得利益為主的「非主流派」間的政治角力，並在一九九〇年二月益發白熱化，史稱「二月政爭」。當時，滕傑更運籌帷幄，結合一群國代，拱出林洋港搭配蔣緯國的組合，企圖與李登輝競爭總統大位，後來在李登輝請出所謂「八大老」勸退林洋港之後，才瓦解掉滕傑的部署圖謀。56

當時滕傑主辦的《龍旗》雜誌，不僅成為批李的重要陣地，政爭激烈化之時，許多外省權貴老賊反李急切，特務出身且高齡八十又六的老國代滕傑更在中山堂召集「反李大會」，並由同為特務頭子出身的谷正文主持。據谷正文指出，會議中軍旅出身且在特務機構相當活躍的份子，甚至主張利用「武力制裁」幹掉李登輝。但因為在港台兩地只募得美金五百元跟台幣五千元，根本無法給付槍手酬勞，遑論槍手安家費而作罷。

說來好笑，一九九〇年本人因未成年無照駕駛被罰了六千台幣，心疼不已；但老國代一輩子吃香喝辣者眾，制裁李登輝竟才在台灣方面募得五千台幣，實是讓人啼笑皆非。後來，二〇〇四年七月四日，滕傑以一百歲之高齡在台灣過世。觀看滕傑一生，不到三十歲的「憤青」[57]滕傑，催生了「力行社」此一國民黨特務組織的母體，四十五歲以後的「憤中」階段，則替國民黨的社會滲透出謀劃策，到了八十六歲，依舊處於「憤老」狀態，巴不得把李登輝給生吞活剝。滕傑走了，但旗津此一國民黨滲透社會的基層細胞組織——「民眾服務社」不僅還在，且繼續踐行著滕傑的「以民眾切身利害為基層政治」開展的理論指導。

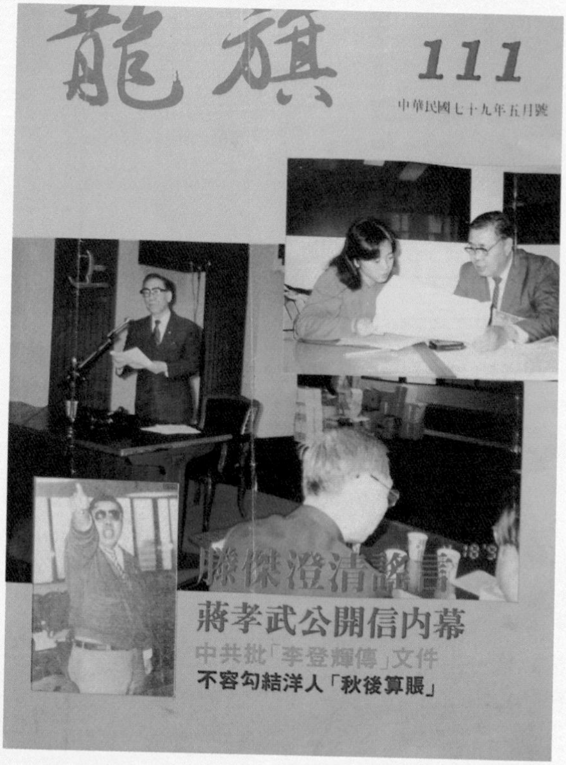


▶滕傑主辦的《龍旗》雜誌，111期有滕傑的對外澄清說明。（陳奕齊收藏）

## 民衆服務社：黨產vs.公產

位於旗后山下海岸路上的「民眾服務社」建築本體，可說是目前高雄市少數建築與用途皆保存至今的「民眾服務社」。事實上，早年高雄市的「民眾服務社」和旗津海岸路上這棟建築的外觀高度雷同，皆是利用底下內縮的入口大門，讓建築外觀都以「頭重腳輕」之姿，突出洗石子牆面上的巨大藍白「黨徽」，攫取行人目光。內縮的入口處，營造出服務社的前庭空間，便於到訪長官的黑頭車停靠；外凸牆面上鑲飾的國民黨黨徽，宛如品牌連鎖店的「企業識別」標誌，讓民眾可輕易感知國民黨的存在。室內空間的格局，除了一樓做為辦公與接待洽訪民眾之外，二樓的空間則可供幾十人內的小型聚會和會議之用，三樓則是可容納上百人的大會議室，對於一個從事基層組織工作的團體而言，相當實用。

要特別一提的是，國民黨遍布全台的民眾服務社，只有高雄市的服務社建物才具備這種強烈突出「品牌意象」風格的造型。考察其落成時間，幾乎都是在高雄市長王玉雲任內完成，並以市府財產無償撥交國民黨「民眾服務社」做為

▲左圖是楠梓的民衆服務社，右圖則是鼓山的民衆服務社。此兩棟建築外觀跟旗津的民衆服務社幾乎大同小異，相當易於辨認。目前雖改為黨部之名，但其實即是早年的民衆服務社。

「公共使用」。楠梓區的民眾服務社，便是經由此程序無償移轉給國民黨使用[58]，並在一九七七年起造今日的地上建物。鼓山區的民眾服務社，則是由時任高雄市黨部主委許引經策劃，經由「正義建築師事務所」設計，「杉鴻營造廠」承建，並在一九七七年七月一日奠基。由鑲嵌於鼓山民眾服務社牆上的碑文，或許可以臆測高雄市的民眾服務社，幾乎都是由這間「正義建築師事務所」的設計圖為本所建造的吧？

一九七〇年代，國民黨政府面臨政治上與經濟上的一連串打擊。如一九七一年底，國民黨政府在聯合國的中國席次代表權被中華人民共和國瓜代，時值蔣經國準備接任行政院長，並從蔣介石手中接下權力之棒的關鍵時刻，於是，國民黨便透過強化對台灣社會的控管，以面對外交挫敗帶來的動盪與騷動。例如，當時碼頭的安全保防工作原由碼頭工會的人員兼任，但為了強化碼頭安全的掌控，當時中央政府便在一九七二年初，改由調查局委派專職情治人員進駐碼頭。[59]

一九七三年，太子蔣經國真除行政院長，但石油危機帶來的能源警訊，讓蔣經國在經濟上選擇以基礎工程與重化工業等建設來「擴大內需」，企圖解決經濟衝擊。政治上，蔣經國採取「吹台青」（擴大收編台籍菁英和青年）與「革新保台」緩解民眾的政治反彈，但一九七五年蔣介石過世後，準備全面接班的蔣經國企圖利用一九七七年底大規模的五項地方公職選舉（縣市長、縣市議員、台灣省議員、台北市議員與各縣的鄉鎮市長）擴大其統治正當性。於是，為了確保國民黨的勝選，做為掌握社會脈動最前線的「民眾服務社」，其功能勢必強化。也因此，為了配合國民黨對社會控管的強化局勢，當年高雄市長王玉雲便無償撥付市府用地財產，給予國民黨黨部使用，毫不令人意外。且看一九七七年高雄市長選舉一役，王玉雲受到趙善標與趙繡娃父女的緊咬，更指控王玉雲包庇胞弟王慶禾大肆炒地皮，而必須一路以「斬雞頭咒誓」的方式來澄清。[60]由此可知，若國民黨「民眾服務社」能強化動員能量，首先得利的必定是代表國民黨出馬競選高雄市長，且深受黨外攻訐而陷入苦戰的王玉雲本人。

「民眾服務社」建物上頭高懸的巨大藍白黨徽，如同連鎖品牌的「企業識別」一般，以無所不在的姿態出現在高雄市每一區的街頭，企圖實現蔣介石在喪失聯合國中國席次後給人民的八字箴言：「莊敬自強，處變不驚」。換言之，彼時以如此醒目與共同風格浮現市區地景中的「民眾服務社」，在心理上可以發揮兩種效果：一方面，這些標誌警示著那些可能利用外交挫敗而蠢動的份子，以示「莊敬自強」的決心；另一方面，則可以安撫著那些對前途忐忑的民眾，以表「處變不驚」的用意。然而諷刺的是，國民黨內高官的「綠卡黨」數量，也就隨著一九七〇年代喊得震天價響的「處變不驚」口號而逐漸暴增。一九七七年取得綠卡的馬英九，也隸屬這波「綠卡黨」的黨友。因此，一九八〇年代初的黨外雜誌，便曾呼籲蔣經國必須「掃綠」，嚴打「綠卡黨」。[61]

至於遍布全台各鄉鎮的民眾服務社，除了提升國民黨的社會監控能力之外，副產品便是食指浩繁的黨工幹部[62]，以及各種形式的集會、訓練、講習、招待、考察、補助、救助等令人咋舌的開支。以蔣經國的「青年反共救國團」在一九六〇年的開銷為例，一年便得耗費三億元。為了弭平龐大開銷的缺口，除倚靠黨產之外，「黨庫通國庫」於是應運而生。在威權時期反蔣最力的《自由中國》雜誌上，便有一篇傅正執筆的社論痛陳：國庫可不是國民黨的私囊啊！[63]

就這樣，許多應是國家財產的民眾服務社用地，就在那外交與內政挫敗之際，以偷龍轉鳳手法變性為黨產。根據監察院於二〇〇一年完成的「公產變中國國民黨黨產」調查報告，國民黨的民眾服務社用地有許多根本是公家財產。直至二〇〇七年，位於高雄旗山延平一路四九九之一號的一、二樓建物，也被發現是旗山鎮於一九八四年無償贈與國民黨的旗山民眾服務站。[64]又如愛河邊的「電影圖書館」，最前身乃是鹽埕國中的校舍，後來撥給國民黨建造「民眾服務社」使用，一九九〇年代還給市政府做

▲圖1目前是前鎮區的「社會福利中心」圖2是社會局位於苓雅區的「志工服務推廣中心」。圖3是位於新興區中正路上的「婦女福利中心」；圖4則是左營區的「社會福利服務中心」。從這幾棟建物外觀，幾乎可以斷定其與民眾服務社系出同源的過往。（陳奕齊攝）

2010(CC) Luuva（高雄市電影圖書館）@wikipedia/CC BY-SA 3.0
▲位於愛河畔的「高雄市電影圖書館」，其造型外觀跟民眾服務社相當雷同，可知其前身為鹽埕區的民眾服務社。

為市府國樂團的排練空間，直至二〇〇〇年之後才成為「電影圖書館」。另外，楠梓區藍昌路的民眾服務社則是由無償使用，到最後以「公有基地承租辦法承租」，租期從早先的五年一期，到二〇一〇年的一年一期，並逐年遞減縮短。二〇一一年七月至十二月，上百坪的土地租金才十二萬五千六百三十五元，亦即每月不到兩萬一千元。[65] 由於「民眾服務」乃屬社會工作事項，在黨國不分的扭曲思維下，民眾服務社的用地也就幾乎是透過市府社會局的用地直撥方式，完成「公變黨」的變性手術。

此外，從「民眾服務社」的「黨職」轉任成「公職」之後，其黨工年資可以併計，同時在一九九五年之前的年資，亦可以享受「十八趴」的優惠存款。一九七一年九月十七日，中華民國民眾服務總社發函給考試院一紙「機密速件」的文書，並附上檢奉「年資互相採記要點」，以及「民眾服務社專職人員職級採記比照表」等，至此「黨職併公職」手續便告完成。[66] 同樣地，此一圖利事件的發生，也是在一九七一年正值國民黨政府面臨嚴重的外交挫敗之際，利用國家資源圖利黨工，不僅有助於收攏「民眾服務社」黨工對黨的向心力，更可以讓黨工更賣力地在基層社會中佈建關係網，強化其社會監控的能量，以渡過外交挫敗而可能引發的政權危機。因此，國民黨高官一字排開從宋楚瑜、胡志強、關中、連戰等人，皆是黨職併公職的受益者。

目前在高雄市區，這種風格獨具且繼續開張的「民眾服務社」，只剩下旗津[67]、鼓山與楠梓三處，其餘不是因為拆建而失去原本風貌格局，便是回歸市府管轄而另作它用。事實上，新興區中正路上、前鎮區鎮中路與左營區實踐路、苓雅區凱旋二路上的「民眾服務社」，各自在一九九〇年代以後陸續歸建市府，並成為社會局下轄的婦女福利關懷中心、社福中心與志工資源中心。雖然以上幾間「民眾服務社」建築已經還給市政府，但從其建築的外觀與風格，依舊可輕易鑑別出其與旗津、鼓山和楠梓的「民眾服務社」其實系出同源。

旗津海岸路上的「民眾服務社」，不只是一棟風格與造形殊異的建物罷了，建築的背後，更凝結著一段至今仍在書寫中的台灣戰後政治發展史啊！

## 註

❶ 縱貫線終點的「舊打狗驛」（高雄港站）有一條鐵路，沿著新濱町的港邊通往渡船頭邊的漁市場，另一條則通往1號跟2號碼頭，前者做為漁港鮮魚轉運之用，後者則是為航運裝卸的貨物而架設。這條通往漁港距離不長的鐵路，日人稱為「濱線」（Hama Sen），亦即靠海濱之線，台語諧音之下便成今日「哈瑪星」的名稱。參見林曙光，《打狗滄桑》（高雄：春暉出版社，一九八五年），頁一二六～一二七。

❷ 張守真，《旗津漁業風華》（高雄：高雄市文獻委員會，二〇〇〇年），頁三一～三三。

❸ 遊廓（Yukaku）源自日本，字面上讀來是提供遊玩盡興之街廓，但其真正意義乃是日本人的風化場所之意。

❹ 「貸座敷」即日本妓院之意。日治時期，台灣從日本內地引進公娼制度之後，各地方政府便根據法律設立「貸座敷營業區域」，並將貸座敷的營業設限在該區域之內，類似於荷蘭阿姆斯特丹的「紅燈區」之意。參見陳姃湲，〈在殖民地台灣社會夾縫中的朝鮮人娼妓業〉，《台灣史研究》，第十七卷第三期，二〇〇〇年九月，頁一〇七～一四九。

❺ 芝忠一，《新興の高雄》（高雄：新興の高雄發行所，一九三〇年），頁十五～十七；林曙光，《打狗瑣譚》（高雄：春暉出版社，一九九四年），頁七五～七六。

❻ 曾玉昆，《高雄市地名探源》（高雄：高雄市文獻委員會，二〇〇四年），頁三三～三四。

❼ 張守真、許一男，《高雄港記事》（高雄：高雄市文化中心管理處出版，一九九六年），頁五八。

❽ 曾玉昆，《高雄市各區發展淵源（下）》（高雄：高雄市文獻委員會，一九九五年再版），頁一二八〇～一二八一。

❾ 王御風，〈台灣版神鬼奇航——林道乾與他的埋金傳說〉，《高雄畫刊》，二〇〇九年第一期，頁四二～四四。

❿ 林曙光，《打狗滄桑》（高雄：春暉出版社，一九八五年），頁九～十四。

⓫ 林昀熹，《傳說高雄》（高雄：高雄市新聞處，二〇〇四年），頁三四～三九。

⓬ 李益杰，〈海外潮汕華僑華人集中於泰國的原因淺析〉，《東南亞》（中國期刊），二〇〇四年第一期，頁四九～五三。

⓭ 譚達先，〈林姑娘萬里尋兄〉，收錄於《海外華僑華人民間文學》（中國北京：中國戲劇出版社，二〇一〇年），頁二九～三四。

⓮ 關於牡丹社事件與打狗，參見葉振輝，《開港初期打狗史事研究》（高雄：高雄市文獻委員會，二〇〇三年），頁

一五二～一五三。

⑮ 日本幕末劃時代的人物坂本龍馬被刺殺之後，土佐藩便利用其「海援隊」遺留的航運資源，改制發展成九十九商會，委由岩崎彌太郎管理。廢藩置縣後，九十九商會成為岩崎的個人事業，隨後事業體也依船旗徽誌更名為「三菱商會」，持續以旗下的航海、貿易事業累積資本，成為經濟實力雄厚的財閥。參見陳首安，〈三菱在日本〉，《新台灣新聞週刊》，第六四三期，二〇〇八年七月十七日。

⑯ 曾玉昆，《高雄市各區發展淵源（下）》（高雄：高雄市文獻委員會，一九九五年再版），頁一二七六。

⑰ 林琇梅、林珮如、葉世翠，《高雄市文明史——史蹟高雄》（高雄：高雄市教育局，二〇〇六年），頁十七～二三。

⑱ 葉振輝，〈清光緒二十年打狗的布防〉，《高市文獻》，第四卷第三、四期合刊，一九九二年，頁一〇七～一一〇。

⑲ 楊玉姿、張守真，《高雄港開發史》（高雄：高雄市文獻委員會，二〇〇八年），頁五四。

⑳ 一九九三年高雄市政府民政局修復旗后砲台，修補前兩字為「威震天南」，但有學者提出不同看法，認為應該是「抵柱天南」，後來只留下「天南」二字。參見王文裕等執筆，《高雄市文明史——歷史高雄》（高雄：高雄市教育局，二〇〇六年再版），頁七二。

㉑ 李筱峰，〈烈士與豎仔——追思抗日烈士吳湯興有感〉，《自由時報》，二〇〇六年八月二十七日。

㉒ 李心怡，〈阿婆ㄚ浪港？馬預留後路？〉，《新台灣新聞週刊》，第六二一期，二〇〇八年二月十四日。

㉓ 參見北京衛視，《檔案——史實揭秘》，〈武林檔案——一代大俠黃飛鴻的真實故事〉，趙立新主持，二〇一二年三月十九日。

㉔ 關於三塊厝的源流發展，可參見許玲齡執筆，《繁華落盡話三塊厝火車站》（高雄：高雄市文化局，二〇〇七年）。

㉕ 葉振輝，《高雄市的歷史與文化——從打狗到高雄》，高雄市研考會委託研究（未出版），二〇〇三年九月，頁三～五。

㉖ 葉振輝，《高雄市早期國際化的發展初探》（高雄：高雄市文獻委員會，二〇〇五年），頁五〇～五一；曾貴海，〈前言——打狗港與早期西醫的發展〉，《高雄醫療史》（高雄：高雄醫師公會出版，一九九八年），頁五～十一。

㉗ 一八七八年，萬大衛醫師客死於福州，但又有不同說法指稱其在旅遊中患病，或者溺水而死。參見高雄市醫師公會編印，《高雄醫療史》（高雄：高雄醫師公會出版，一九九八年），頁四〇。

28 高雄市醫師公會編印，《高雄醫療史》（高雄：高雄醫師公會出版，一九九八年），頁四〇。

29 關於萬巴德的熱帶醫學創建歷程，可參見李尚仁，《帝國的醫師：萬巴德與英國熱帶醫學的創建》（台北：允晨文化，二〇一二年十月）。

30 一九〇七年書院更名為「香港西醫書院」，迨至一九一一年香港大學成立，西醫書院併入香港大學成為其醫學院的前身。見香港大學醫學院，《世紀戰役傳染病研究》小冊（香港：香港大學醫學院出版，二〇〇四年）。

31 張文亮授課，〈梅森對台灣淡水螺的研究與熱帶醫學的啟發〉，《自然科學概論》（台大開放課程），http://ocw.aca.ntu.edu.tw/ntu-ocw/index.php/ocw/category/3。

32 中國中央電視台，《傑出歷史名人與澳門》，〈鏡湖俠醫——孫中山〉，二〇〇六年十一月八日。

33 Geoffrey C. Gunn（秦傳安譯），《澳門史：1557-1999》（中國北京：中央編譯出版社，二〇〇九年），頁一三九～一四五。

34 參見李敖，《孫中山研究》（台北：李敖出版社，一九八七年）。

35 不改西裝的原因，並不是對清國人身份的眷戀表現，而是西裝昂貴遠非一般人可以穿得起，為了讓剪辮子跟穿西裝可以脫勾，以免增加剪辮子促進現代化的阻力，始有「剪辮不改裝」之倡議。參見陳柔縉，《台灣西方文明初體驗》（台北：麥田，二〇〇五年），頁二九二～二九三。

36 張守真，《旗津漁業風華》（高雄：高雄市文獻委員會，二〇〇〇年），頁三一～三二。

37 參考陳定炎，《陳炯明研究》，二〇〇一年，http://www.chen-jiongming.com/WenZi/YanJiu/YanJiu_book/bookmaster.htm

38 參見杜贊奇（王憲明譯），《從民族國家拯救歷史——民族主義話語與中國現代史研究》（中國北京：社會科學文獻出版，二〇〇一年）。

39 參見胡其瑞，《近代廣州商人與政治(1905-1926)》（台北：國立政治大學歷史研究所碩士論文，二〇〇三年）。

40 《自由時報》，〈旗後教會改建 教友賣冰籌錢〉，二〇〇九年七月十一日。

41 《自由時報》，〈賣冰沙募款3年 旗後新教會成形〉，二〇一一年七月十日。

42 吳雅芳，《打狗港與旗后的發展》（台南：國立台南師範學院鄉土文化研究所碩士論文，二〇〇一年）。

㊸《民視新聞》，〈高雄旗津葉家 娶廿多位外籍新娘〉，二〇〇二年四月八日。

㊹若林正丈（洪金珠、許佩賢譯），《台灣——分裂國家與民主化》（台北：月旦出版社，一九九四年），頁九三。

㊺參見Nei-The Wu,"The Politics of a Regime Patronage System: Mobilization and Control within an Authoritarian Regime", Ph.D. Thesis, Unpublished University of Chicago；吳乃德，〈國家認同和政黨支持——台灣政黨競爭的社會基礎〉，《中研院民族研究所集刊》，第七十四期，一九九二年，頁三三～六一；王振寰，《資本、勞工與國家機器：台灣的政治與社會轉型》（台北：唐山出版社，一九九三年）；林佳龍，〈威權侍從政體下的台灣反對運動：民進黨社會基礎的政治解釋〉，《台灣社會研究季刊》，第二卷第一期，一九八九年七月，頁一一七～一四三。

㊻鍾道明，《國民黨苗栗縣民眾服務站關係網絡之研究》（台中：逢甲大學公共行政研究所碩士論文，二〇〇四年）。

㊼龔宜君，《「外來政權」與本土社會——改造後國民黨政權社會基礎的形成(1950-1969)》（台北：稻鄉出版社，一九九八年）。

㊽鍾道明，《國民黨苗栗縣民眾服務站關係網絡之研究》（台中：逢甲大學公共行政研究所碩士論文，二〇〇四年）。

㊾謝鴻儀主編，《一甲子年史——中國國民黨台灣省黨部民國29年至民國89年》（台中：中國國民黨台灣省委員會印行，二〇〇〇年），頁五〇～五一。

㊿詹碧霞，《買票懺悔錄》（台北：商周出版，一九九九年）。

51 Tun-Jen Cheng & Stephan Haggard, "Taiwan in Transition", Journal of Democracy, Vol.1:2（Spring）, 1990.

52 滕傑，《論黨的基層組織》（台北：中央委員會設計考核委員會編印，一九五四年），頁七～八。

53 滕傑，《論黨的基層組織》（台北：中央委員會設計考核委員會編印，一九五四年），頁三三。

54 蔣介石的頭號特務頭子戴笠，即是出身於「力行社」所派生的「特務處」此一組織，後來特務處便成為「軍統局」的前身，開啟了國民黨可怕的特務統治歷史。關於當中的歷史枝節，參見Frederic Wakeman, Jr（魏斐德），梁禾譯，《特工教父：戴笠和他的秘勤組織（上）》（台北：時英出版社，二〇〇四年），頁一〇四～一七二。

55 一九五〇年、一九五二年、一九五三年，分別透過總統諮商立院的程序，將應改選但因中國各省份在叛亂狀態下無法改選的立委任期給延長。直至一九五四年監委任期也因居滿而必須改選，為一勞永逸之故，便函請大法官會議釋憲解釋：「故在第二屆未能依法選出集會與召集以前，自應由第一屆立法委員、監察委員繼續行使其職權。」於是，「萬年國會」便如此誕生。參見鄭牧心，《台灣議會政治40年》（台北：自立晚報出版社，一九八八年），頁一一六～一一七。

56 劉台平，〈李登輝十五年前險被幹掉〉，《TVBS周刊》，第三九〇期，二〇〇五年四月十一日。

57 「憤青」即是「憤怒青年」之意，乃中國網民慣用的詞彙，主要指涉那群為中國崛起喝采並喊殺喊打的激進中國民族主義者，而寄生於網路為發聲主體。「糞青」與「F.Q.」（漢語拼音）則是其變體寫法。當然，網路用語意涵的歧異與派生相較任意與輕易，因此，除了民族主義憤青之外，此群體中又可以進一步區別出「批判中國型」與「憤怒發洩型」等兩種憤青類型。如果「憤青」是一種網路正義觀的表現，放在台灣的脈絡則類似於網路上可怕的「鄉民的正義觀」一般。參見Lijun Yang & Yongnian Zheng, “Fen Qings (Angry Youth) in Contemporary China”, Journal of Contemporary China, Vol.21, Issue. 76, 2012, pp.637-653.

58 參見二〇一二年四月十九日，高雄市楠梓區民眾服務社送發高雄市政府書函。

59 楊鵬訪問（陳奕齊採訪），地點：高雄市中鋼路「年成企業行」，二〇〇七年三月十六日。楊鵬是派至碼頭工會的安全人員，以碼頭規劃室之名進行碼頭工人和碼頭相關政治安全的監控工作。

60 陳奕齊，〈尋找「雞頭」——斬雞頭考〉，收錄於《黨國治下的台灣「草民」史》（台北：前衛出版社，二〇一〇年），頁九一～一一七；王耀德，〈趙善標和王玉雲恩恩怨怨二十年〉，收錄於《南台灣的政治天空》（高雄：作者自行出版，一九九四年），頁一〇一～一〇四。

61 羅啟開，〈黨政大員持「綠卡」——口呼「反共愛國」卻作「腳底抹油」的打算〉，《雷聲》週刊，第四十三期，一九八五年一月十九日，頁四～十二。

62 目前國民黨黨工剩下九百名左右，跟高峰期的五千名基層黨工實是不可同日而語。

63 傅正，〈國庫不是國民黨的私囊〉，《自由中國》，第二十二卷十一期，一九六〇年六月一日，頁三～四。

64 《自由時報》，〈旗山民服站 佔用國產〉，二〇〇七年十月二十六日。

65 參見二〇一二年四月十九日，高雄市楠梓區民眾服務社送發高雄市政府書函。

66 《自由時報》，〈黨職併公職 民眾服務總社 始作俑者〉，二〇〇五年十一月十八日。

67 旗津「民眾服務社」的前庭，本來還有一個半地下碉堡，以駐守槍衛防守。

Stop

第七站

VII

# 旗津大陳聚落區

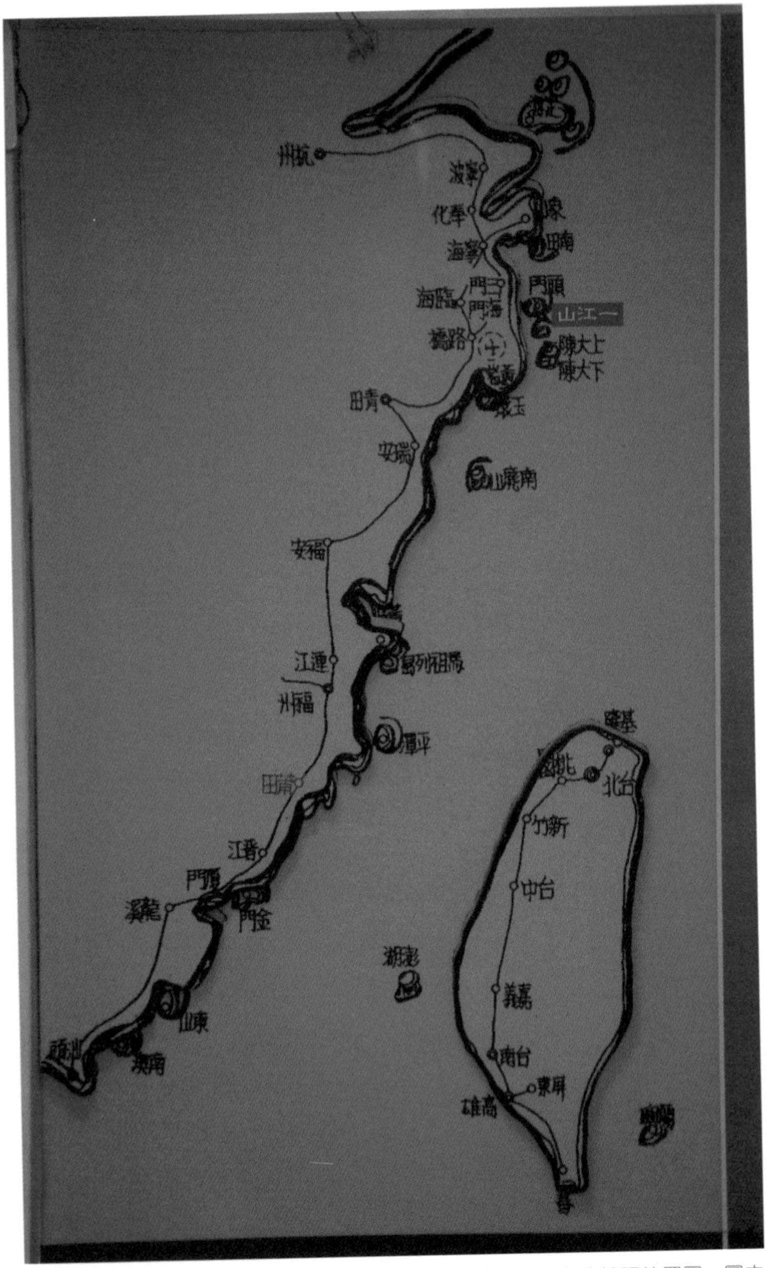


▲這是二〇〇五年在台北展出的「一江山五十週年史蹟展」中的地理位置圖，圖中紅色是一江山島，往下是上、下大陳島到南麂島等群島，防守難度相當高。（陳奕齊攝）

## 「大陳義胞」的流浪之旅

旗津島上，除了世居旗津幾百年的居民之外，二戰之後，來自浙江沿海大陳群島的政治性移民「大陳義胞」，也加入了旗津此一傳統漁村的人口拼盤之中，讓旗津在傳統漁村風貌之外，也添加了一些政治味道。所謂的「大陳義胞」，指的是一九五五年二月八日開始由浙東沿海的上、下大陳列島、漁山群島以及南麂列島等統稱為「大陳」的地區，所集體撤退來台的一萬八千餘位百姓。不論是否出於自願，大陳地區全體民眾還發表電文以「去台灣集合，準備總反攻」為名，集體後撤轉進台灣❶，浩浩蕩蕩地展開美蔣雙方合作撤退的作戰計畫——「金剛計畫」。

但在一番堅壁清野、居民淨空之後，大陳各島上只剩下蕭涼瘡痍的街道、佈滿牆上的反共豪情與狀語、再也兌現不了的餞別留言：「我們暫時出去，不久就回來」，以及那停格於日曆紙上的二月八日。

## 蔣介石舞「大陳」，志在「金馬」

事實上，早在一九五三年七月，中共的「抗美援朝」告一段落之後，蔣介石政府的中國沿海諸島開始成為中共目標。如果說一九五〇年六月爆發的韓戰，是美國從放棄蔣介石的決定中更弦改張，救了國民黨政權的關鍵，那麼，一九五四年九月三日中共砲擊金門的「九三砲戰」，則加快了美國於一九五四年十二月與蔣介石簽訂《中美共同防禦條約》的進程。原本毛澤東砲打金門的本意，除了是報復蔣介石在中國沿海屢次的游擊騷擾之外，乃希冀此舉可嚇阻美國與國民黨間的協約談判，並迫使國際正視台海問題，讓一九五五年印尼舉行的「萬隆會議」（亞非會議）可以取得有利於中華人民共和國的聲音。❷

詎料弄巧成拙的「九三砲戰」，竟反倒加速了防禦協約的簽訂。❸

但根據《中美防禦條約》，美國承認的協防範圍，並不包括台澎之外的金門、馬祖與大陳等中國沿海外島。一方面，美國認為協防範圍的限縮確認，可以抑制國民黨政府鋌而走險的冒進；另一方面，蔣介石儘管得到美國協防的保單，但卻不滿意協約覆蓋範圍竟把金馬排除。而對岸的中共對於協約自是憤怒難抑，於是為了測試協防決心，便出手攻打大陳島，並在一九五五年一月搶灘進攻大陳島的門戶據點——一江山島，寫下了慘烈的一江山之役。此役促使美國艾森豪政府在一九五五年一月二十四日向國會要求授權：「必要時協防台澎及相關地區」（related positions and territories），而於二十六號《福爾摩沙決議案》正式通過，但此一決議案也建議蔣介石必須撤出大陳。❹

▲一九六〇年，艾森豪訪台受到蔣介石高規格動員的款待。（圖片取自Taipics.com，公衆領域）

歷史一點靈

# 一江山戰役的真相？

一九五五年一月十八日，共軍向大陳列島的外圍據點一江山島發動陸海空三棲作戰，歷經一整天激戰之後，一江山失守，島上的守衛司令王生明殉職。當時國民黨政府宣稱，一江山島上七百二十多名將士悉數壯烈成仁，共軍折損兩千多名士兵，但中共則說國府軍戰死五百六十七人，俘虜五百一十九名，本身則犧牲三百九十三人，傷千餘人。❺

事實上，蔣介石是以「政略高於軍略」的指導原則，命一江山國軍死守：「守一天，我叫台灣的人心振作；守兩天，我叫共匪喪膽；守三天，我叫白宮翻過（對國府改觀）。」❻而從最後金馬獲得協防的效果觀之，一江山戰役的政略，可說相當成功。然而為了蔣介石的政治戰略目的，以島上將士生命為賭注，到底滿足的是蔣介石個人私心？或是

▲蔣介石參與一江山成仁烈士的追悼大會。（圖片取自維基共享，公眾領域）

為全民安全福祉？實是值得吾人三思。畢竟「項莊舞大陳，志在金馬」的蔣介石，除了想藉由金馬二島證成其乃虛妄的正版「中國」之外，對於台海的安全並沒有直接關係，因為美國協防台澎的決心跟必要性，早已毋庸置疑！

由於蔣介石是以政略而非軍略看待一江山，因此杜撰出一江山將士集體成仁的故事，便有著振奮人心的政治目的。國民黨變造集體成仁的故事，最知名的莫過於共產黨攻克山西太原之時的「太原五百完人」集體自殺的故事。此一烈士典範，是國民黨強化台灣民眾反共意識的好教材，也因此被編入學校教材之中。❼但一江山戰役中的戰俘人數其實仍是個謎，誠如一江山島的守衛司令王生明獨子王應文訪調後發現，中共一直未能提出五百六十七位戰俘的姓名，讓人懷疑此數字的可信度，且從當年的戰俘照片為計，戰俘應該不超過五十名。❽無論如何，戰俘的存在，再次戳破國民黨一江山集體成仁的宣傳。

▲一江山戰役中，被中共俘虜的國民黨軍人。（圖片取自維基共享，公衆領域）

不過，一江山戰役中，還是有值得一書之事。二〇一一年夏天，「高雄市關懷台籍老兵文化協會」的網站上，貼有一則尋找「台籍解放軍李巨才」家屬的啟事。李巨才是高雄市在地人，原本可能是國民黨七十軍的台灣兵，在國共徐蚌會戰之際，受中共俘虜成為解放軍。爾後，李巨才以解放軍身分參與一江山戰役，不幸戰歿。在中共國家公墓「解放一江山島烈士陵園」第九十三號墳位，則埋有李巨才遺骸，戰死時隸屬人民解放軍二十軍六〇師一八〇團二營六連，階級為副班長，並獲頒二等功二次。❾這個故事足見國共戰爭對台灣人民而言是何其荒謬。

一江山戰役之後，全台各界一片敬悼之聲，尤其守衛司令王生明與大陳島政治部沈之岳最後的通話：「現在敵人距我只五十公尺，我手裡有一顆給我自己留著的手榴彈……」更讓全台浸淫在一片熱血之中。國防部以「壯烈殉國」之由，追晉王生明為陸軍少將⑩，但中共對王生明的手榴彈故事，卻有不同的記載。根據北京衛視《檔案——史實解密》節目所述，二○三高地陷落之後，王生明藏匿於高地下那個通往海邊的暗堡中，但高地上修築工事的阿兵哥不小心踢落石頭，讓躲在底下的王生明以為行蹤暴露，便往上開槍，於是，上頭中共士兵便隨手將手榴彈往下一扔，遂把王生明給炸死。⑪儘管都是手榴彈，但國共之間的「壯烈殉國版vs.烏龍版」，熱血程度卻天差地別。或許王生明戰歿的真相，已隨著國共各自的政治宣傳，早就難以釐清了。

後來，一江山的遺孤，便送至蔣宋美齡主持的婦聯會所舉辦的「華興育幼院」收容照料⑫，至於號稱「一江山七百廿烈士」遺眷，則入住新北市中和的「一江新城」中。⑬在高雄鳳山的陸軍步校正面馬路，則以「王生明路」命名紀念，但根據鳳山第二戶政事務所承辦人員表示，由於「王生明路」的台語諧音聽來像「往生冥路」，於是南段的「王生明路一段」在二○○三年五月一日更名為「鳳頂路」；至於途經眷村「黃埔新村」的北路段，則繼續維持「王生明路」。住在「王生明路」的居民認為，更名不僅得牽動各項證件的換發，再加上黃埔新村住戶認為改名是意識形態作祟所致，因此堅決反對更名⑭，才產生目前「一路兩名」之情形。

▲高雄市鳳山區的王生明路與鳳頂路。（陳奕齊攝）

隨後，英國知悉美國協防範圍擴大到金馬一事後，感到相當不滿，因而向美國施壓，導致艾森豪取消原本欲正式公佈的作法，改以私下知會，這樣的演變惹惱了蔣介石[15]，並再次揚言國民黨駐軍將不會撤離大陳。就在一來一往的外交拉扯中，艾森豪再次跟蔣介石保證協防金馬的決心，而換得了蔣介石撤出大陳的決定。蔣介石的「項莊舞『大陳』志在『金馬』」，讓艾森豪相當感冒，甚至在一九五五年二月十六日對國會議員的談話中說出：「有時候，我真希望這兩個他媽的小島（金門、馬祖）沉下去。」[16]

事實上，英國政府對蔣介石是相當不友善的，早在美、英、中三方的開羅會議上，邱吉爾就認為應該把「歸還中華民國」改為「當然必須由日本放棄」[17]，反對《開羅宣言》把台灣歸還給蔣介石。後來蔣介石政府代表盟軍接收台灣並嘗試恢復台灣人民的中華民國國籍時，英國外交部也曾於一九四六年八月三十一日致函中華民國政府說：「依《開羅宣言》之意，不能私自把台灣主權從日本移交給中國，應待與日本訂立和平條約，或其它正式外交手續之後。因此，台灣雖已為中國政府統治，英國政府歉難同意台灣人民業已恢復中國國籍」云云。[18]英國反彈的原因是，設若依《馬關條約》移轉給日本的台灣，是日本從中國竊據的土地，那麼依《南京條約》割讓而得的香港，是否也屬竊據而必須歸還？對英國而言，這樣的情況使其感到屈辱。所以，在一九五〇年代台海危機期間，時任英國首相艾德禮（Clement Attlee）甚至曾建議艾森豪必須「肅清」（liquidate）蔣介石，英國外相艾登（Anthony Eden）則建議金馬中立化。[19]

不過，艾森豪也認為，若表現出對蔣介石的全力支持，那食髓知味的蔣介石就可能拿雞毛當令箭，冒然地進攻中國大陸把美國拖下戰爭的泥沼。因此，按照美國學者史密斯指出，艾森豪處理台海危機的方式，便是採取掩蓋底牌的模糊戰略，不讓台北跟北京知悉美國真正意圖。艾森豪也必須讓中國知道美國可能會武力干預，但又必須抑制蔣介石出兵中國大陸。[20]而時任美國參謀長聯席會議主席雷德福海軍上將（Admiral Arthur Radford）也曾跟艾森豪提及，若失去金門馬祖二島，將斲喪掉國民黨軍隊勢力存在福爾摩沙的理性基礎。換言之，蔣介石一方面必須透過金、馬兩個從未屬於日本的中國國土，證成其中國政府的外衣與正當性，另一方面，此舉不僅讓「內戰狀態」得以延續，更可從內戰觀點將對岸中華人民共和國視為是叛亂政府，否則蔣介石如何能在這個按國際法上程序，取得從戰敗國轉移給戰勝的美國託管狀態的台灣？是故，艾森豪就在決心保護台灣但並非主動挑釁求戰——雖然金馬兩小島不值得保護，但又不能放棄——的原則下，如履薄冰地前進著。

於是，「大陳撤退」，就在這樣的國際戰略拉扯與政治佈局算計之下，浩浩蕩蕩地展開這一萬八千多名居民的撤台工程。

## 異地新生的大陳義胞

除了兩位年邁大陳人在美國護送艦上病死之外[21]，大陳義胞陸續在美國第七艦隊護送下安全登岸，並進入基隆臨時接待所。一個禮拜後，抵台義胞便分別轉送各縣市接待所，然後以其原職業分成漁、農、畜牧、手工業、小販、教育工作等類，貸與必要之生產工具和資金。之後更在各收容縣市地區籌建「大陳新村」，以為大陳人的新落腳處。[22]既然大陳撤退是蔣介石謀算的政略，大陳撤退勢必成為一種強化反共信心與意志的「動員」運動，並透過撤退、轉進過程中的熱血故事，再次動員民眾口袋以解大陳撤退後的經費問題。所以，當時的台灣省議會發起的「一人一元」救濟義胞運動，就是這種熱血動員之一例。

▲旗津區實踐里的大陳人聚落一景，目前許多房子都已經改建。（陳奕齊攝）

根據最後調查，大陳義胞從原本分置在宜蘭、花蓮、台東、屏東與高雄等五縣市，擴張成全台灣十六個縣市的三十六個新村之中。㉓至於大陳來台的中學生，則以公費生分配至省立員林實驗中學就讀，一江山遺孤跟大陳孤苦貧童，便由華興育幼院收容。㉔但儘管如此，離鄉背井的大陳義胞一開始的就業輔導成果還是相當有限，經濟處境窘迫。直至一九六四年之後，國民黨政府進行第二次的就業輔導，包括近海捕魚轉業遠洋漁船員，以及開辦商船船員訓練班讓船員轉業等措施。大陳人的就業問題，才隨著一九六〇年代台灣出口導向經濟體帶來總體經濟狀況的成長而有所改善。

其中，國民黨政府曾開辦商船船員訓練班，讓大陳人可以轉業為商船船員，至一九七五年時，已經有三千兩百多位大陳人服務於航海界。㉕同時，藉由跑商船的契機，大陳人竟也開啟了二次移民的機會；尤其是一九七〇年代至一九八〇年代，跑商船的大陳人利用停靠美國的機會跳船，並在中國餐館以無證黑工的身分，從洗碗工開始幹起，與歐陸中餐館的中國黑工偷渡歐洲尋夢的故事如出一轍。[26]根據粗估，一九八〇年代之時，美國各大城市幾乎都有大陳人所開設的中餐館，而目前美國的大陳人數保守估計已超過六千位之多。[27]於是跳船美國的大陳人，遂以「僑匯」（remittance）美金回寄台灣親人，讓在台灣的大陳親戚的生活獲得相當大的改善。[28]

旗津的大陳聚落中，隨口一問皆有親人在美國，可見當時大陳人跳船的情況相當普遍。一九八七年底，曾任新北市永和市民代表會的大陳人張吉誠，在受邀訪美的美簽申請上遭拒，一查之下方知大陳人的跳船「劣跡」，導致其籍貫「浙江溫嶺」成為入美的黑名單，足見大陳跳船美國人數之多。

## 大陳碼頭工人

在原先落腳於高雄市旗津實踐新村的大陳人當中，被安插進高雄港擔任碼頭工人者有九十六戶，船舶修造則有十九戶。[29]後來，大陳碼頭工人大隊在張永富的奔走之下成立，此時已擴增為一百一十八戶，養活家眷高達四百九十五人之譜。至於在旗津從事船舶修造戶成長至二十戶，組成「修船勞動合作社」，但建廠未成，於是各尋臨時工作而去。[30]後來，合作社亦曾透過省社會處申請貸款造船，但因為抵押資產不足而遲遲未有著落。[31]後來的研究者，在考察、耙梳旗后造船業歷史之時，幾乎也未曾提及旗津的「修船勞動合作社」，足見此一旗津大陳人組織的勞合社乃以失敗收場。[32]此外，轉任高雄港舢舨船夫的大陳人，亦有將近四十餘位之多。[33]

由於高雄港碼頭乃是由工會壟斷所有的碼頭勞力供給（labor cartel），同時以隊班長指揮調派碼頭工人的方式運作，所以碼頭勞力的供給絕非說進就進，碼頭隊班長等肥缺更非外人可以輕易染指。[34]因此，高樹鄉的大陳人雖然早在一九六二年就已經申請進入碼頭，但碼頭工會卻以碼頭勞力供給充足為由進行消極抵抗。直至一九六七年，屏東縣高樹自強新村的大陳人，因為在高樹鄉的貧瘠土地上栽種蘆筍失敗幾近破產，便再次向政府陳情，表達想自組一碼頭隊班，進入高雄港碼頭參與裝卸工作。但早於一九五五年，礙於政策方針與政治風向之故，高雄港碼頭工會已破例讓首批大陳碼頭工人自組一隊參與裝卸，因此，工會對高樹鄉大陳人自組隊班的意願絕不讓行。後來在各方協調之下，先行輔導一百二十名高樹鄉大陳人轉任碼頭裝卸預備工人，其它一百二十名則容後再逐漸優先輔導進駐碼頭。[35]從碼頭工會的會員籍貫統計可發現，一九六四年時，浙江省的碼頭工人有兩百二十四名，往後逐步攀升至一九七三年的三百六十五名，佔了高雄港碼頭工人總數的百分之七點一。[36]

也因此，高雄港區的大陳碼頭工人隨著批次不同，分成一九五五年八月首批由出身下大陳小坑的張永富領軍的第九大陳隊[37]，以及一九六〇年代從屏東高樹鄉藉由二次就業輔導安置時轉進碼頭就業的大陳人。除了高雄港碼頭之外，基隆港碼頭其實也安插了許多新進的大陳人。但這

COOLIES SHIPPING BEAN-CAKES AT THE PIER, TAKAO.
（高雄名勝）高雄港岸壁に於ける苦力の豆粕運搬

▲圖為日治時期碼頭苦力勞動一景。事實上，碼頭作業在一九六〇年代半機械化作業之前，倚靠相當多的勞力扛荷，可謂是名副其實的碼頭苦力。但儘管碼頭工作很辛苦，當年大陳人還是很希望能擠進碼頭，擁有一份穩定的工作。（圖片取自Taipics.com，公眾領域）

種空降安插，無異是稀釋掉碼頭工會透過壟斷所保障的就業機會，連帶使得工人工資下降，因此基隆港碼頭工人早就因大陳人進港區參與裝卸工作之事產生多次衝突。[38]一九六六年初，基隆港碼頭工會常務理事簡有勇被五名暴徒毆傷有失明之虞，據稱起因可能是和由一百五十名大陳義胞跟五十名退伍軍人所籌組的裝卸隊班產生恩怨所致。[39]到了一九六九年，基隆碼頭風雲再次上演，導火線是因有六位大陳人被碼頭隊班長拒絕接收，不知何故遂演變成一場大陳與廣東汕頭籍的碼頭工人群毆混戰的事件。[40]

畢竟，當時安插進入碼頭就業者不只有大陳人，連當年來台的韓戰戰俘義士，後來也都轉駐高雄港碼頭工作。原籍四川的謝季昆老先生，即是以韓戰戰俘的義士身分來台，並繼續在軍中待到一九六〇年代末，經過一番波折與爭取，始獲准從軍中退役。後來，蔣經國便開出碼頭、公路局跟鐵路局三個地方可供轉駐收留這些韓戰義士，於是，謝季昆一群等六十位全數在一九六九年選擇進入高雄港碼頭工作。[41]

## 大陳「房事」：旗津的「大房」與「小房」

台灣民間把大老婆這族脈稱之為「大房」，小老婆則稱之為「小房」；在旗津的大陳新村中也有大小房之別，只是這大小房指涉的並非大小老婆的族脈，而是大陳人新家住房的坪數大小。當大陳撤退來台後，美援會分別挹注了四千萬的就業經費，以及三千萬的營建經費，在台灣興建三十六個（有一說三十五個）大陳義胞新村。

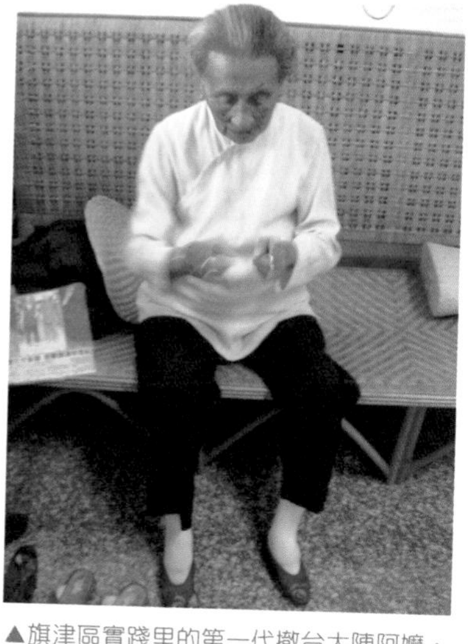

▲旗津區實踐里的第一代撤台大陳阿嬤，有的仍然裹著小腳。（陳奕齊攝）

# 台灣以「河洛話」為母語的三個族群

根據洪惟仁先生指出，學術上的「閩南語」包括泉州、漳州、潮州、海南島四種重要方言㊷，因此嚴格來講，河洛話（或福佬話）只是「閩南語」裡頭的一種。姑不論台灣習稱的「台語」之基礎原型應該用河洛話、福佬話、抑或漢字讀音的「hok-lò」為名，在台灣社會中，以所謂「河洛話」（台語）為母語者，除了台灣的本省福佬人之外，還有來自閩南的外省人，以及大陳義胞。

一般人的直截反應，通常會把母語是「台語」㊸者視為本省福佬台灣人，但是在「外省」族群之中，也有兩個群體的母語是以河洛話為主。台灣所謂「外省人」的定義，通常是指二戰之後來自中國的移民，尤其在一九四九年前後，跟隨蔣介石撤台避禍的政治移民。由於國民黨撤台之後，在經濟上與政治上建構一套以省籍為軸線的差別待遇與統治體制㊹，例如在一九九二年之前，國民黨的高普考試錄取人數，可是按照省籍劃分而來的「分區定額錄取制」。㊺這樣的情況，讓操持「河洛話」為母語的閩南人，不僅選擇不去凸顯其與本省籍台灣人的語言相近性，反倒唯恐和本省台灣人有相同的母語，可能會稀釋其「外省人」的身分。

於是，外省人中的「閩南人」便刻意成立「閩南同鄉會」，以標榜其有別於本省台灣人的外省身分，並享受省籍身份而來的差別待遇。這種特殊情形，跟欺生的香港社會，讓大江南北的移入者盡量學習、操持香港話，以免受到在地港人歧視的情形，有很大反差。在高雄市六合二路上，就有一間「閩南同鄉會」會所，本省台灣人要參加，恐怕資格還不符哩。

此外，以社會科學的用法觀之，「族群」（ethnic group）指的是國家內部一群群不同的社群，除了具備客觀（或想像出來）的共同血緣、語言、宗教、文化或共同的歷史經驗，此外同時在主觀上具有禍福與共的集體認同。[46]因此，以共同的歷史經驗為本，「大陳義胞」作為一個群體，當然可從所謂「外省人」族群中進一步細分出來。在「大陳義胞」此群體中，還有漁山列島、南麂島，以及下大陳的大埔地區，都是以「河洛話」為母語。[47]又由於漁山、南麂等島嶼住民世代為漁民，祖先可能來自閩南地區，而逐漸落腳在漁山島跟南麂島上。例如住在漁山島的一百二十戶大陳人，撤退來台後安置在台東富岡，其母語即是「河洛話」，跟台東大武的大陳人以台州話為母語，有很大差別。以前台灣特技演員柯受良（小黑），即是出身於台東富岡的大陳人。[48]至於南麂島的大陳人，有的散居在屏東枋寮新龍新村，有的則在屏東高樹，這些地方的大陳人講的也是接近台語的河洛話。

由此可知，以「台語嘛ㄟ通」為母語的台灣人，不只本省台灣人，還有外省人，更有大陳人喔！

▲圖乃屏東枋寮的大陳人社區，此社區的大陳人也是以「台語」為母語。（陳奕齊攝）

▶高雄市六合路上的「閩南同鄉會」，意味著講台語不一定是台灣人，也可能是所謂「外省人」。（陳奕齊攝）

據說，當時經費下來之後，參與房子起造的全是大陳男子，共蓋了四千五百九十四戶之多。房子大小依照人口多寡分配，四人以下者住六坪，五至六人者配給八坪房，七口以上之家則給予十坪房。[49]在旗津的大陳聚落中，位於實踐里的大陳住戶屬於坪數較小的「小房子」聚落，而座落於復興里的大陳人則歸於「大房子」。

一九五五年十一月十五日，大陳碼頭工人正式遷入旗后新村之中，並在翌年大陳撤台一週年之時，於旗后新村舉行落成典禮，蔣經國與蔣宋美齡還分別親臨剪綵與訪問。[50]旗后新村的首批住宅共有十六棟，是一百零四名義胞宿舍，連同眷屬總共入住三百九十五人。[51]此外，單身的大陳碼頭工人，有的也住進位於高雄市鹽埕區公園路「沙仔地」的碼頭單身工寮之中。根據住過這座單身工寮、來自嘉義布袋的碼頭工人回想，大陳碼頭工人常會用紅土框起來煮東西吃，並對大陳人嗜吃魚所散發的腥

▲圖中的灰色磚牆房舍，即是座落於公園路五金街口內的碼頭單身工寮。半世紀前，裡頭有一半是給單身大陳碼頭工人居住。這座工寮在五金街拆除之際也一併拆除了。（陳奕齊攝）

味，依舊印象深刻。[52]

二〇一二大選過後，民進黨台北市議員梁文傑出面呼籲民眾抵制商人王雪紅的HTC手機，抗議其為了中國市場的私利，不惜以罕見個人記者會方式激情捍衛「九二共識」。梁文傑正是大陳人抵台的三世子弟，因為加入民進黨而常被大陳人或外省人視為是叛徒，對永和的大陳社區著力甚深的立委洪秀柱，亦曾以「誤入歧途」指控梁文傑。基於此，梁文傑在其部落格一篇文章中寫下：「歷史因緣錯綜複雜，什麼感恩不感恩的，也都很快會成為歷史，留下的，只有一些記憶和大是大非。」[53]但這段文字竟引來意想不到的撻伐，同時也引發了署名「blackjack」的網友指控：大陳人比起外省人受到更多的不當眷顧，尤其「大陳義胞新村的興建經費，以及土地的不當無償取得」云云[54]，好似梁文傑是個深沐黨國恩卻不思圖報，以及得了便宜又賣乖的「背骨」者。

根據報導指出，大陳新村的興建係由「美援」購地，每戶按人口比例分配，一人分得一點五到兩坪的土地，並發給「中美贈屋契約書」。[55]難怪署名blackjack者會認為這比眷村一開始「為無償借貸、後改建其居民必須提供一定額度自負額，低收入戶居住也不過補助租屋而已」乃是更大特權。[56]的確，大陳人從異地兩手空空的抵台，若無政府特權照護，實難以生存。例如，為了安置高雄市的大陳移民，政府除了在旗后興建給大陳碼頭工人的屋舍之外，「大陳義胞就業輔導委員會」亦曾要求高雄市政府擇定前鎮區戲獅甲段約三千坪土地興建「(大陳)商胞住宅」，並以地上物每坪十三元的補償將承租農戶驅離。不知何故，此一決策最後作罷。[57]

由此可知，撤台的大陳義胞，在政策上的確受到國民黨政府的各種特權照料。然而，若以此指責這些並非退役老兵跟家眷的大陳人，何以能受到比低階外省人更多的照料，看在非外省的族群眼裡，根本是「五十步笑百步」。但若據此進一步指責梁文傑「知恩不圖報」，那這腦袋可算是「封建極品」到足以送進博物館展覽。

事實上，台灣族群問題的解答，是在所謂「外省人」身上，而非本省台灣人民身上。誠如長期致力於國民黨文化霸權研究的部落客佛國喬文章所言：「國民黨及其文人常會把老兵抬出來『獻祭』，反覆地訴說這些底層人物僅剩中華民國所保障的『認同資本』【摘按：所謂「認同資本」指涉的是認同並追隨中國國民黨的意識形態跟價值主張，並據此得到利益與好處】，以及歷史悲劇如何在他們心中劃出無數傷痕。儘管我們能予以同情，但就社會科學分類而言，所謂的老兵仍然屬於『認同資本』的少數既得利益者，要別人對其經濟弱勢有所同情，他們也得對於『認同資本』的窮人們【摘按：意指對所謂中華民國及其史觀認同度低之人】有所同情，同情不能只是單方向，這是做人的基本道理。至於他們的歷史創傷，請去跟國民黨、共產黨去討，沒理由反而要由反對

▲旗津區復興里大陳社區一景。（陳奕齊攝）

▲圖為實踐里大陳聚落中，仍然保留原本面目的大陳房舍。裡頭相當狹小，當年屋主還刻意在裡頭弄了一個樓中樓，企圖打造更寬敞的生活空間，這間房子相當適合規劃成旗津大陳文化故事館。（陳奕齊攝）

國共兩黨的人來承擔——要後者壓抑其台灣人認同的主張。」[58]

一言以蔽之，台灣族群問題，即是過去「受人點滴者，如當泉湧以報」的太超過與盲目，而非「知恩不圖報」。端看旗津大陳義胞的兩間「蔣公廟」便知，當以神之格看待蔣介石時，兩蔣威權統治的過錯與罪孽，還能如實討論嗎？遑論更進一步的歷史清算與重整。這也是為何「轉型正義」遲遲無法在民主轉型過程中付諸實踐，而讓台灣社會無法透過轉型正義，重塑已經鏤空的基本價值與社會共識。

## 台灣真奇「廟」：神人蔣公

台灣民間信仰幾乎是無所不拜，不論動植物或礦物，抑或出身三教九流各種人物，一律來者不拒。那廂從石頭、神木到牛馬，這廂則從義賊廖添丁至搶銀行的祖師爺李師科都有人供奉。例如嘉義縣太保水牛厝，先民因水牛任勞任怨耕作一輩子，在牛隻死亡之後，主人便興建水牛廟，以牧草為祭祀。一九七八年十二月，蔣經國下鄉途經此地，聞及水牛廟之典故，便指示徵地擴建公園，並加蓋牛將軍廟以為奉祀。[59]但台灣社會已從過往的「拜牛」來到當下的「嗜牛」，其間的反差，寫就的除了是戰後中國新移民的文化攜帶之外[60]，更是對美國好吃牛肉的文化仿效，才讓台灣社會豬羊變色，改牛為宗的吧？[61]

拜牛神的蔣經國，死後竟也成為神桌上受崇拜的神明。二〇〇五年，蘇澳岳明里的大陳社區，即傳出找地準備興建「經國廟」，以供民眾膜拜之提議。[62]翌年，從事奇木雅石買賣的宜蘭礁溪商人賴政盛，即託人雕刻一尊蔣經國的木雕神像，每天虔誠地上香膜拜。[63]「太子派」首領蔣經國可以成為神，其政治對手「夫人派」掌門蔣宋美齡，當然也是巾幗不讓鬚眉，以「中華聖母」之名在彰化二水定覺寺當起神明。[64]

## 銅像之崩？

太子跟夫人都可成神了，遑論蔣介石。事實上，早在蔣介石尚未往生之前，便常有人以獻壽之機，鑄造銅像為媚[65]；其往生之後，銅像更是遍布大街小巷，舉目皆是。謎樣般的蔣介石銅像數目，少從畢恆達估計的一萬餘座[66]，多至李筱峰與劉峰松概算的四萬五千餘座之譜[67]，讓台灣在世界塑像文化大國中，絕對占有一席之地。因為銅像與威權統治密不可分，尤其座落於主要幹道和公共空間的銅像，更是強人統治的政治圖騰，於是，以空間解嚴為表現的銅像移除，勢必成為台灣政治民主化中的一個環節表現。誠如詩人洛夫即曾寫下一首〈銅像之崩〉的詩句，並以「那滿身綠鏽的威嚴，論斤出售」為其最終註解。[68]

以高雄市為例，最知名的銅像，當屬原本矗立於中山路與三多路圓環的蔣介石「騎馬仔」銅像。這座銅像的捐贈者，乃是唐榮鐵工廠創辦人唐榮的兒子唐傳宗。一九六二年，國民黨政府以唐榮財務缺口為由，將唐榮強制充公為省營事業，雖說唐榮究竟是因官方指稱的財務問題，抑或是坊間言之鑿鑿地傳言說，唐榮曾拒絕接收國民黨轉介的千位退役榮民進駐而得罪當道所致，還是源於國民黨內部，陳誠與蔣經國鬥爭下的犧牲品之故，後人實是難以查知。但是，唐傳宗在一九六三年捐建這座豎立於三多圓環的騎馬銅像時，卻意外引來另一段風波。

據說銅像落成後，國民黨中央黨部竟以「為什麼馬頭要朝向西方，是否有『日薄西山』之隱喻？」加以質疑，讓當時撰寫銅像碑文的謝有用趕緊出面解釋：「此乃意指蔣公揮鞭向西，反攻大陸之意」，並特地請堪輿師以為佐證。後來，這場可能的「銅像獄」風波，在透過管道請蔣緯國至現場勘察確認無不妥之後，才終於落幕。[69]解嚴之後，唐傳宗曾對外說：「那座銅像乃是叫蔣介石滾回大陸去」之暗喻，但這種無疑是「馬後砲」的事後說詞[70]，委實難堪[71]；儘管弱者的隱藏性抵抗，往往會利用陽奉陰違的

▲不知是否因蔣經國營造的形象是「平易親民」，而與蔣介石的「民族救星」不同所致，蔣經國銅像顯得相當稀少。圖為位於左營蓮池潭孔廟旁公園的「蔣經國銅像」，這可能是高雄市唯一一座，但目前這座銅像已經移走消失。（陳奕齊攝）

粉飾，來偷渡人民的抗議心情，例如美國人類學教授艾蜜莉・阿蘭（Emily M. Ahren）即認為，當台灣民間的「殺豬公」文化被國民黨禁止之後，便改頭換面佯裝成農會養豬比賽，重新粉墨登場，並在參賽的豬公上頭插國旗，以隱喻的方式表達對外省人政權的嘲諷。[72]然而，「馬頭向西」的嘲諷暗喻被識破之後，為了脫罪的辯解，反倒更加凸顯出無力者的搖尾乞憐與難堪，而強化了弱勢者的無力狀態。

國民黨中央黨部的疑心病並非無的放矢，這除了是國民黨對自身威權統治的心虛之外，唐榮鐵工廠充公一年後，創辦人唐榮便抑鬱而終，身為長子的唐傳宗沒有表現出對國民黨的怨懟之情，竟還把政府的充公補償費拿來建造銅像，依常理而言，這若非奴性太重，便是「指著禿驢罵和尚」的不安好心。後來，國民黨為了解決瑕疵銅像褻瀆和嘲諷蔣公之疑慮，內政部便在一九七五年頒行一紙《塑建總統蔣公銅像注意事項》的行政命令，規定銅像「應採自然立姿」，即雙腳微張之站立姿態。[73]

是故，解嚴之後，基層民眾或政治人物屢屢以汙辱、毀損銅像，做為對威權國民黨的抗議表現，便不難想見。矗立於三多圓環的騎馬銅像，每每成了民進黨或無黨籍政治人物的抗議造勢對象與場所。在一九八九年一月十五日，時任民進黨籍國代黃昭輝與議員林黎琤便率眾至圓環集結、唱歌並高呼口號，而與苓雅分局警察發生流血衝突，寫下《聯合報》命名為「一一五毆警案」的衝突事件，總共有六人被起訴。[74]而同年八月六日晚間，號稱用「奶頭對拳頭」的工黨人士許曉丹，選擇在圓環銅像賣口香糖、唱歌，並坐上銅像噴水石牆上演說，以此攫取行人目光，並招來群眾聚集。[75]一九九一年底，高市第一選區國代候選人蔡朝鵬推出更為勁爆的「奇招夜襲，漂白蔣介石」活動，從中華路與九如四路口的蔣介石銅像開拔，然後一路往南挺進到三多圓環的騎馬仔銅像，沿途見到蔣介石銅像便噴上白漆替其淨身。[76]

直至一九九二年十二月九日，時乃萬年國會終結後的首次國會改選前夕，無黨籍候選人蘇秋鎮再

鄉農中中興新村報／會主委余玉賢目前／記者會中宣布水利／制將予以調整，會／員直接選舉，但省水／小，明年五月改選時／，屆時仍將照現制

案提出的「水利會改制報告」，是由副主委為召集人的十五人專，經半年研討在六月行政院，其結論建議，包括水利會改為半組織，會長產生方式過選辦法，改由會員舉，並由政府遴派三的會務代表。以上的必須修改農田水利組。

會已委託中國農業工進行水利會體制改變研究，並將成立一修、將各種水利法案併田水利會法。專案小估計，除非行政院決黨政協調來促成，否也須二年時間才能完

成修法等各項工作，因此，認為明年五月的會長改選仍直採間接選舉。同時，其他的改進建議，也在修法後一

小組，監督與分配政府的補助及水利會財務，並加強水利聯合會的功能，使其能作各水利會與政府間的橋樑。

決定出馬角逐農業團體立委，力霸集團第二代的王令麟，五日在南下高雄舉辦財經演講會前，公開表示，已故

許曉丹在高雄市自強三路成立服務處，打出「曖昧」的宣傳標語，並向附近居民拜訪。五日未經申請許可在三多路「圓環」及遠東愛買中心演講，遭警方制止。

攝影／鄭瑞彰



▲許曉丹當年至三多圓環的蔣介石騎馬銅像抗議的新聞報導。（陳奕齊翻攝）

▲用奶頭對國民黨拳頭的高雄傳奇女性許曉丹，亦曾經在三多圓環的「騎馬銅像」前抗議。（陳奕齊收藏）

次率眾攜帶蜂炮、橘子、雞蛋、油漆包等，向銅像一輪狂轟猛炸後，攀爬上銅像而引爆警民衝突。77甚至有候選人請怪手開拔至三多圓環，自行剷除銅像的挑釁，更是屢見不鮮。這座位於三多圓環的「騎馬仔」銅像，從矗立伊始後真可謂風波不斷，不知是否與其位於路衝，風水不佳有關？

一九九四年六月七日清晨，高雄市政府以「基於高雄都會的交通發展」為由，拆除了這座矗立三十一年之久的騎馬銅像。在出動三輛怪手、一輛千斤頂吊車，焚香祭拜並舉行簡單的三鞠躬禮後，這座銅像遂被拆除並轉送至高雄鳳山，委由陸軍軍官學校認養，並重新立在校內的「至清樓」門口。78但是隨著民主深化，軍中光明正大地把銅像重新立起，不免引起物議；於是「蔣公銅像」可為營

區鎮煞辟邪的說法，也開始傳出。[79] 二〇一一年十一月，台灣空軍司令部門口的蔣介石銅像換成空軍軍徽，詢問之下方知銅像已先搬到台北大直的新大樓門口定位，希冀蔣公能發揮「鎮邪擋煞」之力，減少空軍飛安事故之發生。[80]

三多商圈圓環的「騎馬仔」銅像移除之後，報紙也刻意訪問附近多家百貨公司，企圖營造出銅像是在商業發展下無奈撤遷的。[81] 這種以都會交通發展為名，將銅像在清晨低調移除的作法，為的是避免任何關於「移除政治圖騰視為是空間解嚴」的連結，因而讓台灣人民失卻了利用威權圖騰的移除，以做為民主深化的「政治教育」機會，殊為可惜！正因為國民黨依舊將銅像移除視為政治禁忌，使得蔣介石的銅像幽靈得以繼續在台灣上空徘徊。二〇一二年二月二十八日，成功大學零貳社的學生替校園內蔣介石銅像上色後，

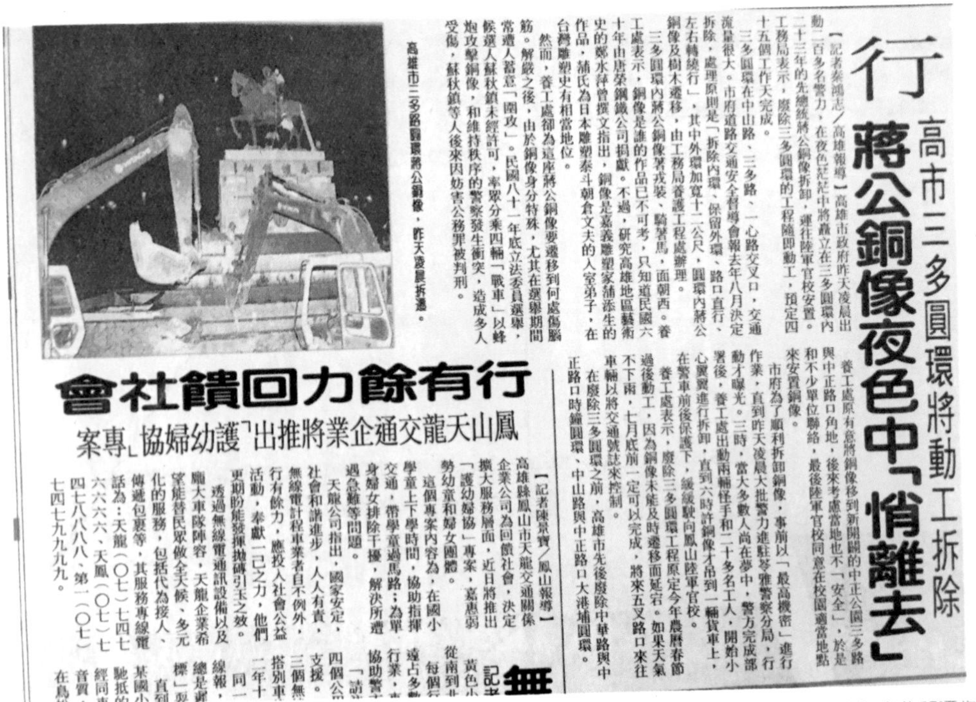

高市三多圓環將動工拆除

行 蔣公銅像夜色中「悄離去」

【記者秦鴻志／高雄報導】高雄市政府昨天凌晨出動二百多名警力，在夜色茫茫中將矗立在三多圓環內二十三年的先總統蔣公銅像拆卸，運往陸軍官校安置。工務局表示，廢除三多圓環的工程隨即動工，預定四十五個工作天完成。

三多圓環在中山路、三多路、一心路交叉口，交通流量很大。市府道路交通安全督導會報去年八月決定拆除，處理原則是「拆除內環、保留外環、路口直行、左右轉繞行」，其中外環加寬十二公尺，圓環內蔣公銅像及樹木遷移，由工務局養護工程處辦理。

三多圓環內蔣公銅像著戎裝、騎著馬，面朝西。養工處表示，銅像是誰的作品已不可考，只知道民國六十年由唐榮鋼鐵公司捐獻。不過，研究高雄地區藝術史的鄭水萍曾撰文指出，銅像是嘉義雕塑家蒲添生的作品，蒲氏為日本雕塑泰斗朝倉文夫的入室弟子，在台灣雕塑史有相當地位。

然而，養工處卻為這座蔣公銅像要遷移到何處傷腦筋。解嚴之後，由於銅像身分特殊，尤其在選舉期間常遭人蓄意「圍攻」。民國八十一年底立法委員選舉，候選人蘇秋鎮未經許可，率眾分乘四輛「戰車」以蜂炮攻擊銅像，和維持秩序的警察發生衝突，造成多人受傷，蘇秋鎮等人後來因妨害公務罪被判刑。

高雄市三多路圓環蔣公銅像，昨天凌晨拆遷。

養工處原有意將銅像移到新開闢的中正公園三多路與中正路口角地，後來考慮當地也不「安全」，於是和不少單位聯絡，最後陸軍官校同意在校園適當地點來安置銅像。

市府為了順利拆卸銅像，事前以「最高機密」進行作業，直到昨天凌晨大批警力進駐苓雅警察分局，行動才曝光。三時，當大多數人尚在夢中，警方完成部署後，養工處出動兩輛怪手和二十多名工人，開始小心翼翼進行拆卸，直到六時許銅像才吊到一輛貨車上，在警車前後保護下，緩緩駛向鳳山陸軍官校。

養工處表示，廢除三多圓環工程原定今年農曆春節過後動工，因為銅像未能及時遷移而延宕。如果天氣不下雨，七月底前一定可以完成，將來五叉路口來往車輛以將交通號誌來控制。

在廢除三多圓環之前，高雄市先後廢除中華路與中正路口時鐘圓環、中山路與中正路口大港埔圓環。

行有餘力回饋社會

鳳山天龍交通企業將推出「護幼婦協」專案

【記者陳景寶／鳳山報導】高雄縣鳳山市天龍交通關係企業公司為回饋社會，決定擴大服務層面，近日將推出「護幼婦協」專案，嘉惠弱勢幼童和婦女團體。

這個專案內容為，在國小學童上下學時間，協助指揮交通，帶學童過馬路；為單身婦女排除干擾，解決所遭遇急難等問題。

天龍公司指出，國家安定，社會和諧進步，人人有責，無線電計程車業者自不例外，行有餘力，應投入社會公益活動，奉獻一己之力，他們更期盼能發揮拋磚引玉之效。

透過無線電通訊設備以及龐大車隊陣容，天龍企業希望能替民眾做全天候、多元化的服務，包括代為接人、傳遞包裹等，其服務專線電話為：天龍（〇七）七四七六六六六、天鳳（〇七）七四七八八八八、第一（〇七）七四七九九九九。

▲時任高雄市長吳敦義以交通跟發展為由，偷偷地將蔣介石騎馬銅像移除的新聞報導。報導中指出此移遷作業，乃屬「最高機密」。可見，坊間百姓俗稱「白賊義」的吳敦義，乃是去蔣化的先行者。（陳奕齊翻攝）

依舊引來各方爭議[82]，跟一九八〇年代的銅像紛擾如出一轍，這不禁令人驚覺，難道這是義大利哲學家克羅齊（Benedetto Croce）的名言：「所有歷史都是當代史」的真正意涵嗎？宛如原封不動的歷史，就像盤桓不去的銅像幽靈，緊緊纏繞台灣社會，看來唯有進行一場集體性的政治拔渡，否則幽靈將繼續在人間徘徊、流連，並緊緊跟隨。

▲二〇一二年二月二十八日，成功大學「零貳社」學生替校園內蔣介石銅像著色，諷刺威權強人蔣介石的銅像幽靈，竟然還屹立在民主時代的大學校園中。（成大零貳社拍攝提供）

## 來去蔣公廟「迌迌」

除了俯拾皆是的銅像所營造出的政治神格之外，蔣介石的確早已成為台灣社會某些人的「神明」信仰。粗估全台至少十幾間膜拜蔣介石的廟宇，其中有幾間相當知名。例如新竹市鬧區建功一路黃金路段上，有棟三層樓高的瑤池金母「天宏宮」，一樓供奉著「中華民族護國忠靈暨革命先烈之蓮座」[83]，四周盡是先總統蔣公或坐或站的半身、全身銅像。建造這間「蔣公廟」的胡鵬飛是空軍上士退役，也是年營業額數億的啟德重機公司負責人。除了有蔣公可膜拜之外，廟內所收藏的大小蔣公銅像也曾高達兩百多尊以上。[84]每年蔣介石冥誕之日，此廟便會吸引許多榮民前往祭拜。同時，那位娶四位妻子而享盡齊人之福的新竹聞人胡漢龔，即是胡鵬飛的兒子。[85]

此外，在新竹縣寶山鄉的「玖龍宮」，也供奉著一尊「仙爺蔣公」。據該廟主持盧光助所言，一九八六年時值蔣介石百歲冥誕之際曾托夢，表達其已位列仙班，希望能在宮中有一神位。原本猶豫的盧光助，終在一九八九年塑一仙爺金身，並在主廟後方蓋一小神龕供奉。不過在陳水扁執政期間，啟動了以「去蔣化」為表現的軍隊國家化與國家正常化的過程，於是，易感多愁的退休將領便深覺情感受傷，為了清創弭平陳水扁所帶來的情感缺口，中央軍事學校校友與退伍軍人協會等加起來幾十顆星星的將領，便大規模地組團至此朝聖膜拜。再加上國民黨新竹立委呂學樟也常帶台北名人至此參拜，遂讓身著古代軍服的低調「蔣公仙爺」逐漸廣為人知。目前，玖龍宮因不斷有中國觀光客慕名而至，聲名已經遠颺中國與海外華人圈。[86]

▲圖為一九七五年蔣介石逝世之後，在國父紀念館搭建的靈堂一景。旗津的大陳人也自行擺設靈堂，並以靈堂為基礎興建後來的蔣介石廟。（圖片取自Taipics.com，公眾領域）

至於大台北地區，則以淡水捷運線紅樹林站附近的「魁星宮」裡頭的「蔣公王爺」（中正祖）最為知名。魁星宮在正門兩旁插豎兩支國旗，而正殿的大魁星君左側，即是身著一般神明服，右持寶劍，左握《三民主義》寶卷，臉部略帶燻黑色的「蔣公王爺」。此外，彰化花壇金墩村的城隍廟裡頭，也奉祀一座蔣介石坐姿的銅像。[87]台灣真是無奇不有，蔣介石除了可以羽化升天當神明之外，為了兩蔣移靈問題，民間也有靈媒以「觀落陰」的方式，下到陰曹地府請出蔣公的魂魄上身，並針對移靈問題現身說法。[88]

高雄市少說也曾出現過四間「蔣公廟」。對台灣民間宗教素有研究的董芳苑牧師，曾在一九七八年南部的一次宗教祭典中，見到高雄市苓雅區「忠德堂」神壇奉祀的一尊頭帶花翎冠、身披古裝元帥服，手捧《三民主義》寶典的「蔣公王爺」。[89]然而根據筆者多次走訪，苓雅區的「忠德堂」神壇早已消失難覓矣。這尊「蔣公王爺」究竟輾轉何處？是否消失在吳敦義於高雄市長任內一舉拆掉高雄市百餘間神壇之際[90]，委實是令人好奇；畢竟會出巡遶境的「蔣公王爺」可是難得一見的。

消失的神明蔣公，除了忠德堂這尊之外，高雄市三民區寶珠溝地區也有一間蓋在六樓的「樓頂廟——三寶宮」，裡頭也有尊消失的蔣介石神明。由於這間供奉「三寶佛祖」的「三寶宮」在商議重建之際巧遇蔣介石逝世，於是信徒遂在宮內左側興建「蔣公殿」以為紀念供奉[91]，並於一九七九年十二月舉行宮中神明的安座大典。三寶宮安座大典之後，底下樓層則設有「三寶宮戲院」，於一九八一年開始營運放映，直至一九八六年停業。[92]當時，三寶宮的主委是高雄市在地市議員黃正忠，後來其政治地盤便由姪兒黃啟川與姪媳侯彩鳳等人接收，目前家族第三代高雄市議員黃柏霖與黃香菽依然在政壇繼續活躍著，成為高雄陳田錨、王玉雲與朱安雄等傳統政治世家沉寂消失後的在地新興政治世家。

從黃家與三寶宮幾乎都是在地信徒一事看來，國民黨在台灣的意識形態統治與經營，除了對外省

▲大樓護理之家招牌的上方，即是有樓頂廟之名的「三寶宮」（陳奕齊攝）。

族群有著所向披靡的效果之外，對本省族群也有相當大的作用力，否則這些本省信徒怎麼會跟與蔣介石有著共同革命情感般的老兵或義胞一樣，以塑像造神的方式供奉蔣介石？根據三寶宮的顧廟人員表示，這座蔣公殿已在十幾年前台灣民主化之時，由於廟方委員對供奉蔣介石有不同意見後而移除，至於神像下落，則有待訪查。

## 旗津蔣公廟：報恩觀與感恩堂

一九七五年四月五日，蔣介石駕鶴西歸後，旗后新村的大陳人為了感念蔣公「民胞物與，仁愛為懷」的德政，便發起蔣公廟的建廟活動。旗后蔣公廟就在悼念靈堂的基礎上，於一九七五年開始募捐興建，並自一九八三年重建，矗立至今。或是基於實

▶圖是書中的「三寶宮」照片記錄，清晰可見當年的「蔣公殿」之造型。（陳奕齊翻攝）

踐里跟復興里的大陳人對於建廟理念的不合[93]，或是「大房子」與「小房子」各自聚落有各自供奉的神祇之故，旗津島因此出現兩間蔣公廟：「蔣公報恩觀」和「蔣公感恩堂」。

「蔣公報恩觀」座落在中洲三路的三百七十四巷內，位於實踐里小房子聚落裡頭，坐姿的「蔣公銅像」設在一樓主廳，兩旁各列一排國旗，天花板則鑲飾黨徽，並以「中興復國大業舞滿天，正義凱歌乘海奉君歸」的對聯，以及「毋忘在莒」的橫批為牆上題字，環繞著銅像。報恩觀二樓，則供奉大陳島移過來的傳統神祇「阮弼真君」與「漁師大神」。[94]至於報恩觀的入口門柱上的文字：「四千里家園赤焰滿天盡哀鴻，三十年德政綠蔭遍地皆樂人」，則好似訴說著大陳人的離散緣由。

另一間以「蔣公感恩堂」為名的蔣公廟，則是臨靠旗津大馬路旁的復興里，屬於大房子聚落。目前感恩堂主祀觀音菩薩，左側三官大帝，右側則是蔣介石。二〇〇七年前，蔣介石原本位於感恩堂的中間主祀神祇之位，後來在大陳第二代與第三代子弟的廟方委員提議指出，觀音菩薩理當比蔣介

▲圖為座落於旗津實踐里的「蔣公報恩觀」。（陳奕齊攝）

石地位崇隆，理當換位。於是，經由觀音擲筊的允諾，遂在二〇〇六年底把蔣介石跟觀音菩薩主次易位。然而令人好奇的是，擲筊的對象若是蔣介石，是否仍會得到「聖杯」的同意？彼時正值阿扁執政期間，消息靈通的《蘋果日報》記者亦曾打電話向我詢問關於感恩堂的蔣介石讓位之舉，是否為當時「去蔣化」潮流下的政治考量。[95]

事實上，蘋果記者此一花絮報導，是為配合傳媒杜撰的「去蔣化」潮流而出現的，但感恩堂中的蔣神換位，某種程度也說明了感恩堂的廟方管理委員年輕化之後，對於蔣公的認識和意義開始有所轉變。至於「蔣公感恩堂」廟宇外頭的題字：「以國家興亡為己任，置個人生死於度外」，則比較像是政治宣傳的表達。但據說感恩堂「朝西」面向大陸，其風水方位意義可不是取「日薄西山」之意，而是豪

▲圖為座落於旗津復興里的「蔣公感恩堂」。（陳奕齊攝）

政治 A8

# 蔣公廟介石讓位給觀音

## 擲筊神諭 非關政治「永遠供奉」

■蔣公感恩堂管理委員會鮑姓主委，每天早晚都到堂內上香誦經。林聰勝攝

敏感話題

【李菁豪、林聰勝／高雄報導】「正名」、「去蔣中正化」成為近來發燒的政治話題。在高雄市旗津有一間「蔣公廟」，是當年大陳義胞感念蔣介石，特別興建紀念，但隨著老一輩義胞相繼過世，第二、三代子弟在去年底讓原本坐落主位的蔣介石銅像移至左方大位，由觀世音菩薩承接主位，工程預定本月十九日完成。

對於蔣介石讓位，蔣公感恩堂管理委員會的委員們昨強調，這跟政治完全沒有任何關係，主因觀世音菩薩是神，地位比蔣介石尊崇，理應由觀音坐落主位，蔣公坐落大位，當初還擲筊獲觀音同意，「雖然位置換了，我們還是會永遠供奉蔣公。」

撤退來台世居旗津的一萬四千多名大陳義胞，原居住在浙江大陳島，一九五五年一月，中共軍隊逼近大陳島，當時的總統蔣介石為免島上居民落入中共統治，對國軍下令一定要把島上全數男女老幼通通平安帶回台灣，讓大陳義胞非常感念蔣介石。

一九七五年四月五日蔣介石過世，旗津大陳義胞在現今的「蔣公感恩堂」設置一個靈堂，早晚上香誦經，後有人建議乾脆蓋廟供奉蔣介石、觀世音和三官大帝，其中蔣介石坐落中央主位，觀音坐落左方大位，三官大帝坐落右方。

去年六月，「蔣公感恩堂」屋頂漏水，委員們決定重新整修，暫時將蔣介石、觀音和三官大帝安置在旁邊的房間，去年底年輕一輩的委員建議蔣介石讓位，鮑姓老主委堅決不同意，大多數年輕委員則認為觀音是神明，理應坐落最尊崇的主位，最後向觀音擲筊獲同意，蔣公只好讓位。

### 老主委不捨嘆氣

三十多年來每天早晚上香誦經的鮑姓老主委，並沒因蔣的讓位而改變他的上香順序，他依然先向蔣介石上香，再祭拜觀音和三官大帝，對於蔣介石的讓位，他極其不捨、頻頻嘆氣；而新面貌的「蔣公感恩堂」，也預計本月十九日整修完成，感恩堂委員強調：「民主社會強調尊重，蔣公是我們的信仰。」對目前政府去蔣銅像，他們說：「我們不懂政治，只是知道感恩的普通百姓。」

### 蔣公感恩堂小檔案

資料來源：蔣公感恩堂管理委員會

興建緣由 蔣介石過世後，曾受蔣救命之恩的高雄旗津大陳義胞，在該堂設靈堂悼念。

建堂時間 1976至1977年間，大陳義胞決定把靈堂改成永遠追思蔣介石的感恩堂，供奉蔣介石及拜觀音和三官大帝。

特色 堂內供奉蔣介石、觀音和三官大帝，蔣原坐落中央主位，去年12月底該堂管委會決定移蔣至左方，觀音坐主位。

位置 旗津三路海岸公園對面。

▲二〇〇六年底，「蔣公感恩堂」的蔣公把主位讓給觀音菩薩，引起外界「去蔣化」的疑慮。（陳奕齊收藏）

邁的「揮軍西進」之意。[96]不論如何，蔣介石在旗津大陳新村，受到如神明般的榮寵奉祀，儘管隨著第一代大陳人的凋零老化，蔣公廟香火已呈蕭索[97]，但選舉之時，泛藍政治人物必會造訪這兩間蔣公廟上香膜拜，以向大陳人拜票。[98]

台灣的「民族救星」可以成為神，把蔣介石打到七葷八素的毛澤東，當然更有資格。中國湖南耒陽泗門洲鎮便有間「三元寺」，據說此廟把毛澤東、周恩來和朱德當成神來崇拜。[99]不過，三元寺的故事相對複雜許多，因為擁有上千年歷史的三元寺本就香火鼎盛，後因國共鬥爭之故，此寺竟成為共產黨的前進指揮所，再加上歷史古寺不可毀壞，遂發起了三元寺的重修運動，終在農民三捐：捐錢、捐料與捐勞動之下，重修完成。

神殿內主祀毛澤東，配以左右兩位大臣，一文一武，文者周恩來，武者朱德，而號「三元寺」。建成以後，來此參拜者絡繹不絕，讓當地政府大驚失色，以迷信之名予以接管，但唯恐引起信徒暴動，遲遲不敢加以拆除。爾後，中共官方將「三元教」定性為邪教組織，開始掃蕩壓制。不過，據說座落在三元寺舊址前頭，並由民居改成的三元寺，寺中仍然只有毛澤東像而沒有觀音佛祖。此外，每年毛澤東冥誕的十二月二十六日，湖南韶山也會有許多信眾，自發性地在毛澤東銅像前焚香祭拜、施放鞭炮和舉行各式慶典，讓毛冥誕宛如神誕廟會一般，讓人不把毛澤東當神都難哩！

一路走來，令人納悶的是，到底「好神」的是歷史本身，還是寫就歷史的人本身？

▲「蔣公感恩堂」易位後的主次神像位置。（陳奕齊攝）

## 註

❶ 大陳來台義胞紀念廿週年委員會，《紀念大陳義胞來台廿週年專輯——民之歸仁》（台北：大陳來台義胞紀念廿週年委員會印行，一九七五年），頁六〇。

❷ 為了破壞「萬隆會議」，蔣介石政府在香港的特務統領王新衡曾在一九五五年四月成功策劃一起恐怖攻擊事件。國民黨的情治人員，在香港飛往印尼的飛機「喀什米爾公主號」上裝炸彈，並在飛行途中引爆，炸死出席「萬隆會議」的香港新華社黃作梅等一行人。參考周子峰編著，《圖解香港史——1949-2012》（香港：中華書局，二〇一二年十二月），頁十。

❸ Nancy Bernkopf Tucker（林添貴譯），《1949年後海峽風雲實錄——美中台三邊互動關係大揭密》，（台北：黎明文化，二〇一二年），頁二九～三五。

❹ 柯凱珮，〈大陳島居民來台的歷史背景〉，收錄於姚誠編，《從異鄉到家鄉：花蓮大陳聚落生活文化田野記實》（花蓮：花蓮縣文化局，二〇〇二年），頁十二～二一。

❺ 台北縣浙江省溫嶺同鄉會，《大陳遷台五十周年紀念特刊》（台北：台北縣浙江省溫嶺同鄉會，二〇〇五年），頁十三。

❻ 王應文口述，田立仁執筆，〈重返一江山：王生明將軍與國共島嶼浴血戰〉，《全球防衛雜誌》，第三一〇期，二〇一〇年六月，頁八六～九三。

❼ 張世瑛，〈太原五百完人：一段國共歷史的想像與塑造〉，收錄於《1949年：中國的關鍵年代學術討論會論文集》（台北：國史館印行，二〇〇〇年），頁六一七～六四二。

❽ 王應文口述，田立仁執筆，〈重返一江山：王生明將軍與國共島嶼浴血戰〉，《全球防衛雜誌》，第三一〇期，二〇一〇年六月，頁八六～九三。

❾《自由時報》，〈《失聯五十年》徐蚌戰亡台籍兵 孤魂待返鄉〉，二〇一一年七月十二日。

❿ 陳仁和編著，《大陳島——英雄之島》（台北：陳仁和印行，一九八七年），頁一八一。

⓫ 參見北京衛視，《檔案——史實揭密》，《檔案——決戰一江山》，石凉主持，二〇〇九年七月二十二日。

⓬ 管仁健，《你不知道的台灣國軍故事》（台北：文經社，二〇一一年），頁一一四。

⑬《中國時報》，〈一身都是膽 英靈佑江山 七百廿烈士 死守一江山〉，二〇〇五年一月二十日，A9版。

⑭《自由時報》，〈鳳山王生明路 住戶想改名〉，二〇一〇九月三十日。

⑮ Jay Taylor, *The Generalissimo: Chiang Kai-Shek and the Struggle for Modern China*, Cambridge: Harvard University Press, 2011, pp. 475-478。

⑯ 陳之嶽，〈艾森豪否決金馬核武大反攻〉，《亞洲週刊》，第二十六卷十一期，二〇一二年三月十八日。

⑰ 陳錦昌，《蔣中正遷台記》（台北：向陽文化，二〇〇五年），頁三〇。

⑱ 陳錦昌，《蔣中正遷台記》（台北：向陽文化，二〇〇五年），頁五七。

⑲ 陳之嶽，〈艾森豪否決金馬核武大反攻〉，《亞洲週刊》，第二十六卷十一期，二〇一二年三月十八日。

⑳ See Jean Edward Smith, *Eisenhower in War and Peace*, Random House Press, 2012.

㉑《聯合報》，〈兩位老義胞 病逝美艦中〉，一九五五年二月十一日，第四版。

㉒ 大陳來台義胞紀念廿週年委員會，《紀念大陳義胞來台廿週年專輯——民之歸仁》（台北：大陳來台義胞紀念廿週年委員會印行，一九七五年），頁八〇。

㉓ 吳昱昶，〈感恩與惜福——大陳人來台的故事〉，收錄於《大陳遷台五十周年紀念特刊》（台北：台北縣浙江省溫嶺同鄉會編印），頁四〇~四四。

㉔ 王炎，〈大陳人在台概況〉，收錄於《大陳遷台五十周年紀念特刊》（台北：台北縣浙江省溫嶺同鄉會編印），頁四五~五一。

㉕ 大陳來台義胞紀念廿週年委員會，《紀念大陳義胞來台廿週年專輯——民之歸仁》（台北：大陳來台義胞紀念廿週年委員會印行，一九七五年），頁一三四。

㉖ 參閱陳奕齊，《看！中國熱？！》（台北：前衛出版社，二〇一〇年）。

㉗ 王傳達，〈大陳人的奮鬥精神〉，收錄於《大陳遷台五十周年紀念特刊》（台北：台北縣浙江省溫嶺同鄉會編印），頁五二~五六。

㉘ 張吉誠，〈民代生涯十六年〉，收錄於《大陳遷台五十周年紀念特刊》（台北：台北縣浙江省溫嶺同鄉會編印），頁一〇三~一〇四。

㉙ 大陳來台義胞紀念廿週年委員會，《紀念大陳義胞來台廿週年專輯——民之歸仁》（台北：大陳來台義胞紀念廿週年委員會印行，一九七五年），頁一二八。

㉚ 王炎，〈大陳人在台概況〉，收錄於《大陳遷台五十周年紀念特刊》（台北：台北縣浙江省溫嶺同鄉會編印），頁四五～五一。

㉛ 國史館檔案，目錄號：447，案卷號：007。

㉜ 參見吳初雄，〈旗后的造船業 1895-2003〉，《高市文獻》，第二十卷第四期，二〇〇七年十二月，頁一～五二。

㉝ 王炎，〈大陳人在台概況〉，收錄於《大陳遷台五十周年紀念特刊》（台北：台北縣浙江省溫嶺同鄉會編印），頁四五～五一。

㉞ Yi-chi Chen & Tak-wing Ngo, "The Fabrication of Differences among Kaohsiung Dockworkers", in *Politics of Difference in Taiwan*, eds, by Tak-wing Ngo & Hong-zen Wang, Oxford: Routledge, 2011, pp.63-77.

㉟ 高雄港碼頭工會檔案，《大陳義胞就業卷》，一九六七年。

㊱ 參見魏聰洲、陳奕齊、廖沛怡，《移民、苦力、落腳處：從布袋人到高雄人》（高雄：高雄市勞工局，二〇〇五年）。

㊲ 高雄港務局，《高雄港三十年志》（高雄：高雄港務局編印，一九七五年），頁一二四；大陳來台義胞紀念廿週年委員會，《紀念大陳義胞來台廿週年專輯——民之歸仁》（台北：大陳來台義胞紀念廿週年委員會印行，一九七五年），頁一四八。

㊳ 《聯合報》，〈大陳義胞工作問題 基隆成立小組 研究處理步驟〉，一九六六年四月九日，第六版。

㊴ 《聯合報》，〈基市碼頭工會理事 簡有勇突被毆〉，一九六六年一月二十八日，第六版。

㊵ 《聯合報》，〈碼頭工人群毆事件 昨已初步達成協議〉，一九六九年九月六日，第六版。

㊶ 謝季昆訪問（陳奕齊採訪），地點：高雄市鹽埕區公園二路自宅，時間：二〇〇七年三月二十五日。

㊷ 洪惟仁，《台灣方言之旅》（台北：前衛出版社，一九九二年），頁十三。

㊸ 「台語」的基礎原型是閩南語，但由於台灣獨特的歷史之故，台灣人的閩南語已摻雜許多本地平埔與外來語，讓台語有別於「閩南語」。

44 參閱林丘湟，《國民黨政權在經濟上的省籍差別待遇體制與族群建構》（高雄：國立中山大學中山學術研究所碩士論文，二〇〇六年）。

45 姚嘉文，〈高普考還要論省籍嗎？〉，《台灣政論》，第二期，一九七五年九月，頁十七～二〇；駱明慶，〈高普考分省區定額錄取與特種考試的省籍篩選效果〉，《經濟論文叢刊》，第三卷第一期，二〇〇三年三月，頁八七～一〇六。

46 施正鋒，〈台灣的族群政治與政策〉，論文發表於行政院客家委員會主辦、佛光人文社會學院承辦「我國族群政策與法制之設計學術研討會」，地點：佛光人文社會學院國際會議廳，二〇〇二年十月三日。

47 陳仁和，〈大陳神佛在台灣〉，收錄於《大陳島遷台五十周年紀念特刊》（台北：台北縣浙江溫嶺同鄉會編印，二〇〇五年），頁七九。

48 林崑成，〈台東奇蹟——大陳縣長與特技演員〉，《東海岸評論》，第一六四期，二〇〇二年三月，頁十三。

49 張典婉，〈一些大陳人的故事〉，《聯合報》（聯合副刊），一九九五年十月四日至七日。

50 《聯合報》，〈義胞慶祝來台週年 蔣經國昨親往慰問〉，一九五六年二月八日，第五版。

51 《聯合報》，〈蔣夫人昨訪問 在高大陳義胞〉，一九五六年二月九日，第一版。

52 參見魏聰洲、陳奕齊、廖沛怡，《移民、苦力、落腳處：從布袋人到高雄人》（高雄：高雄市勞工局，二〇〇五年）。

53 梁文傑，〈從胡為真談到大陳島〉，二〇一〇年二月十二日，梁文傑部落格：http://blog.udn.com/wenchiehl/3773215.

54 Blackjack，〈民進黨第一文膽梁文傑的外省特權：大陳義胞村的法律定位初探〉，二〇一〇年二月十九日，blackjack 部落格：http://blog.udn.com/blackjack/3788081.

55 《中國時報》，〈從胡為真談到大陳島〉，二〇〇四年十月十日，第C1版。

56 Blackjack，〈民進黨第一文膽梁文傑的外省特權：大陳義胞村的法律定位初探〉，二〇一〇年二月十九日，blackjack 部落格：http://blog.udn.com/blackjack/3788081.

57 國史館檔案，目錄號：275-4，案卷號：01301。

58 佛國喬，〈當窮人被敵視時〉，二〇一二年五月二十一日，超克藍綠部落格：http://clique2008.blogspot.tw/2012/05/by.html

59 《人間福報》，〈蔣經國拜牛神與牛將軍廟結緣〉，二〇〇九年四月十四日。

60 二戰之前，台灣人鮮少吃牛肉，但日人吃牛肉，因此皇民化下的台人，是否有向日人吃牛肉的慣習看齊，倒是值得考察。據說以前鹿港和北港是喜吃牛肉，不知道鹿港嗜牛之風，是否如同鹿港郭姓家族祭祖不拜豬肉的文化遺跡一般，並從中找出其有伊斯蘭祖先的類似情形。林曙光，《打狗瑣譚》（高雄：春暉出版社，一九九四年），頁七四。

61 趙萬來，〈牛肉麵衍義〉，《中國時報》，二〇〇五年九月三十日。

62 《中廣新聞網》，〈台蘇澳民眾發動將建故總統蔣經國廟〉，二〇〇五年八月十九日。

63 《蘋果日報》，〈宜蘭商人 拜蔣經國為神〉，二〇〇七年二月二十日。

64 《自由時報》，〈內閣封神榜 眾神就位〉，二〇〇九年九月十四日。

65 《聯合報》，〈中學生雜誌恭鑄總統銅像 紀念創刊十年〉，一九六六年九月二十六日，第二版。

66 畢恆達，《空間就是權力》（台北：心靈工坊，二〇〇一年），頁六一。

67 李筱峰、劉峰松，《台灣歷史閱覽》（台北：自立晚報，一九九八年），頁一七七。

68 洛夫，〈銅像之崩〉，《聯合報》（副刊），二〇〇二年十一月一日，第十九版。

69 陳淑真執筆，《戀戀中山路》（高雄：高雄市政府捷運工程局，二〇〇四年），頁五九。

70 參閱許雪姬訪問，《民營唐榮公司相關人物訪問記錄 1940-1962》（台北：中研院近史所，一九九三年）。

71 據說唐傳宗在唐榮公司被政府充公併吞後，在其父親唐榮的墓園塑有三隻石獅，分別以紅眼、紅耳與紅嘴為飾，以阿Q的形式表達出其在威權時期下只能莫看、莫聽與莫言的心境與抗議。參見王耀德，《南台灣的政治天空》（高雄：作者自行出版，一九九四年），頁四〇～四一。

72 Emily Martin Ahren, "*The Thai Ti Kong Festival*", *p.397-425, in The Anthropology of Taiwanese Society*, eds. by E. M. Ahren and Hill Gates. Stanford: Stanford University Press, 1981.

73 李王瀚，《生命．政治．神話——台灣戰後義人塑像》（台南：國立成功大學歷史系碩士論文，二〇〇六年六月），頁五五。

74 《聯合報》，〈「一一五」高雄歐警案偵結〉，一九八九年二月十四日，第七版。

75 《聯合報》，〈許曉丹高市街頭秀 市民旁觀不願助講〉，一九八九年八月七日，第四版。

76 《聯合報》，〈高市楠梓和平國小蔣公銅像遭塗白漆〉，一九九一年十二月十五日，第五版。

77 《聯合報》，〈蘇秋鎮射蜂炮 大鬧三多圓環〉，一九九二年十二月十日，第三版。

78 《聯合晚報》，〈高市蔣公銅像 悄悄的搬走了〉，一九九四年六月七日，第三版。

79 《中國時報》，〈請蔣校長鎮邪 蔣公銅像變搶手〉，二〇一〇年九月三日。

80 李南衡，〈老蔣鎮邪 笑話一則〉，《自由時報》，二〇一一年十一月二十八日。

81 《經濟日報》，〈三多圓環拆除 百貨公司得利〉，一九九四年六月八日，第十五版。

82 《自由時報》，〈聲援成大零貳社 蔣為文移師蔣塑像前上課〉，二〇一二年三月二十二日。

83 《中時電子報》，〈榮民兼廟公 曾伴過2百尊蔣公〉，二〇〇八年十一月一日。

84 《聯合報》，〈新竹蔣公廟 不少信徒膜拜〉，二〇〇一年十一月一日，第二十版。

85 《時報周刊》，〈起重機大王控前空軍副總司令擄人敲詐1,500萬〉，第一七五八期，二〇一一年十一月四日。

86 《星島日報》（加拿大），〈神奇蔣公廟 陸客慕名至〉，二〇一一年十月三十日。

87 《ETToday》，〈彰化有個「蔣公廟」 紀念1031誕辰 信眾上香膜拜〉，二〇〇二年十月三十一日。

88 《ETToday》，〈有影無影？兩蔣安葬台灣 靈媒「蔣公」上身吐露心情〉，二〇〇四年七月九日。

89 董芳苑，《台灣人的神明》（台北：前衛出版社，二〇〇九年二版），頁三七四～三七五。

90 二〇一一年底，國民黨籍副總統候選人吳敦義曾把其任內拆掉高雄市的百餘間神壇當成政績，不知此間「忠德堂」是否是當時吳敦義拆除神壇的政績之一？參見《自由時報》，〈愛河整治攬功 綠譏吳羞羞臉〉，二〇一一年十二月十二日。

91 曾玉昆，《高雄市各區發展淵源（上）》（高雄：高雄市文獻委員會，一九九五年再版），頁六四二。

92 鄭德慶總編，《高雄電影紀事》（高雄：高市府新聞處電影圖書館，二〇〇三年），頁一四一。

93 旗津區公所，《2003旗津海灘紀》（高雄：旗津區公所，二〇〇三年），頁十九。

94 「阮弼真君」與「漁師大神」是大陳人從家鄉攜帶過來的神祇，從這些家鄉神明的信仰，可以找到「離散」（diaspora）異地的大陳人，對故鄉的想望記憶。而只有透過對大陳人「離散」、「流亡」的經驗，也才能理解他們在台灣社會的再置入、落腳的過程。參見張茂桂、潘婉明，〈"Diaspora"與「想往家」——關於「大陳人」生命經驗的研究〉，論文發表於「2006年台灣社會學會年會暨國科會專題研究成果發表會」，地點：東海大學，二〇〇六年十一月二十六日至二十七日。

95 《蘋果日報》，〈蔣公廟介石讓位給觀音 擲筊神諭非關政治〉，二〇〇七年二月九日，A8版。

96 《聯合報》，〈蔣公廟與淑女墓各有滄涼在人間〉，二〇〇一年八月十一日，第四十七版。

97 《聯合報》，〈紀念蔣公 大陳義胞祭拜 景氣差 以往「辦桌」慶祝 如今場面冷清〉，二〇〇二年十一月一日，第十八版。

98 《聯合報》，〈宋楚瑜到高雄 為選將抬轎〉，二〇〇二年十一月十八日，第十八版；《聯合報》，〈章孝嚴夫婦赴蔣公廟致敬〉，二〇〇〇年三月三日。

99 黃哲真，〈叩頭的民族〉，《聯合晚報》，一九九六年七月二十九日，第二十三版。

Stop

第八站

VIII

# 勞動女性紀念公園

# 擺渡尋岸的女工

## 話說一九七三年九月三日……

一九七三年九月三日，清晨六點二十分，跟尋常一樣忙碌的日子，一艘在一九六〇年下水並往來於旗津中洲跟前鎮之間的渡輪「高中六號」，隨著轟隆作響的引擎聲，從前鎮駛往中洲載客。六點四十分左右，打算從中洲前往高雄市上班、就學與辦事的各路乘客，一如往常潮水般不斷湧進渡船內，讓原本只能乘載十三人的小渡輪，在擠爆近七十七名乘客之後，渡輪引擎才沉重蹣跚地往前鎮方向開拔駛去。前行沒多久，船艙開始滲水，船長呂福廉便把引擎加速，往前方的61號碼頭奔

高港十年來最大災難！

據生還的乘客說：「高中六號」交通船由傾斜而沉沒，只有五分鐘的時間，因此關在艙內的乘客逃生的機會也沒有，在艙外的乘客於落水後，在海面漂流，經軍、憲、警以及附近居民合力搶救始免於難。

「高中六號」交通船，係由一家民營公司經營，慘案發生後，高雄地檢處已傳訊該公司負責人，將船長呂福廉扣押，追究肇事責任。

省府主席謝東閔，警政署長周菊村對該案至表重視，派員專程來高會同有關機關處理善後問題。

高中六號 交通船
五名少女不幸慘遭滅頂

▲這起船難事故引起社會矚目。當時高雄在地的雜誌《高雄論壇》也為此出了一期特別專輯。（陳奕齊收藏）

去搶靠。

就在渡船行將靠岸之際，超載的乘客此時爭先恐後往出口方向奔去，煞時間船隻隨即傾覆，導致這起二十五人死亡，四十六人受傷的悲劇。彼時，時針停格在清晨七點十五分。後來在市長王玉雲、地方人士與家屬協調同意下，將這二十五名在加工出口區上班的未婚年輕女性合葬一起，是為「二十五淑女墓」，並立上「哀此劫痕」紀念碑一座，藉此希望「此二十五條同命芳魂地下不孤，且誌人謀不臧之過」。❶

## 悲劇的問責？

這齣令人哀傷的悲劇，引來許多撻伐與檢討人禍的聲浪。首先，船公司老闆莊丁兩，以及放任船隻超載的船長呂福廉，成了主要被聲討的對象。話說賠錢生意沒人幹，若按章辦事，一艘船規定只能乘載十三人，票價收取全票一點三元，半票零點七元，一趟次只能收入十餘元，航程三哩，連油費成本都不夠，遑論當年正值國際石油大漲價的危機時刻！❷於是，基於營利的考量，超載成了必然之事。對於船東而言，其內心必定深感委屈，因為每日超載都沒事，恰好那日「落衰」，機件故障導致進水沉船！後來，船長呂福廉處有期徒刑四年、老闆莊丁兩、公司監事朱萬則各處有期徒刑三年。❸事發之後，港務局身為港區主管機關自然不能免責，省府為了平息外界眾怒，記了時任局長李連墀一支小過以為處份。❹

▲圖為一九七〇年代市府經營的高雄港區渡輪船票，當時票價貳圓。（陳奕齊收藏）

事實上，港務局於一九六七年開始進行第二港口工程後，旗津半島便成為真正的離島，且在海底過港隧道於一九八四年三月竣工通車前，旗津對外交通主要只能仰賴鼓山到旗津，以及中洲到前鎮這兩條渡輪線。一九七五年底，港務局始研擬旗津島與高雄市之間的海底過港隧道之可能，其初衷是為了將前鎮第三貨櫃中心與旗津第四貨櫃中心進行運輸串連之考量。儘管隧道興建的主要目的，並不是為了旗津居民與勞工至高雄市上班與交通的需求，但一九八四年過港隧道的通車，的確大幅改善了旗津島與高雄市之間的交通往來。❺

但在只有渡輪交通的年代裡，鼓山到旗津一線因乘客較多，歸高雄市政府公車處經營；至於旗津中洲到前鎮之間，大部分的乘客乃是居住中

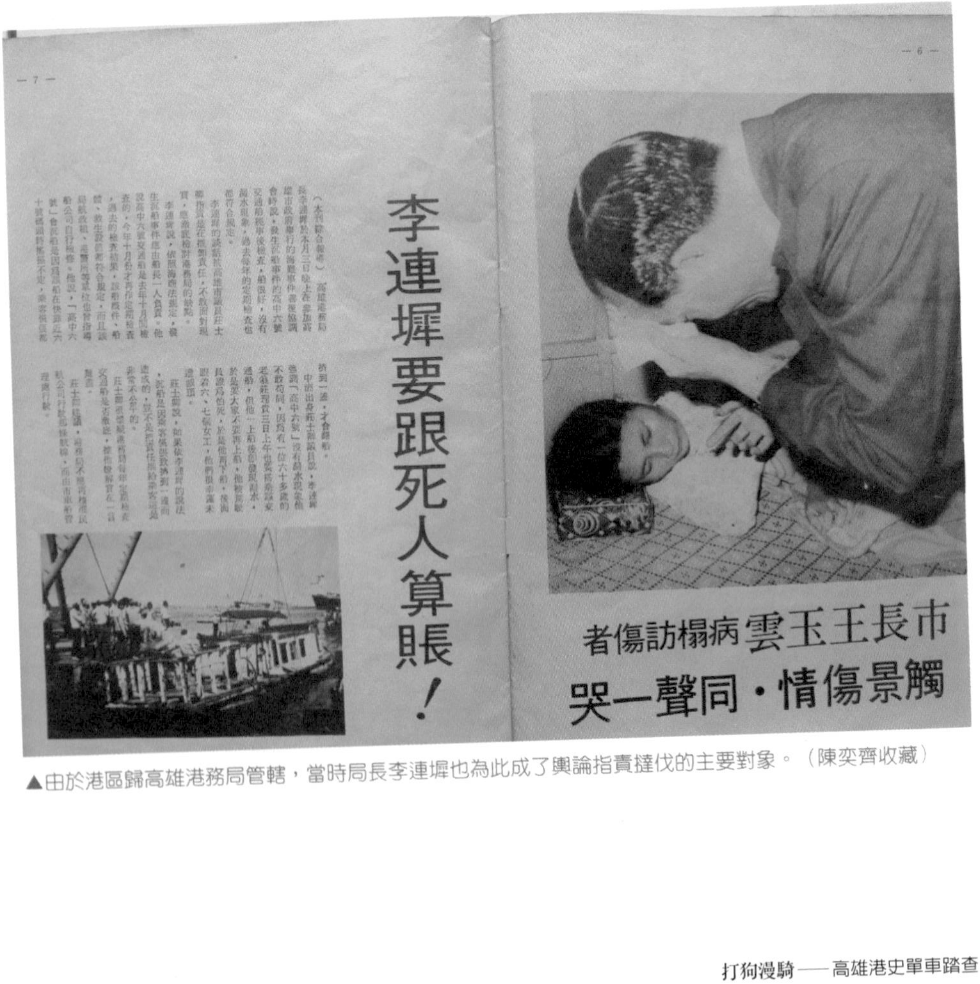

— 6 —

觸景傷情・同聲一哭

市長王玉雲病榻訪傷者

— 7 —

李連墀要跟死人算賬！

▲由於港區歸高雄港務局管轄，當時局長李連墀也為此成了輿論指責撻伐的主要對象。（陳奕齊收藏）

洲漁村，相較貧苦，且多在加工區上班的打工子女。據統計，當時至少有四百多位中洲居民在加工區上班❻，只能選搭民營渡輪公司的交通船。所以港務局才因給予中洲、前鎮航線壟斷權的包庇行為被詬病，導致莊丁兩的民營公司總是擺出「愛搭不搭隨你」的姿態，而釀成這起悲劇。

此外，當時港區的水面航道一片擁擠紊亂，前鎮運河口銜接港區的北岸和水面幾乎被解體舊船與原木所占據，渡輪航行往往還需有人在前方把原木撥開才能前行，導致危險性大增，這些原因，皆是輿論究責港務局之處。若港務局能落實監督此航線的交通船，當時在駕駛呂福廉之外還能多一名水手，則船難發生在靠近61號碼頭時便可岸上繫纜，縱使船沉，死傷也將大為降低云云。❼

於是，「二十五淑女墓」就隨著「雲英未嫁卻慘遭滅頂，高市府數度邀集地方首長人士，商討相關撫卹弔亡善後事宜，並與罹難者家屬協議專設墓地一處，合葬於中興里與中和里之間，以為悼念及教訓之記取」的碑文矗立，而原本的悲劇故事便以旗津三路上，那傳頌著各種鄉野奇談鬼故事、賭徒求取明牌的一抹風景中❽，逐漸淡出世人的記憶。❾

## 歷史的再現：從「二十五淑女墓」到「勞動女性紀念公園」

「二十五淑女墓」的再現，可從高雄市政府勞工局於二〇〇三年四月二十八日在高市勞工公園矗立一座「工殤紀念碑」開始談起。在台北「工作傷害受害人協會」從一九九七年開始奔走努力之下，台灣第一部《職業災害勞工保護法》終於在二〇〇一年十月十一日正式由立法院通過，並明訂翌年四月二十八日（國際工殤日）開始實施。同時，《職災保護法》第三十九條明言：「政府應建立工殤紀念碑，定每年四月二十八日為工殤日，推動勞工安全衛生教育。」因此，工傷協會便長期推動「工殤紀念碑」的

▲先前的「二十五淑女墓」完全是「合葬墓」的景致。(陳奕齊攝)

設立，以紀念職災工人、表彰其對台灣經濟的貢獻，並提點政府與世人對職災問題的關注。

事實上，根據中國的《中國工運》期刊對台灣工運團體的分類，台灣當時工運團體有所謂「三派一支」，分別是「勞工陣線」、「勞動人權協會」與「工人立法行動委員會」，和所謂「紅燈左轉派」。「紅燈派」乃是指一九九五年第二屆立委改選時，勞陣領導人簡錫堦與劉進興皆獲新潮流系提名為安全名單內的不分區立委，而前一屆不分區的方來進則未獲提名，導致其轉向福利國連線等政治紛擾，招致勞陣幹部丁勇言等人的質疑，並出版《紅燈左轉》一手冊，抨擊簡錫堦、劉進興等人。「紅燈左轉」隨即退出台灣勞工陣線的運作。❿一九九八年，「紅燈派」的方來進與丁勇言等人進入高雄市勞工局，工傷協會直屬組織工委會領導人鄭村祺，則進入馬英九小內閣的北市府勞工局。

因此，不同工運派別分別進駐藍綠政府轄下的勞工局，隱約之間總有股較勁意味。二〇〇二年《職災保護法》通過之後，民進黨執政的勞委會便火速動用一千兩百萬元在高雄勞工公園建碑，並由阿扁親自蒞臨揭碑，讓長期從事工傷組織工作的顧玉玲忍不住批評，此舉無異是把嚴肅的工殤紀念移作官方政績之作法。⓫在此背景下，高雄市政府勞工局拔得頭籌，搶先於二〇〇三年四月二十八日「國際工殤日」設立全台第一座「工殤紀念碑」。為此，筆者遂於同日在報紙專欄寫下〈四二八國際工殤日：高雄在地的觀想〉一文，並提及：

— 24 —

# 夾縫中的危機！

高雄市「高中六號」渡輪沉沒造成廿五人死亡，這個慘痛的教訓，應該足以「刺激」有關單位速謀解決第一船渠壅塞，以及鼓山、旗津間公營渡輪經常險象環生的交通問題。

地方人士認爲：事後的研討善後，追究責任，對傷亡者已無法彌補，最重要的應是亡羊補牢，防患未然。

鼓山、旗津間公營渡輪，所面臨最大的威脅是：乘客與日俱增，停靠第一船渠的漁船也逐年增加，擁擠不堪，公營渡輪往往在「夾縫」裡行駛，稍有不慎，就有撞船之虞，簡直把市民的生命當兒戲。在絕不容許「高中六號」慘劇重演時，有關單位不可再坐視，應速謀解決。

令人遺憾的是：十九年來，有關單位爲了這個問題，召開廿次協調會，公文往返堆積起來厚度恐怕有一公尺以上，卻只是「坐而談」未能「起而行」，迄今問題仍懸而待決。

根據市府資料，民國四十四年間，當時的市議員李漢川就提案建議鼓山渡船場必須遷移，遷移地點擬爲新濱二號碼頭、哨船頭、第二船渠，該案獲議會通過，但並無下文。

— 25 —

四十五年五月卅一日，市府根據各界人士反應，令飭市漁會研究遷移，四十五年十二月十四日，港務局同意撥用十二號碼頭，因車船管理處認爲十二號碼頭至旗津航線，費時二倍，船隻、人員均需增加，票價也要加倍，增加旗津區民的負擔，未同意遷移。

四十六年元月廿五日，有關單位再研商，因無適當地點可遷移，暫維持現狀。第五次是四十七年十月十六日，市議會通過議員王登山的提案，建議把鼓山渡船場遷至新濱一號碼頭，港務局認爲新濱一號碼頭已劃入軍用碼頭，列爲禁區，致又無結果。四十九年九月十九日，港務局、港警所、市府集會決議，改由愛河航行至旗津，但車船管理處以地點不適當，暫維持現狀。五十七年七月十五日市議員王登山建議遷移，有關單位決議遷至一號碼頭或淺水碼頭，又無下文。五十年十二月廿四日，市府邀集有關單位集會，由當時主任秘書黃廣川主持，因港務局不同意遷移至一號碼頭或淺水碼頭，又沒有結果。五十六年元月廿一日，市議會通過議員夏標建議遷移案，後來也不了了之。

第十次是車船管理處要求將鼓山渡船場遷至淺水碼頭，港務局認爲茲事體大，沒有結果。五十六年四月十日當時市長陳啓川巡視旗津區時，地方人士建議遷移，同年五月間議員苗華岷、謝有用、蔡天送提案遷移，獲大會通過，五十六年九月五日省交通處令港務局遷移至十二號碼頭，開闢二航線，一條由愛河至旗津，另一條由愛河至加工區，港務局函覆：鼓山至旗津線維持現狀，愛河至加工區研辦。五十六年十一月十四日省議員黃堯建議遷至高馬線的新濱三號碼頭。

第十五次是五十七年六月十四日，市議員王清連建議遷移，同年七月十六日前任市長楊金虎巡視旗津區，地方人士建議遷移，市府並於同年八月十四日邀集有關單位商討，港務局堅持鼓山、旗津航線暫維持現狀；增闢愛河至旗津及加工區航線，因無碼頭而無結論。五十八年二月四日市議員王清連建議將澎湖輪停靠的三號碼頭騰出來，改靠十二號碼頭，三號碼頭由渡輪停靠，港務局函覆；碼頭不足，十二號碼頭已改爲深水碼頭，前鎮漁港完成後，第一船渠壅塞現象可緩和。五十九年七月廿日交通處令港務局研辦遷至一號碼頭，港務局函覆：事關碼頭調度甚大，如改遷移至愛河，撥用十二號碼頭，安全堪虞，致又未果。

此後有關單位在前鎮漁港完成後，第一船渠壅塞現象可緩和，但六十年九月間前鎮漁港正式啓用，大型漁船改在前鎮漁港停靠卸魚，但第一船渠壅塞如故。

今年五月十八日，有關單位集會決議：第一船渠內加油站，不得停泊漁船四艘以上；五十噸以上漁船不得停泊鼓山魚市場卸魚，一律改在前鎮漁港卸魚、加油、加水、加冰、修船、乾補魚具等。第廿次會議是八月十一日召開，有關單位決在中洲增設加油站，使中洲地區船隻就近加油，緩和第一船渠壅塞現象，亦尚未進行。

十九年來，有關單位浪費多少時間、人力開會，簽辦公文，始終推推拖拖，談談停停，從來沒有研究出具體可行的辦法。去年九月間，兩家日本商社計劃提供貸款，興建哨船頭至旗津間的跨海大橋，惜亦不了了之。

地方人士認爲：有關單位應同心協力，把握洽談，迅速解決旗津對外交通問題。

▲船難後，中洲與高雄市區的渡輪交通問題，一下全浮出檯面。（陳奕齊收藏）

「高雄作為台灣出口導向工業化的前哨站，但職災者的沉重生命，屢屢在高雄發展的歷史書寫中被輕輕翻頁帶過……當年那群船難的女工，不應只是旗津路上『二十五淑女墓』的那抹風景，更應是高雄工業與勞動歷史裡的重要篇章。」[12]

翌年，高雄市在地婦女團體及學者，也選擇在清明掃墓節前夕投書，指出「二十五淑女墓」諸位女工對經濟的貢獻不亞於男工，然而我們只看到她們被集體以「淑女」的身分來祭祀，卻沒有看到她們被視為因工殉職的「勞動者」來合葬憑弔。此乃父權傳統下回不了家的女人——「姑娘廟」[13]的具體表現，是「都市進步意象與性別平等文化的阻礙」云云。[14]

見報之後，時任高雄市長的謝長廷便打蛇隨棍上，宣稱要重新定位這群早夭少女為「六〇年代為台灣經濟建設奮鬥的工殤少女英雄」[15]，並將於二〇〇四年四月二十八日國際工殤日當天，由勞工局、工會團體與民間團體在「二十五淑女墓」前連署正名，望能破除民間對其「姑娘廟」的看法，並重新審視一九七三年因船難而罹難的女性工人身分。[16]於是，經過「性別」與「文化」視角的重新翻案詮釋之後，「二十五淑女墓」便從「姑娘廟」轉變成今日的「勞動女性紀念公園」。

▲二〇〇三年四月二十八日，陳水扁總統揭開台灣第一座「工殤紀念碑」，此碑座落於高雄市中山路上「勞工公園」的入口處左方。（江怡萍攝）

# 被冷落的一群！

高雄市旗津區中洲一帶的居民，經常自覺他們是一群被遺忘了的高雄市市民。該地區的發展情形，如果和市區相比較，那的確顯得太落後了。

尤其，自從民國五十九年高雄港務局在開闢第二港口時，將二港口的出口挖通之後，旗津區即由一個半島的地形變成了孤島。從那時候起，屬於旗津區的中洲地區，對外交通即感到不便，該地區一萬多居民，和外界交往完全依賴水運，再也無法經由陸路和高雄縣、高雄市其他地區來往。

中洲地區居民指出，該地區對外水運交通問題，卻成了高雄港務局、高雄市政府相互踢皮球的對象，港務局認為，中洲地區屬於高雄市的行政區域範圍之內，該地區的對外交通問題理應由市政府解決；而市政府則認為，中洲地區的對外交通之所以形成嚴重問題，是由港務局開闢第二港口所造成，港務局有責任代為解決。

在各有關機關的推諉之下，中洲地區居民們多年來一直嚐盡交通不便之痛苦。旗津區的對外交通，目前顯有公共車船管理處經營的渡輪在行駛，但是，市營的渡輪僅來往於鼓山及旗后之間。旗后與中洲同屬旗津區，但南北各居一方，旗津區為一南北長方形的孤島，旗后與中洲之間，依賴一條極為狹窄的中洲路相通。該路來往不便。同時，高雄市區發展的重心，已逐漸脫離鼓山區，轉向前鎮區、三民區等地，因此，中洲地區的對外交通，也漸漸偏重於前鎮、中洲航線上。

中洲、前鎮間水運航線，係由民營的民航輪船公司經營，或許因為該公司資金短少，此一航線的船隻設備，一直非常不理想，中洲地區居民早已認為，民航公司的交通船遲早會出紕漏，因此屢次在里民大會等會議中，呼籲港務局、市政府等有關單位共同協力謀求改善，然而，各有關單位對此問題似乎均不太關心，並未積極的協助改善。

遠在三年多以前，港務局即答應替中洲居民建造兩艘人車渡輪，以航行於中洲、前鎮航線，建造渡輪的經費也早有了着落，但是，巨型渡輪卻一直無法參加此一航線的營運。據稱，渡輪已經造好了，由於市府、港務局的配合未完全妥當，遂導致無法參加航行。

有人說，如果港務局、市政府等各單位的行政效率稍為提高一些，早一點讓該兩艘巨型渡輪行駛於中洲、前鎮之間，則這次高雄港的沉船慘劇勢必不會發生。中洲地區居民希望各級政府官員以這次教訓為殷鑑，確確實實辦好各項關係大眾的公用事業，千萬不能再拖着得過且過的不正常心理，以致影響市民的生命安全。

中洲地區居民指出，有很多地方人士曾有意經營中洲、前鎮間航線，但

是，港務局卻一再庇護該民航輪船公司，讓其獨家經營，形成壟斷局面

現行中洲、前鎮之間的票價，全票

元三角，半票七角，中洲居民說，

營的旗后、鼓山之間的渡輪，對於

洲居民訂有優待辦法，每張票僅

錢，如今，民營的民航輪船公司

沒有優待中洲居民，每張全票賣

元三角，而且又以危險性極大的

船隻，載運來往乘客。據稱，肇禍

高中六號渡輪早應汰舊換新，實際

該輪也已無法負荷該航線的交通量

但是，港務局卻任令其存在，中洲

區由於對外交通困難，各項物價也提高很多，僅運費一項，即增加市民不少負擔。

中洲地區本來就是一個貧苦的漁村，由於該地區接近高雄加工區，因此很多漁民兒女均到加工區做工，賺取生活費用，據統計，在加工區做工的中洲居民在四百人以上。

高雄地區人士一致認為，中洲、前鎮之間的交通問題已到了非常嚴重的地步了，希望高雄港務局、高雄市政府等各有關機關合力代為解決，他們盼望港務局等各級負責主管重視人民生命安全，多替老百姓着想。中洲地區居民認為，有關機關應於最短期間在中洲地區召開一項座談會，與當地居民商討如何解決該區對外交通問題，因為唯有當地居民最瞭解其交通問題，不然僅憑各級政府官員的文書作業，實在解決不了當地居民最迫切的問題。

高雄港二港口工程處長龔乾一，曾主張在中洲與前鎮漁港之間興建一條隧道，以解決中洲對外交通問題，並

上級單位不表同意，遂一直無法實現。中洲居民認為，如能興建隧道，則當地對外交通問題就徹底解決了，同時，對於旗津區未來的發展，將有相當的助益。

中洲地區居民說，即使建隧道，也不可能在短期內興建完成，他們盼望港務局把已經造好的人車渡輪，能夠儘快航行於中洲、前鎮之間，則該地區對外交通問題，在表面上勉強可算解決了，對於一萬多居民的生命安全

▲中洲居民在當時真的如報導一般，是被冷落的一群。（陳奕齊收藏）

婦女團體與市府希望由墓園正名為公園，重新肯定這群女性勞動者對經濟的貢獻，並透過景觀地景的再造和正名，將過往「二十五淑女墓」宛若「姑娘廟」的空間形象，注入新的性別平等和勞動意涵。⓱新的「勞動女性紀念公園」的歷史再現和故事重述，側重在對早夭未婚女性在漢人傳統習俗中，往往被視為「姑娘廟」祭祀之父權傳統的挑戰，以及恢復那些在家族歷史跟記憶中被抹滅、壓抑的不同女性身分，如單身、離婚女同志、寡婦等女性的聲音跟身影。

二〇〇六年三月三日，高雄市政府召開第五屆第二次「高雄市婦女權益促進委員會」的會議中，委員唐文慧教授提出：建議勞工局對於未來「旗津二十五淑女墓」的

▲圖為現在的「中洲輪渡站」一景，目前此線渡輪已經大到可供數輛轎車上船搭乘，跟當年渡輪狹小擠迫的窘境，真是不可同日而語。（陳奕齊攝）

景觀改造案中的說明，必須提及這些早夭少女的勞動身分：「不應繼續對這二十五位對台灣經濟發展有所貢獻，因工作而年輕喪生的女性繼續產生汙名化的現象（例如在景觀說明的告示牌稱呼他們為「妙齡女郎」等。）」儘管「二十五淑女墓」此一塵封歷史的再現重點，已側重在「性別」的角度⓲，以及將此慘劇當成工傷職災事件，但透過惋惜與同情弱勢的筆法敘事⓳，依舊未能批判性地直指制度殺人的核心，殊為可惜！

如果歷史的再現不僅僅是一種透過話語敘事風格的差異，並據此展開的文化論述的鬥爭，而是牽涉到具體的政經結構、統治技藝與手法的揭露、再現與批判，則此次側重於「二十五淑女墓」的性別平等意涵，以作為再現、重述這段悲劇歷史的主軸線時，其實也就掩蓋並壓抑了「二十五淑女墓」悲劇背後的政經結構——「加工出口區」及立基其上的經濟發展策略等政經制度。這種肯定她們是「六〇年代為台灣經濟建設奮鬥的工殤少女英雄」的口吻⑳，不過是如同周潤發在勞工階級的「提神飲料」——三洋維士比的廣告中所說：「你們是台灣經濟奇蹟幕後的無名英雄！福氣啦！」一樣，而對於台灣勞工長期處於「沒福氣」的政經結構與社會條件下，沒有絲毫的批判，遑論進步與改善。㉑

於是乎，「二十五淑女墓」的歷史於再現與正名的同時，卻也弔詭地將這二十五淑女的另一種身分——加工區女工——所身處的壓迫結構與政經制度，給巧妙地消音，並將造成女工死亡的制度性矛盾，轉移成集體安葬後的父權壓迫和性別不平等，而非至今依舊存在的加工出口區，及其背後所衍伸轉化的勞動管理與剝削制度。

但是，當年悲劇的再現，就真的是這樣嗎？就只能這樣嗎？

▲高雄港區的渡輪後來全歸市府公車處經營，但地下私營的渡輪依舊相當普遍。圖中左方為鼓山至旗津的市營渡輪，右邊則是私營渡輪（野雞舢舨船）。迨至二〇〇九年，高雄港區私營野雞舢舨船才正式走入歷史。（陳奕齊攝）

歷史一點靈

## 加工出口區（Export Processing Zone）

一九六六年十二月三日，台灣第一個加工出口區——「高雄（前鎮）加工出口區」正式成立，宣告著台灣踏上出口導向賺外匯的經濟模式。緊接著，高雄楠梓跟台中潭子加工區也陸續成立。[22]爾後，隨著四小龍（香港、新加坡、南韓跟台灣）的出口導向模式成功，類似加工區的制度遂在世界各地如雨後春筍般地增生。

根據「國際勞工組織」（ILO）的統計，性質類似於加工區但名稱迥異的至少有十五種之多，如「自由區」（Free zones）、美墨邊境的「馬奇拉多拉斯」（Maquiladoras）、「自由貿易區」（Free trade zones）、中國的「經濟特區」（Special economic zones）、或「免稅工廠」（Tax free factories）等。[23]這些性質類似但名稱不一的「加工區」，其實最大的共通性，即是其宛如「勞動租界」一般的存在。在此租界之中，勞工權益保護常會成為化外之地的

◀圖中正面突出的這塊區域，是中島商港區碼頭和「高雄加工出口區」，整塊地是由當年高雄港十二年擴建計畫淤泥回填築成，並成為世界上第一個以「加工出口」為名的工業區。（圖片取自高市府都發局全球資訊網「空中高雄」）

死角，而招致外界抨擊，主要問題有下列五項：1. 排除國家法律的適用；2. 剝奪結社權和罷工權；3. 禁絕打壓工會組織；4. 解雇任意化；5. 低工資高工時；6. 安全衛生環境惡劣。㉔

至於台灣加工區內的勞工主管單位，並非縣市勞工局以及中央的勞委會，而是經濟部加工區管理處。這樣的安排，亦可看出加工區身為「勞動租界」的特性。此外，加工區偏好進用女工㉕，這種情形或許來自於女工薪資在父權社會中屬於補充性薪資，因此資方可以盡情壓低工資，另一方面亦可能來自於女性勞工相對男性工人而言更容易馴化、管理的考量。㉖於是，加工區便容易跟女工連在一塊，並伴隨著廉價勞工與惡劣勞動條件等許多刻板印象。㉗

二十五淑女的船難工殤事件發生後，人們意外地發現這二十五名亡者中，竟有八名女工是以冒名頂替的方式進入加工區，且當中竟有兩位十三歲、一位十四歲、五位十五歲的童工？㉘

▲高雄港夜晚的色彩，宛如瀰漫著一股魅惑絢爛的情調，迷人的背後，其實也埋藏著許許多多令人難過的故事。（江怡萍攝）

這種冒名頂替、謊報年齡進入工廠的童工，竟跟國際非政府組織控訴中國的「血汗工廠」（sweatshop）有著大量冒名童工的情形是如此類似。可見台灣的經濟起飛，也是犧牲許多經濟處境艱難家庭中的未成年子女，以她們的青春與生命抵換而得。這段故事，值得台灣人謹記在心！

## 「歷史」還有什麼樣的可能？

若用心回溯這段歷史，我們當可發現，並不只是父權意識形態讓這群女工回不了家；而是打從全世界第一座以「加工出口」為名的「加工出口區」矗立於高雄港區，並做為台灣出口導向經濟的先頭部隊伊始，以至當下台灣一味拼經濟的意識形態所形塑出的放任性勞資關係，才是讓她們淪為波臣，並在天人永隔之境地擺盪而去的推手。

一般報紙與坊間對這段歷史的記載，都以「舟小人重，超載加上機件失靈，導致船體翻覆而溺水死亡」來做為此一不幸災難的泛泛歸因。高雄女性團體也是採取此一看法和詮釋。是故，整起悲劇成了楣運的突擊，而非制度殺人的預埋，造成這群

— 4 —

— 5 —

劫後餘生 談怒海沉舟

▲劫後餘生的加工區女工。（陳奕齊收藏）

年輕女工的早逝殞命。但事實上，中洲與前鎮間的渡輪超載可說是每天上演的尋常戲碼，如同當時劫後餘生的加工區假髮工廠女工李葉曾回憶道：「人多船小，眼看裝不下，還是有人拼命地擠，因為這班船趕不上，上班便遲到，上班遲到要遭扣薪水。」㉙此外，當時的港務局長李連墀還有一席火上加油的不當發言：「會沉船實乃因船本已搶靠碼頭，但乘客慌張擠到一邊導致船隻翻覆所致。」㉚這似乎也指出了某些我們忽略的問題：渡輪翻覆的悲劇，早在「趕趕趕」的行為慣性——縱使超載也得趕著上船、趕著上下船，以免被扣薪水——的例行規律中，預見了此一事件的發生。

是什麼樣的制度帶來「趕趕趕」的超載現象？知名的工人作家楊青矗在一系列描寫女工生活的寫實小說中㉛，便提供了一些線索，讓我們明白這些拼命爭趕上船，不論船體超重與超載與否，並爭先恐後趕著下船的女工究竟所爭為何，所恐為何？在《工廠人的心願》一書中，楊青矗曾洋洋灑灑地列舉十二項台灣工廠的特徵與勞工問題，而「全勤獎」就被作者刻意提出討論，並當成影響工人甚鉅的剝削與控制手段之一。根據楊青矗

▲台灣少見的「工人作家」楊青矗，在一九七〇年代一系列的工人寫實小說。（陳奕齊收藏）

的說法，當時加工區女工薪資取三千元整數的話，全勤獎少則五百元，多則達七、八百元之譜，占了整月薪資比例過高的全勤獎，成了管控工人勞動力能否如實與按時給付的最有效工具之一。

楊青矗更進一步舉當年加工區女工信中的怨嘆：「我有一天一定會為了全勤獎金被汽車撞死在路上。」此外，就連醫生都看不過女工硬撐著病體繼續上工，而想開醫院證明讓發高燒的女工可以請假，但女工回絕道：「不用，我請假回家就沒有全勤獎了，你沙發借我躺一下就好。」台灣人連小感冒都特愛打針的文化，豈非因此而生？旅歐的台灣人應知，在歐洲感冒根本沒醫生可看，唯一的醫囑便是回家休息，遑論打針。

▼圖中上方的碼頭區，即是前鎮商港區和石油化學品中心，旁邊銜接高雄港的河川即是前鎮河。石油化學槽跟前鎮河的那個角落碼頭，便是「高中6號」翻覆前，船長搶靠的61號碼頭。（圖片取自高市府都發局全球資訊網「空中高雄」）

至此，問題梗概清晰立見。催生出女工每日趕船，不論交通船是否超載危險，以及爭先恐後下船而淪為港區波臣的慘劇，除了出差錯的船舶所造成的心理恐慌之外，更是這些普行於加工區的全勤獎制度，所形成日復一日的心理壓力。這難道不是女工爭先恐後的交通慣習，以及趕著進廠販售勞力此一例行慣性的制度培養皿嗎？隨手翻開加工區工人的薪資單，琳瑯滿目的各種獎金與津貼名目，一項一項拼湊成每個工人的微薄工資。若因不符合資方控管的任一要求，導致無法獲得某一項目的獎金時（其實是扣薪），入不敷出的窘境可能就是當月生活的寫照了。任何一項湊成月底工資的名目，其實就是一項設計巧妙的人力資源控管和勞力榨取的奸巧手段。

於是，這些琳瑯滿目的獎金與績效名目，猶如明火執杖般，成為任意強取豪奪勞動力的策略與手段。這二十五位淑女是意外而死，還是被制度推向死亡邊界，答案已再明顯不過！套句阿圖塞的詞彙，薪資結構在某種意義下，以「全面決定」（over-determination）的姿態，帶來工人自我紀律規範的效果。二〇〇六年，在陳菊競選高雄市長之時，其競選團隊幕僚在重寫此一故事時亦曾提及「全勤獎」等制度性殺人結構。㉜但最後，「勞動女性紀念公園」的再現重點，依舊是側重於女工的性別，而非階級結構的壓迫根源，殊為可惜。

儘管「加工出口區」此一廉價販賣台灣勞動力的平台，不斷地被稱頌為經濟奇蹟的先行推手，但幾十年來，台灣的女性與男性勞動者，根本就是在這種以「拼經濟」為名的政策下，以台灣工人被壓縮到世界水平之低的工資，榨取那滿是血腥的高出口競爭力，進而成就台灣出口經濟奇蹟的神話。例如一九七〇年代，與不幸往生的二十五淑女相同背景的職災故事，信手拈來就有好幾個。諸如淡水飛哥電子女工陸續於廠內因吸入性肝中毒死亡，以及每年死傷超過上百人的礦災頻傳，也正是這些勞動者以血肉身軀為祭，才換來一九七四年的《勞工安全衛生法》。

# 曾金烈成了活菩薩

## 救人一命 勝造七級浮屠

（本刊綜合報導） 在前鎮渡輪遇難中刼後餘生的乘客曾金烈，於奮勇救人後，還惹來不少麻煩。

這位四十三歲的高雄市人，以出售海產爲生，三日上午一早趕到中洲去買海產，在回程的港面上遇難，所購的海產都已「泡湯」，不復找尋，所幸自己會游泳，在船沉了一半時，跳離難船，但當他游離船邊之後，眼見許多乘客已隨船身的下沉而在水中掙扎，立即動了惻隱之心，奮勇游向前去，搶救掙扎中的乘客，有十幾人因爲他的救助而保全性命。

曾金烈感嘆着說：這一沉船，不但把他一天的生意都泡湯了，而且協助救人之後，還要被警方傳去當證人，以後法院開庭審理該案，也要他出庭，不但浪費時間，影響生計，而且也增添許多麻煩，「災情」不小，但唯一值得安慰的是在這次危難中，救起了十幾條人命，想到這一點內心就坦然了。

▲船難事件中，唯一受到肯定的是當年奮力拯救溺水女工的勇士。（陳奕齊收藏）

當然，我們或許會納悶，如果當時政府提供優質便捷的渡輪服務，是否可以阻卻這場工傷船難悲劇的發生？答案似乎是否定的。因為暢旺的出口競爭力，實由足夠廉價的勞力堆砌而成。因此，任何提昇女工工資的成本，諸如優質交通背後的高昂交通費，以及實質補足女工工資的作法，這基本上都是與「廉價勞力加工，帶來出口競爭力」的邏輯相悖反，除非政府願意吸收交通成本。

但在一九七〇年代的石油危機以及一連串的外交危機衝擊，迫使國民黨政府開始在台灣推動首次基礎建設本土化之前，逃難來台的國民黨政府幾乎不會從事植根台灣的基礎建設。即使北高交通捷運的規劃在一九七九年便已提出，但北捷不僅千呼萬喚才「駛」出來，從其先後通車路線，更可窺見其中

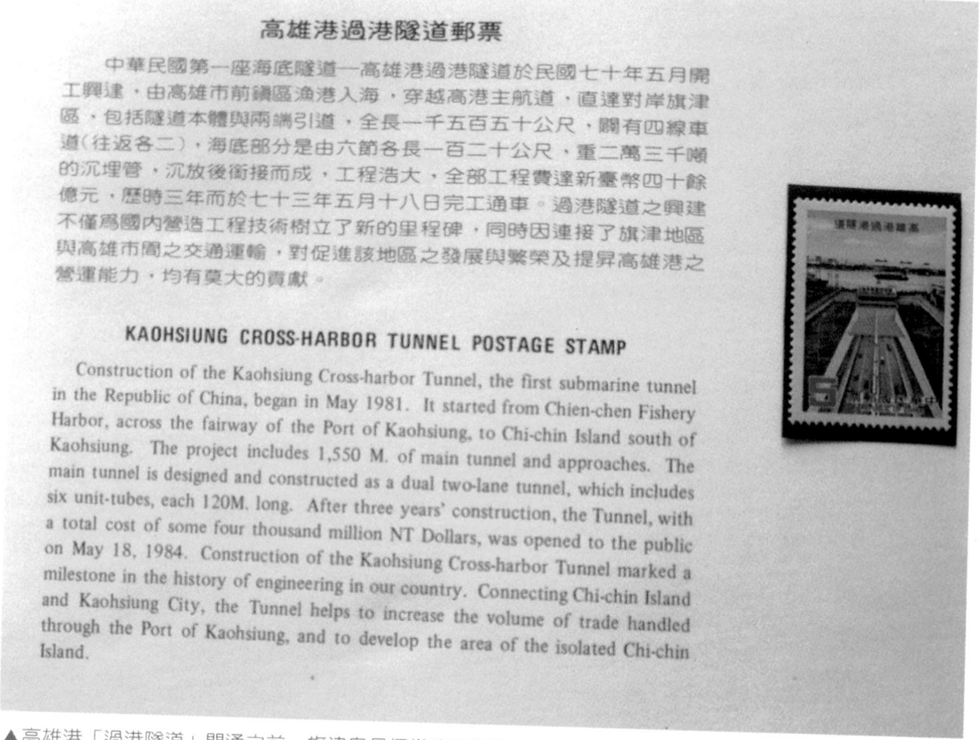

高雄港過港隧道郵票

中華民國第一座海底隧道—高雄港過港隧道於民國七十年五月開工興建，由高雄市前鎮區漁港入海，穿越高港主航道，直達對岸旗津區，包括隧道本體與兩端引道，全長一千五百五十公尺，闢有四線車道（往返各二），海底部分是由六節各長一百二十公尺，重二萬三千噸的沉埋管，沉放後銜接而成，工程浩大，全部工程費達新臺幣四十餘億元，歷時三年而於七十三年五月十八日完工通車。過港隧道之興建不僅爲國內營造工程技術樹立了新的里程碑，同時因連接了旗津地區與高雄市間之交通運輸，對促進該地區之發展與繁榮及提昇高雄港之營運能力，均有莫大的貢獻。

KAOHSIUNG CROSS-HARBOR TUNNEL POSTAGE STAMP

Construction of the Kaohsiung Cross-harbor Tunnel, the first submarine tunnel in the Republic of China, began in May 1981. It started from Chien-chen Fishery Harbor, across the fairway of the Port of Kaohsiung, to Chi-chin Island south of Kaohsiung. The project includes 1,550 M. of main tunnel and approaches. The main tunnel is designed and constructed as a dual two-lane tunnel, which includes six unit-tubes, each 120M. long. After three years' construction, the Tunnel, with a total cost of some four thousand million NT Dollars, was opened to the public on May 18, 1984. Construction of the Kaohsiung Cross-harbor Tunnel marked a milestone in the history of engineering in our country. Connecting Chi-chin Island and Kaohsiung City, the Tunnel helps to increase the volume of trade handled through the Port of Kaohsiung, and to develop the area of the isolated Chi-chin Island.

▲高雄港「過港隧道」開通之前，旗津島是個徹底的離島，島上居民只能仰賴渡輪做為市區交通。（翁緯華收藏提供）

充滿階級歧視。以捷運先驅的歐洲為例，捷運運輸是從工廠到住宅，以服務工人起家，北捷第一條卻是金融區通動物園的木柵線，至於新北市周遭工業區的捷運網，則如苦守寒窯的王寶釧一般，等得令人心酸！而工業都市高捷的興建，更是二十世紀都寫到盡頭了，依舊還不見人影的一頁可嘆故事。[33]放眼台灣以摩托車為主的交通奇蹟，某種程度難道不是受僱者交通「自力救濟」的表現嗎？數十年過去了，根據台北市「工作傷害受害人協會」統計，台灣平均每天有九十名工人因為工作而傷亡，過去累加的傷亡人數更高達三十四萬人之譜，也難怪有人戲稱台灣是「工廠如戰場」。[34]如此看來，讓諸多的二十五淑女回不了家的，是台灣經濟發展過程裡頭，勞資關係片面且過度地向資方傾斜和妥協的慣習，並造就了殺人於無形的扭曲制度。因此，與其呼喚一個純淨沒有父權意識形態的清明節，不如從四月二十八日國際工殤日開始，建構一個新的展望，將台灣打造成一個女男勞心勞力者，皆能平安勞動而安全回家的所在吧！

## 歷史仍在進行中

就在二〇〇四年四月底幫「二十五淑女墓」正名後，當時的謝長廷市長旋即於五月初風塵僕僕帶隊前往越南參訪，準備取法越南的「舟來經濟開發區」，以吸取相關招商引資與營運的經驗，轉而挹注於高雄自由貿易區的經營。不管是精神分裂，抑或是如同著名的英國小說家歐威爾（George Orwell）在其小說《一九八四》中所提出的「雙重思考」般，謝市長為何可以在四月底幫淑女墓正名之後，轉個身又前往越南，考察由台灣一九六〇年代加工區的剝削經驗而派生成的經濟開發區？實是令人不解。

再者，若一切的努力都不能直指當年把二十五淑女推向人鬼殊途的政經制度與邏輯，那麼，「二十

▲變身為「勞動女性紀念公園」後的景致，原本「合葬墓」的所在成了一朵蓮花造型的紀念骨灰疊，門口的牌坊也拆除，以符合公園的意象。（陳奕齊攝）

▲蓮花骨灰疊上刻下「懷想勞動姊妹，祈願幸福城市」的想望。（陳奕齊攝）

五淑女墓」的正名與歷史重寫，都只是讓市府跟民間團體獲得進步性美名的象徵罷了。當加工區男女勞動者、抑或是台灣各個勞動現場中，其薪資單上都還有「全勤獎」一項，甚至其它林林總總驅動勞工績效和勞力控管的獎金名目、或者各種浮動與彈性工資名目占據工人每月工資所得的大部分時，「勞動女性紀念公園」歷史的再現與重寫，遠非批判性的提點與反省，反倒讓制度不義的真兇再次被縱放。

凝望著「二十五淑女墓」變身為「勞動女性紀念公園」的性別平等與勞動意涵時，突然想起一句不知是誰說過的話：「如果歷史是人，那它必然長著一張嘲諷的臉龐！」

▲長條形的「勞動女性紀念公園」的右側，則是幾個大型的公園沿革解說牌。（陳奕齊攝）

▲長條形的「勞動女性紀念公園」的左側，則是一座紀念公共藝術品。此藝術品的意涵，是以彎曲的鋼管表現出「女性柔弱但剛強」的特質，以連成一體的型態說明「勞動者團結」的休戚與共。作品意象很正面，但批判性卻略嫌不足。（陳奕齊攝）

歷史一點靈

## 台灣「過勞文化」的打造

(The Making of 'Over-work' Culture in Taiwan)

不論是管理學用語的變化，抑或是「勞動者」(labourer)稱呼的歷史轉變，「勞工」一詞幾乎可說是一個把「人類」不斷「物化」的過程——我們或也可用馬克思(Karl Marx)提出的「異化」來形容之。

二戰之後，「勞工」(worker／labour)的稱呼，依舊可見其以勞動者本身為主體的內涵；但一九七〇年代左右，「人力」(manpower)的說法開始流行。到了一九八〇年代之後，管理學上的「人力資源管理」(Human Resources Management)便以一門科學性的學科，在管理學中大行其道。爾後，「人力資源開發」(Human Resources Development)便進一步將人力資源「管理」聚焦在所謂的「開發」上頭。[35]這個歷史轉折點約莫隨著美國企管大師湯姆．彼得斯(Tom Peters)執筆的《追求卓越》(In Search of Excellence)一書的問世而來。做為一九八二年的熱門暢銷書，彼得斯於書中提及，管理不能光靠數字，且必須顧及人性——亦即員工需要激勵與獎勵。此後，員工身上人力資源的「開發」，配合著類似「不是不景氣，是自己不爭氣」等等「正向思考」(positive thinking)的大行其道，遂成為主導著企業的勞工管理哲學。[36]

從名稱的歷史演變可以發現，原本是血肉之軀的勞動者，進一步物化成「人力」之後，隨即系統性地被視為是一種可增加公司跟工廠利潤的「資源」。後來，資本家或替資本服務的管理科學家們更發現，勞動這種「資源」跟一般礦物等死資源不同，「勞動」此一資源竟可隨著勞工的自我要求或自身投入度而膨脹。設若一個勞工原本身上只有十單位的資源，人資管理的哲學即是在管理過程中有效地發揮這十單位的資源；反觀人資開發的哲學，則是預設勞工身上可能只具備十單位的資源，但若透過勞工本身對公司的向心力、認同、自愛、樂業、敬業、責任感、榮譽心等心理過程，那麼勞工對公司的貢獻將不只是十單位，而可能變成十二單位、十五單位云云。

具體來說，台灣早期加工區或者工廠的「薪資單」上洋洋灑灑的項目，例如全勤獎、績效獎金、生產獎金、夜點費等等，每一項名目就是一項對勞動力控管的機制，以便有效率地擠壓勞動力。三萬元的月薪，通常是符合這麼多項的勞動控管之後才能勉強湊足的收入。可是當「人力資源開發」大行其道之後，與其由公司控管，不如讓勞工自我管理；於是「責任制」下的自我要求，不僅讓勞工可以透過責任來自我規訓，提升勞動貢獻，更讓勞工在種種「責任」的自我要求下，大大地減低了各種老闆原先如加班費等成本的支出。

過往加工區以各種薪資名目做為控管手段，提升勞動強度、紀律維持與勞力剝削，進一步形成「責任制」、「勞動彈性化」等名義下的「過勞」狀態，竟然成了「英國國家廣播公司」（BBC）報導下的一種「台灣文化」。[37]再者，當台灣政府不願選擇類似西歐福利國家的社會保障道路，而是選擇「工作福利」或「以工代賑」式（workfare）的發展取徑，將政府職責限縮在「工作創造」之上[38]，讓台灣人民處於「失去工作無異於失去一切」的焦慮之中，於是，「過勞」便逐漸沉澱為台灣社會的一種文化表現，並帶出「過勞死」這項副產品。[39]

然而，台灣的過勞文化，並非一種天生或內在於台灣社會的文化，而是在某種「制度」下被創造出來，並做為配合制度的運作邏輯，在日以繼夜的例行操作下，結晶化成為一種行為慣性。

果若如此，那過往加工出口經濟下的高強度勞工管理，進展到當前更為細膩的勞工自我管理——「責任制」，一路演化走來，「過勞」亦就慢慢沉澱在台灣社會的土壤之中，並以「文化」的面目示人。

## 註

❶ 林保光，〈芳魂，別哭：渡輪翻覆 廿五淑女墓留悲思 哀此劫痕 高市廿年前憶慘劇〉，《聯合晚報》，一九九四年五月二十二日，第五版。

❷ 《高雄論壇》，革新第七期（高港翻船慘案特輯），〈司法機關決心為死者申冤〉，一九七三年九月十六日，頁二六。

❸ 《聯合報》，〈高市渡輪沈沒命案 被告呂福簾等 三人分別判刑〉，一九七三年十一月十四日，第三版。

❹ 李連墀，《高港回顧》（高雄：高雄港務局，一九九五年），頁二二〇。

❺ 李連墀，《高港回顧》（高雄：高雄港務局，一九九五年），頁九六～九七。可能起於當時政府吹噓政績的慣性、抑或是威權年代下媒體對政績美化所導致的以訛傳訛，竟讓許多外地遊客以為這條「海底隧道」是宛如海底水族館一般的透明隧道，可以一邊開車一邊欣賞海底魚類。

❻ 《高雄論壇》，革新第七期（高港翻船慘案特輯），〈被冷落的一群〉，一九七三年九月十六日，頁二二～二三。

❼ 《高雄論壇》，革新第七期（高港翻船慘案特輯），〈整頓港務局的時刻到了〉，一九七三年九月十六日，頁二八～二九。

❽ 《TVBS》，〈賭徒洩憤 二十五淑女墓被砸〉，二〇〇六年四月六日。

❾ 關於「二十五淑女墓」諸多版本的鬼故事中，不外乎單身男子摩托車騎經此地會突然熄火、冥婚找女婿、計程車在此載到新娘給紙錢當車資等等。參見 Anru Lee & Wen-hui Tang，"From the 'Twenty-Five Ladies' Tomb' to a 'Memorial Park for Women Laborers': Gender, Religion, and the Politics of Memory in Taiwan's Urban Renewal", *Journal of Archaeology and Anthropology*, No. 75, pp.37-70, 2011.

❿ 參見勞陣秘書處，「站鬥陣、戰同線」勞陣二十週年紀念特刊，二〇〇四年五月二十九日。

⓫ 顧玉玲，〈勞動者的血汗印記：工殤紀念碑與歷史記憶〉，《台灣社會研究季刊》，第七十二期，二〇〇八年十二月，頁二二九～二五二。

⓬ 陳奕齊，〈428 國際工殤日：高雄在地的觀想〉，《台灣新聞報》，二〇〇三年四月二十八日。

⓭ 「姑娘廟」是指父權習俗中，未嫁而夭的女性不能列入祖墳，只能集體供奉的作法。

⓮ 唐文慧，〈回不了家的女人〉，《中國時報》，二〇〇四年四月十五日。

⑮ 同前註。

⑯ 陳婉娥，〈重回旗津 1973〉，《共和國雜誌》，第五十七期，二〇〇七年十一月。

⑰ 二〇〇六年三月三日，在高雄市政府第一會議室召開的第五屆第二次「高雄市婦女權益促進委員會」的會議中，由委員唐文慧教授提出的：建議勞工局對於未來「旗津二十五淑女墓」的景觀改造應符合性別主流化的理念，並依性別平等之理念做出環境設計。

⑱ 唐文慧，〈高雄旗津「二十五淑女墓」的故事〉，收錄於蘇芊玲主編，《大年初一回娘家》（台北：女書文化，二〇〇五年），頁一三四～一四〇。

⑲ 陳菊，〈給我的勞動姐妹們〉，《自由時報》，二〇〇八年四月二十八日；《自由時報》，〈國際工殤日勞動女性紀念公園揭牌〉，二〇〇八年四月二十九日；《中國時報》，〈二十五淑女墓正名勞動女性紀念公園揭牌〉，二〇〇八年四月二十九日。

⑳ 謝長廷便是以此角度，替這群早夭女性進行重新定位。《中國時報》，〈工殤二十五淑女墓正名〉，二〇〇四年四月十五日。

㉑ 如果過度強調並以文化鬥爭切入「二十五淑女墓」的「再現」，那麼無疑是與「槍的暴力讓位給文本的侵犯」一樣的荒謬。換言之，問題在於：在意死後的「父權」文化批判，多於這個把女工推向死亡境地的不義政經結構。

㉒ 經濟部加工出口區管理處，《加工出口區35週年區慶特刊》（台北：經濟部出版，二〇〇一年）。

㉓ Jenny Holdcroft, "Export Processing Zones-Globalization's Great Deficit", International Metalworkers' Federation, http://www.imfmetal.org/index.cfm?l=2&c=8459.

㉔ 黃貞瑋，〈「加工區」的過去、現在與未來〉，《工議》，第十期，二〇〇四年四月二十日。

㉕ AMRC, *We in the Zone: Women: Women Workers in Asia's Export Processing Zones*, Hong Kong: Asia Monitor Resource Center, 1998。

㉖ 陳奕齊，〈誠徵女作業員——重寫一段女工的聯誼故事〉，收錄於《黨國治下的台灣「草民」史》（台北：前衛出版社，二〇一〇年），頁二二八～二五八。

㉗ 陳信行，〈全球化下加工區勞工權益樣貌〉，《工議》，第十期，二〇〇四年四月二十日。

㉘《高雄論壇》，革新第七期（高港翻船慘案特輯），〈加工區像個「大雜院」〉，一九七三年九月十六日，頁二七。

㉙《高雄論壇》，革新第七期（高港翻船慘案特輯），〈劫後餘生談怒海沉舟〉，一九七三年九月十六日，頁四～五。

㉚《高雄論壇》，革新第七期（高港翻船慘案特輯），〈李連墀要跟死人算帳〉，一九七三年九月十六日，頁七。

㉛參見楊青矗，《工廠人》，一九七五年；《工廠女兒圈》，一九七八年；《廠煙下》，一九七八年；《工廠人的心願》，一九七九年，高雄：敦理出版社。

㉜鄭至慧，〈勞動女性紀念公園——高雄廿五淑女墓〉，收錄於范情等著，《女人屐痕：台灣女性文化地標》（台北：女書文化，二〇〇六年），頁一六〇～一八五。

㉝參見陳奕齊，〈千呼萬喚「駛」出來——看見高雄捷運〉，收錄於《國民黨治台片斷考》（台北：前衛出版社，二〇一〇年），頁一六〇～一八五。

㉞縱然今天台灣人的工傷職災率稍有下降，別忘了那也是因為工廠外移，以及引進外勞從事「3K」（骯髒、危險、繁重）的工作，讓「職災輸出」所致。參見《亞洲勞動快訊》，〈社論：職災輸出的台灣經驗〉，第二卷，一九九九年，頁三。

㉟儘管管理學者都會指出人資「開發」只是人資管理眾多任務中的一部分，但這些管理學者未曾言明的是，「人資開發」早已成為人資管理的「核心」，以及背後對勞動力本質的認識與預設轉移。

㊱參閱 Barbara Ehrenreich（高紫文譯），《失控的正向思考》（台北：左岸文化，二〇一二年），頁一四〇～一四五。

㊲BBC, "Deaths spotlight Taiwan's 'overwork' culture", http://www.bbc.co.uk/news/world-asia-16834258. 2012.03.20.

㊳Bob Jessop, "Social Reproduction and Workfare State", in *The Future of Capitalist State, Cambridge: Polity Press,* 2002, pp.140-171.

㊴關於「過勞死」（karoshi），請參見翁裕峰，〈過勞死：解開高科技產業中天使與魔鬼不對等交易之謎〉，論文發表於「2006年台灣社會學學會年會暨國科會專題研究成果發表會」，地點：東海大學，二〇〇六年十一月二十五日至二十六日。

Stop

第九站

IX

# 戰爭與和平紀念公園

# 旗津島上的「賽德克・巴萊」

## 二〇〇八年五月二十日的那一把火……

二〇〇八年五月二十日，傍晚六點四十七分，時值國民黨馬英九先生奪回失去八年的政權。彼時一群大人物們正在高雄市區的總統就職國宴上，一陣杯觥交錯與酒酣耳熱。同一時間，偏遠的旗津島上「戰爭與和平紀念公園」的無名戰士紀念碑前，一把熊熊的烈焰正在燃燒著。那正是為台籍老兵四方奔走的許昭榮老先生，以火紋身的殉道升天之刻。

在那略顯寂寥的海邊傍晚，沖天的烈焰雖帶走了許昭榮的肉體，但從那一刻起，許昭榮的精神卻注定將永恆地常駐在每一位台灣人民的心中。因為，許昭榮先生身上肆虐的那把火，讓世人注意到台灣曾有一群被忽視的生

▲許昭榮老先生自焚殉道後的紀念文集中，以「寧願燒盡，不願銹壞」形容許老先生選擇成為「真正的人」。（陳奕齊攝）

命，有一段曾經被遺忘的歷史——台籍老兵。

▲圖為「戰爭與和平紀念主題館」外觀。（圖片由戰爭與和平紀念公園提供）

▲主題館外的牆面上，鑲飾著分別戴上「日軍、國府軍與共軍」三種不同帽子的台灣兵，讓畫面道盡了大時代下「台籍老兵」生命所曾經歷的荒謬與悲哀。（陳奕齊攝）

# 許昭榮傳奇的一生

許昭榮老先生的一生，可說是相當地戲劇化，乖舛的命運，常在不經意間捉弄著許昭榮。但是，頑強如許老先生，面對這種種命運的意外突擊，卻也一一堅強地挺過。一九二八年十一月，許昭榮於屏東枋寮出生，自幼家貧，父親早逝，小學畢業後便出外工作。一九四四年，時值二戰末期，許昭榮進入日本海軍服役。

一九四七年，二二八事件發生後，前台籍日本兵也成為中國國民黨清鄉的對象，為避免成為國民黨清鄉下的冤魂，許昭榮遂報考進入左營「技術員兵大隊」，被送至中國青島海軍官校受訓，從日本兵成為所謂的「國軍」。隨著戰事發展，國民黨節節敗退，解放軍渡過長江直取南京，部分國民黨軍隊全艦投共，船上的台灣技術員兵也就成了解放軍俘虜。一九四九年八月八日，許昭榮的同鄉兼同學林蒿淵，在黎玉璽將軍率領的兩艘由美接回的「太昭」與「太湖」船艦航行至塘沽海域時，被艦上官兵的機關砲誤傷致死，帶給許昭榮莫大的哀痛衝擊❶，並心生趁亂逃兵之意。一九五〇年，趁回台之際，請假離營，隱姓埋名考進高雄煉油廠工作。詎料逃兵密告，許昭榮最後還是被捉回軍隊之中。

一九五五年，許昭榮再度被派往美國接收「咸陽號」驅逐艦，偶然之間聽聞海外的台獨主張與觀念，並透過在夏威夷的日本友人取得一本廖文毅寄送的《台灣獨立運動第十年》宣傳手冊。後來，他私藏這本日英版台獨手冊的事件曝光，許昭榮等九人被拘禁，許先生最後遭判刑十年並被送至綠島唱小夜曲，期間妻子改嫁。刑滿於一九六八年出獄後，在日商「信和」公司任職，但因為公司外銷包裝紙箱上印了「Made in Taiwan, Republic of Taiwan」的字樣，許昭榮再度無端遭到密告而身陷牢獄，所幸救援得當，此案於一九七二年了結。爾後，許昭榮自組貿易公司，但因政治案底始終無法出國，前後禁足八年。後來，前往美國開發草蝦生意的許昭榮，在一九八五年六月，因在美參與聲援釋放施明德等政治犯的活動，而被國民黨政權取消國籍護照，瞬間淪為國際難民。

後來，許昭榮在彭明敏建議下，取得加拿大政府的政治庇護，而得以移居多倫多。一九八七年，許昭榮無意間在多倫多圖書館發現一本北京發行的《台聲》雜誌，並嘗試投稿，想迎回那一九四九年草葬於渤海灣遼東半島附近南長山島的好友林嵩淵的屍骨。此一投書，卻意外串起了倖存且滯留中國的台灣技術員兵的彼此聯繫，並開展了許昭榮人生最後二十年的「滯留大陸台籍老兵回台」運動，以及「台籍老兵及其遺族權益」運動，並在最後選擇引火紋身，把生命燃盡，企圖喚起這冷漠社會一點僅存的良知——期待給予這群被遺忘的台籍老兵一點公道與溫暖！❷

## 走近「台籍老兵」的生命：日本兵

一般而言，在台灣提及老兵，多半會被認為是那一群被國民黨在中國用拉伕或其他方式一起帶來台灣的外省阿兵哥，即坊間俗稱的「老芋仔」，或者是退輔會的「榮民」。然而，台灣本地人，或者一九四五年前就在台灣出生成長的台灣人當中，也有一群為數眾多卻不被歷史書寫與記憶的「台籍老兵」。

這群「台籍老兵」的命運更加坎坷乖舛，也因此，攤開他們各自的生命故事，亦就離奇地令人難以置信。而「台籍老兵」的生命歷程，基本上可以用歷史行進的時間區段，劃分成好幾段故事來說：1.日治時期投入日本軍隊服役，或以軍屬身分充當日軍通譯、戰俘監視員、或各項軍事後勤輔佐工作者；2.二戰之後復員台灣，然後再度加入國民黨軍隊，在國共內戰中戰死中國、受俘、或者平安退役者；3.受俘後成為解放軍，繼續送到韓戰戰場（抗美援朝），戰死或在中國退役者；4.在抗美援朝中成為美國俘虜，後來送回台灣成為反共義士者。

有些「台籍老兵」只經歷過第一段，有些則繼續延伸到第二段，或者從第二段開始了各自乖舛的命運。也有少數走過了第三段時期，甚至把四段錯綜複雜的歷史情境都經歷過，並以反共義士身分回到台灣。例如許昭榮老先生就是歷經了第一段日本兵到第二段國府軍的身分。為了區分方便，也有人以權益求償的對象，將台灣老兵分成「台灣人

▲這塊石碑所安放的地點，即是許昭榮老先生自焚殉道之處。（圖片由戰爭與和平紀念公園提供）

日軍老兵」跟「台灣人國軍老兵」兩種。❸但無論如何，這群「台籍老兵」的歷史命運與存在，都再再凸顯出長期在國民黨「內戰史觀」立場下，其所揑塑的歷史內容與歷史教育之片面與偏頗。

直至一九九〇年代末期，上述第一類型的台籍老兵的生命故事仍鮮為人知。因為老一輩經歷日本時代的台灣「多桑」生命經驗與存在❹，不僅是國民黨內戰史觀下的一段政治不正確的歷史，若輕易談論之，更可能被知識份子武斷率爾地指控為「把殖民關係浪漫化」。於是，「多桑」那一輩長期以失語與失憶的狀態迴避其日本時代的青春，兒孫輩則以漠視跟淡忘的方式待之。

因此，日治時期總共有八萬零四百三十三名台灣人被徵召進日本軍隊中服役，十二萬六千七百五十名台灣人成為日軍軍屬人員，包括伙夫、戰壕挖掘、通譯與戰俘監視員等等，遑論當中有超過三萬名以上的台灣

▲「戰爭與和平紀念公園」園區中的碑體廣場一景。圖中的「台灣無名戰士紀念碑」與戰俘船紀念碑所在之處，因為海岸侵蝕之故，目前已經陷落崩塌。（圖片由戰爭與和平紀念公園提供）

人在戰場上陣亡，這些人事幾乎成了不曾存在的歷史。❺根據統計，台灣人口總數的百分之三點三被徵召至太平洋戰爭的戰場上，陣亡的比例則佔當時人口總數的百分之零點五以上，比起同為殖民地的韓國，徵召跟戰亡比例分別不到總人口的百分之一以及百分之零點一，可見台灣人所承受的戰爭苦果其實是很沉重的。此外，終戰之後，高達一百七十三名的台灣人成為盟軍戰俘，受到審判。當中有二十一名被判死刑，五名服刑前病死獄中，一百四十七名曾在監獄中服刑。若將戰俘比例視為責任承擔的比重，台灣人比起韓國跟日本，承擔的戰爭責任顯然更為巨大。❻

▲紀念公園中的「台灣無名戰士紀念碑」。（陳奕齊攝）

戰後受到審判的台籍戰犯，並執行死刑判決者，幾乎以戰俘監視跟通譯為主。受到B／C級戰犯起訴的台籍老兵，主要是因為受到日軍脅迫殺害或凌辱戰俘而遭受求刑。審判台籍戰犯的國家，以澳洲、英國、中國、荷蘭、美國等五國為主。當中，以澳大利亞法庭中審判了九十五名台籍戰犯為最多，並對當中七名戰犯執行死刑。

這樣的悲劇之所以產生，乃是因為當時英軍從太平洋戰爭中撤退，而把澳軍獨留戰場，死傷慘重。

而後，隨著日本戰事吃緊必須撤退轉進，再加上糧食醫藥的短缺，於是盟軍戰俘便在日軍藉口「行進中正常死亡」的名義下被殺害，而台籍戰俘監視員就在日軍脅迫下參與屠殺事件。後來，日本投降之後，參與屠殺事件的台籍戰俘監視員也就淪為戰犯並受到澳大利亞法庭以報復性的方式起訴。❼除此之外，台籍戰俘監視員也可能動輒在日軍打罵管理與教育下，養成對盟軍戰俘的打巴掌式管理，因此，兩個巴掌的凌辱，換來的可能是十年的刑期。例如台灣文獻館編纂李展平先生辛勞收集的台籍老兵故事中，出身於高雄市前金區的李清泉先生，即是兩個巴掌換來南洋十年刑期的故事。❽

事實上，日本國民的文化性格，令參戰的西方人很不解。比如在戰爭中，日本在外人看來許多看似虐待的行為，被日本人視為是紀律訓練與精神磨練；而一旦在戰場上成為傷病員並淪為戰俘後，回國便得承受不名譽與恥辱的壓力，對日本人而言，此乃形同死亡。在日軍的戰術手冊中，延續自傳統精神的口號：「以吾等之訓練對敵軍數量上之優勢，以吾等之血肉對抗敵軍之鋼鐵」說明了日本人是如何將戰爭看成是一場精神意志的戰鬥。

▲「戰爭與和平紀念公園」早在二〇〇六年十一月就已經通過成立，後來受到政治惡勢力的干預而再三延宕，最終導致許昭榮老先生在此引火紋身，才讓政客加快園區之設立。（陳奕齊攝）

也因此，一旦日軍失守撤離時，一方面由於醫療物資與救護系統的欠缺，另一方面，日本軍人往往唯恐淪為盟軍戰俘，所以在緊急狀況下，傷病的兵員常會選擇自殺，或者乾脆在同袍的幫忙下死去，而不願意成為戰俘。由此可見，打巴掌的凌辱式訓練或者戰俘對待，和西方強調國際人道跟人權的遵守，有著截然不同的文化標準。這也是為什麼二戰之後有許多受審戰犯都是被以虐待戰俘罪名起訴的原因。

如同二戰之後，美國為了接管與再造日本，便委託人類學家露絲．班納迪克（Ruth Benedict）提出一份分析日本國民性格的報告，以期更加透徹地了解日本人的文化與性格，有利於戰後接管秩序的維持。班迪納克在《菊與刀》一書中，便曾以理解的口吻寫道：「日本對負傷的本國士兵都是這種態度了，那如何對待美軍戰俘也就可想而知。按我們的標準來看，日本人不僅對戰俘，而且對他們自己的同胞，也都是犯了虐待罪的。」❾

受到戰犯審判的台籍日本兵，輾轉被囚於南洋海外各地的監牢中，直至一九五三年八月因《舊金山和約》之故，日本戰犯才被遣回日本巢鴨監獄繼續未完之刑期。刑滿之後，這些將近五十名被囚禁在巢鴨的台籍日兵戰犯，僅有兩名選擇返台，其餘選擇留在日本。❿而留在日本的台籍日兵，也開始以個

▲台籍老兵徐騰光先生至園區參觀，看著那段記述著曾讓自身生命無依飄盪的大時代故事。（圖片由戰爭與和平紀念公園提供）

▲二〇一二年六月六日，日本音樂家和田夫婦至紀念公園演奏時，在許昭榮老先生殉道紀念碑前祝禱一景。（圖片由戰爭與和平紀念公園提供）

人微薄的力量，向日本政府提起軍人退職年金的求償申請，但卻因為日本政府以台灣人「不具日本國籍」為由，而在訴訟中否決這些台籍老兵的求償申請。[11]最後，經過旅日從事台獨運動的王育德、侯榮邦和日本明治大學教授宮崎繁樹的社團「思考會」[12]，以及「台灣戰歿者等問題國會議員懇談會」會長有馬元治議員的奔走努力下，日本國會才在一九八八年立法通過「台灣住民戰歿者遺族等的弔慰金等相關法律」，決議「台灣人日本兵每人給予『見舞金』（弔慰金），戰病死者三萬一千人，每人兩百萬日圓」。[13]

戰爭的悲哀，並不曾因戰爭結束而終止，戰爭中台灣人的無奈，也不會因戰爭落幕而淡去；台灣人的近代身世，就像在永遠不知道「國籍」何在的擺渡中，流離與尋岸！

## 走近「台籍老兵」的生命：國府軍

老一輩的台灣人私下總會嘟囔著一句話：「狗去豬來」，形容日本人走了之後，台灣人的悲哀並未終止，因為一九四五年國民黨政府代替太平洋戰區盟軍辦理台灣接收後，台灣隨即陷入國共內戰的泥沼中，種種苦難，伴著尾隨而至的國民黨政府繼續延續下來。

當時，不論是家貧而被國民黨在台灣的募兵廣告魅惑、受騙上當，抑或如同許昭榮一般唯恐遭受二二八後的清鄉事件波及，遂主動選擇進入軍隊中服役，超過一萬五千名台籍子弟，就這樣進入國民黨的陸軍七十軍、陸軍六十二軍九十五師，以及台澎海軍技術員兵大隊。最初，這群台籍子弟兵入伍前被告知兩至三年役期、且保證不調離台灣。但這樣的支票不僅後來跳票，更招來這群台灣人魂斷異鄉而一輩子無法回歸的惡夢。⓮

上萬名台籍老兵在中國戰場上戰死，倖存者仍可能受俘滯留中國，歷經各種磨難，從三反、五反、整風反右到文革，幾乎無役不被鬥的命運，而苟延殘喘著。滯留中國的原日本兵、原國府軍的台灣人命運最為悽慘，在文革中不僅成為紅衛兵鬥爭的明顯標靶，紛紛被扣上「日本軍閥殘餘份子」、「國府特務」、「歷史反革命者」等啼笑皆非的罪名，許多人更被流放至偏遠地區、甚至中蘇邊境，成了當代台灣版的「蘇武牧羊」！⓯

當然滯留中國的台灣兵，也有許多從國府軍俘虜換裝成共軍，並送上「抗美援朝」的列車，以解放軍的名義在韓國土地上不知為何而戰。台南柳營出生的陳永華，即是當過國軍打共匪，然後又變成共匪打國軍，接著以解放軍之姿打韓戰美軍，最後逃亡成為美軍俘虜，以「反共義士」之名從韓戰戰場上返台的台籍兵。⓰

除了男性之外，許昭榮也在中國尋找被遺落的台灣人過程中，發現許多台灣女性因為受到當時來台的國民黨軍人欺騙、或被軍醫利用鴉片控制等手段，委身下嫁並跟隨至中國，最後流落中國異地一輩子的身世卷軸。[17]台籍老兵跟台灣女性這些令當代人咋舌的離奇故事，幾乎在國民黨戰後的歷史教科書中缺席與噤聲！更令人髮指的是，不論是當年彈盡援絕跟隨國府軍回到台灣的台籍老兵，抑或是滯留中國數十年最後突破障礙回台者，政府幾乎漠然以對，鮮少聞問。於是，許昭榮老先生最後以火紋身所留下的遺言：「本人甘願死守台灣唯一的『戰爭與和平紀念公園』，直到催生國立『台灣歷代戰歿英靈紀念碑』為止」[18]，以此控訴著這個冷漠淡薄、缺乏歷史感也不尊重生命的社會與政府！

▲園區主題館內的雕塑，以插上翅膀、俯身低頭的台籍老兵造型，傳達「台灣兵、番薯兵，無論魂歸何處，我們都在召喚你回鄉」之意。（陳奕齊攝）

## 來自地獄的戰俘船

在太平洋戰爭打得火熱之際，台灣開始成為後送盟軍戰俘至日本的轉運站，主要接收來自日本占領香港跟新加坡後的大英國協戰俘。後來，隨著戰事失利，來自印尼跟菲律賓的戰俘，也就逐漸往台灣集中。[19]根據台灣戰俘營紀念協會的挖掘發現，台灣有十五個戰俘營區，高雄港區的戰俘營則位於現今「統一夢時代」購物廣場對面的成功路路底附近。[20]

而高雄港區除了戰俘營之外，「戰爭與和平紀念公園」裡頭的「二戰戰俘船紀念碑」，則記述了一則令人哀傷的故事。盟軍戰俘通常把這些運送戰俘的日籍貨輪稱之為「地獄之船」（Hellship），此乃因戰俘踏上甲板後，便彷彿進入了人間地獄。狹窄的貨艙，人滿為患，連站立空間都嫌奢侈，遑論躺平。飢餓與鞭打是家常便飯，少量的水與食物供給，更讓戰俘在飢病交迫之下大量死亡。二戰末期的高雄港區，便曾發生一件運送戰俘的「地獄之船」悲劇。

▶二〇一一年十二月，由許昭榮義子吳祝榮撰寫，並記述許昭榮數十年為台籍老兵奔走的歷程——《台灣魂》新書發表會，吳祝榮與高雄市文化局局長史哲將書與鮮花獻給許昭榮。（圖片戰爭與和平紀念公園提供）

歷史一點靈

# 台灣戰俘營紀念協會

來自加拿大並在台灣從事外貿工作的何麥克（Michael Hurst）先生，一九九六年參加了由外交單位所舉辦的世界大戰盟軍追思紀念活動時，得知許多盟軍在戰事中曾被日軍俘獲到台灣戰俘營的故事。從此，何麥克先生便投入這段幾乎淹沒在歷史荒煙蔓草堆中的台灣戰俘營故事之中。何麥克不僅成立了「台灣戰俘營紀念協會」，更在台灣各地尋找戰俘營並成立紀念碑，希冀透過立碑提醒台灣人莫忘這段盟軍在台戰俘的歷史，也提點世人，殘酷的戰爭是沒有勝利者的，世界和平才是人類該攜手尋求的道路。目前在該協會的奔走之下，金瓜石、新店檳窟、台中霧峰、屏東隘寮㉑、高雄、台北大直㉒以及雲林斗六溝壩國小㉓都陸續建起戰俘紀念碑，提醒台灣人這一段人類共同歷經的黑暗歷史。

▲二〇一一年五月，戰俘營協會何麥克先生至紀念公園的地獄船紀念碑前留影。（圖片由戰爭與和平紀念公園提供）

時值二戰末期，高雄港市這個日本西太平洋最重要的軍事後勤基地，自是盟軍轟炸的主要目標，粗估從一九四四年十月十二日至一九四五年八月日本投降前，高雄港至少受到盟軍轟炸五十次以上。當時，美國的P38、P24、P29等戰機對高雄港輪流狂轟猛炸，直至一九四五年一月九日上午十一點左右，一艘載運多國盟軍戰俘的「榎浦丸」（Enoura Maru）運輸船[24]才剛從菲律賓抵達準備靠泊之時，美軍誤以為是滿載日本兵的敵艦，於是連續空投兩枚炸彈，導致船上一千六百多名戰俘中，高達四百餘名戰俘被炸死或淹死的悲劇。根據旗津文史工作者謝榮祥比對指出，沉船的地點差不多是位於高雄港主航道轉入支航道口的4號跟5號浮桶之間。[25]事後，日軍將運輸船上的戰俘屍體搬運上舢舨，以「聯合國軍勇士之墓」之名被集中埋葬在高雄中洲海灘上，隔年撿骨後遷移至上海，最後才輾轉運到夏威夷安葬。[26]

二〇〇三年，美國戰爭遺族網絡即曾聯繫高雄市政府，並安排來自加拿大籍的史蒂芬亞諾教授至高雄港區悼念其父親。[27]之後，二〇〇五年一月九日，

▲高雄港區內戰俘船「榎浦丸」受到美軍誤炸時的空中俯瞰一景。（圖片取自中國軍艦史網路月刊，公眾領域）

▲「榎浦丸」死亡的四百多名盟軍戰俘遺骨被暫時葬在旗津的海灘上。圖為埋葬當時所攝，背景尚可見被盟軍炸毀在海灘邊的沉船。照片中右邊是瑞士籍紅十字會代表Harry C. Angst，左邊則是美軍戰俘Robert Adams士官，中間則是管理戰俘營的日本人末永隆晴。（圖片取自中國軍艦史網路月刊，公眾領域）

「台灣戰俘營協會」為了追悼這些受難戰俘，便在高雄碼頭舉行「榎浦丸號戰俘船六十週年追悼之旅」，並隨後在「戰爭與和平紀念公園」內立起一座「二戰戰俘船紀念碑」。如今回首旗津島上的「戰爭與和平紀念公園」，紀念的不僅是戰俘的故事，也是當年台籍老兵的故事，或許盟軍戰俘與台籍老兵曾經是戰場對立的兩造，但卻透過紀念公園裡頭分別的紀念碑，分享著人類反戰與追求和平的共同心願。

## 故事正在進行中

二〇〇八年五月二十日，許昭榮先生自焚殉道之後，高雄市政府在外界壓力之下加快公園動工的腳步，也才正式拿出魄力將公園名稱訂為「戰爭與和平紀念公園」，並移除市議員在紀念公園內矗立「八二三砲戰戰歿者紀念碑」之荒謬提議。㉘事實上，市議員把「八二三砲戰戰歿者紀念碑」跟公園內「台

▲此圖同為美軍轟炸高雄港日籍船隻一景。（圖取自美國西點軍校網站，公眾領域）

灣歷代戰歿將士紀念碑」、「無名戰士紀念碑」併放一起的提議，實是不倫不類之舉，並模糊掉以「台籍老兵」為主體的歷史，及其所企圖凸顯的台灣近代身世之荒謬篇章。

高雄市在地的議員，儘管批判性知識與視野不足，卻很明顯地知道利用「八二三砲戰紀念碑」的提議可以混亂「台灣史觀」的建立，以及此一史觀背後所彰顯的民主意涵，同時更知道利用「觀光」等看似無害的經濟利益說詞，把許昭榮先生長期戮力追求的「台灣史觀」所表達的政治意涵給模糊、轉移掉。這是國民黨政府刻意透過將「嚴肅政治」的討論給妖魔化，或者經濟逸樂化的方式，遂行「去政治化」的慣用手法之一。畢竟，一個對政治冷漠與無感的社會，正是既得利益與統治不滅的最佳保證。

▲主題館內的戰俘船展示版，標示了航行在台灣的戰俘船，以及各地戰俘營之位置。（陳奕齊攝）

## 小平頭的誤會——地方市議員的水平

曾有英國的人類學者針對台北市與南部百姓對政治的想像分歧進行田野調查，發現台北市民對於政治跟政治人物的要求比較抽象，例如廉潔、風度、素養、對政府的建設性批判等。反觀南部或者農村地區民眾，對政治人物的想像則是那些財大勢大，且有力解決民眾需求的人物，至於政客操守或過往不堪的汙點紀錄，則遠非考量重點。㉙

此一研究，儼然肯證了台北等都市的市民較文明，而鄉下或南部民眾則比較「草根」的刻板印象。但這位英國學者桑多斯是以台中縣立委顏清標，及其支持者對冬瓜標的觀感，跟台北市民對政治的反差做為「南vs.北」的兩對照組。桑多斯的研究並沒有進一步解釋這種刻

▲如果市議員水平不提升，其美感必定有嚴重的缺陷，而可能把醜陋誤認為美。（陳奕齊攝）

板印象背後的政經意涵，因此南、北部民眾對政治理解與期待的差異，便容易落入本質化的窠臼，並複製了對中南部民眾那種「一高二低」（年齡高、學歷低、收入低）的歧視。

事實上，以前台灣中南部有許多地方政客，令人高度懷疑其平均學歷可能遠低於國民平均學歷。因為讀書是「黑手變頭家」途徑之外，中下階級翻身的主要管道；大部分的大學，以及大學或研究所畢業後的白領工作機會，大多集中在台北地區。因此，出身中南部能一路讀書上去的菁英，幾乎被吸納進台北都會區中就學與就業。至於最後在地方上打混的人們，混久了便深深地鑲嵌進地方事務，以及在地公共事務的理脈中。

以前學界總是批判美國對世界菁英的吸納，導致發展中國家「人才外流」（brain drain）；果若如此，台北地區的發展就是建基在對全台灣腦力菁英的奪取之上。再加上工廠在南方，辦公室在台北，下港就多藍領，頂港台北就多白領，君不見台北信義計畫區那座晚上看來熠熠動人、閃閃發亮的中國石油公司的總部，其耀人奪目的光亮，難道不是建基在高雄的後勁五輕煉油廠、林園煉油廠等汙染之上嗎？

下港政客著重於基層服務且有效，實乃因資源稀薄而導致南部各縣市政府軟硬體基建相對落後，與天之驕子的「首善」台北之都一比，相形見絀。於是，地方政客透過基層服務，相對填補起這些滯後的公共服務與「制度缺口」（institutional voids）的職責和功能。而一旦中南部的人才菁英透過就學跟就業離開原鄉後，留下的政治事務空缺，便被眾多在地方打滾的人物給掌控。於是，前現代的政治視野、欠缺內化的價值引領的中南部政客，便反過來斲喪地方的永續或更文明的發展可能。

前高市議員王齡嬌所提出的「八二三砲戰紀念公園」主張，以及旗津出身的前高雄市議員陳漢昇發出「戰爭」二字恐對旗津觀光不利等匪夷所思的提議，終於把心力交瘁的許昭榮，逼上選擇自焚以保諫此公園存續的道路。[30]當然，當政治只剩下藍綠而沒有價值是非之時，這種欠缺價值的地方型議員，是台灣政治民主深化必須跨越的障礙！

這些水平不高、視野落後的地方政客，是台灣重南輕北的發展下，中南部民眾必須共同承受的「共業」，唯有理解它，我們才能找出拔渡這種業障的方法。高雄議員素質的低落，已有很長的歷史，例如一九八〇年代之時，即傳出有四分之一以上的議員涉及保護非法行業（以色情業為主），二分之一以上的議員對包工程有極大的興趣。[31]邇近，地方型政客開始以血緣跟親緣來甄選接棒人選，表現出如同日本「二世政治」的世襲制度。令人憂心的是，過往的選區地盤、人金脈交纏的選舉方式，是否會在世襲過程中強化？[32]抑或會因二世的年輕、新穎與更佳的學識視野，而帶來新的地方政治氣象？頗值得吾人注意。

▲從高雄市議員的街頭看板中可發現，姑且不論這些照片有修很大而嚴重失真的嫌疑，通常這些年輕議員以可愛風格來呈現自我，為的是說明自己是學歷較高的「二世議員」，跟「理小平頭的一世議員」差異甚大。只是我們不知道的是，造型跟學歷看來是差很大，但視野跟能力是否也跟上一代有所不同？（陳奕齊攝）

全台有不少八二三砲戰紀念碑，各種紀念儀式與歷史敘事一堆，畢竟這符合國民黨在台灣強加植入的「內戰史觀」，並可以透過此一官方歷史，讓國民黨能將國共內戰帶給台灣的不幸予以合法化，更讓台籍老兵的不幸故事可以繼續受到遺忘與輕忽。但是，「戰爭與和平紀念公園」中所呈現的歷史，則是對國民黨內戰史觀的一種挑戰：首先，台籍老兵離奇的歷史與身世，一輩子不知為誰而戰的荒謬劇情，讓至今仍有許多台籍老兵的魂魄，飄盪在異鄉有家歸不得，進而凸顯出台灣人民長期受制於人的堪憐處境，以及二戰帶給台灣人的傷害。再者，戰俘船紀念碑，所描述的二戰戰俘的悲傷故事，同時也是提點台灣人民曾經以戰俘監視員身分，參與了對盟軍戰俘的監管惡待。這座紀念公園反省的是戰爭與和平的重要性，警醒的

▲二〇一一年五月二十日，台灣兵週年紀念典禮留影。（圖片由戰爭與和平紀念公園提供）

是缺乏主體跟自主決定的歷史教訓。如同紀念公園內主題展示館的牆上，是以台籍戰士頭戴日軍、國府軍與解放軍的三頂帽子所折射出的荒謬篇章。至於在地議員大人認為「戰爭」的肅殺意義，可能斲喪旗津觀光效益，更是無稽之談，此乃欠缺國際觀的土雞政客。君不見歐美各國為了提點世人對戰爭的警醒，不論是納粹集中營、戰爭現場或相關紀念碑，皆是觀光景點，何來傷害旗津觀光之舉？除非議員們的觀光就只有形而下的吃吃喝喝吧！

這座由許昭榮先生用生命捍衛與催生出來的公園，除了白天可造訪之外，夜晚也總能吸引一些情侶來此地談情說愛。據園區展示館的工作人員說，偶有情侶太過熱情，便把園區內紀念柱子當成椅子，許老先生還曾為此託夢給館方，請求豎立不能在園區內的紀念柱

▲二〇一一年六月，園區替來訪的「韓國五一八光州事件基金會」進行導覽。(圖片由戰爭與和平紀念公園提供)

## 殉教精神（Martyrdom）

「殉教」——意味著一個人為了自身的精神價值、信念與主張而選擇死亡的過程，通常被用在宗教上。例如耶穌在基督教教義中，即是最偉大的殉教者。「殉教者」（martyr）的勇氣與精神感召，往往留給世人極大震撼，並帶給當代社會種種巨大的影響。

以韓國為例，當亞洲各國的工運積弱不振之時，韓國勞工運動的強悍與強韌，幾乎可說是一枝獨秀。根據韓裔美籍學者具海根（Hagen Koo）的研究，一九七〇年十一月十三日，正好是許昭榮先生五十二歲的生日那天，一名年僅二十二歲的裁縫工全泰壹，在一場替深受剝削的韓國服裝業工人抗議的場合上，將汽油往身上潑灑並點燃，用最極端激烈的方式，向這個體制發出最後的怒吼。此舉，震懾了在場以及不在場的所有韓國人民。

於是，全泰壹宛如自焚殉教的悲劇，便以一種神聖的象徵與受推崇傳統的姿態，鼓舞著後來參與運動的工人跟學生。甚至一九七〇到一九八〇年代，意圖自焚幾乎成了韓國街頭運動的主要曲目。韓國學者也把全泰壹自焚的那天，當成韓國工人階級開始形成的關鍵時間點。[33]當台灣受雇者的平均收入十多年來處於停滯，並眼睜睜看著貧富懸殊拉大之時，韓國勞工的收入卻因相對堅強的工人運動，屢屢攀高並甩開台灣停滯不前的工人工資。

事實上，基督教也有一種看法——將「殉道」視為最高階的「靈修形式」（spirituality）。因此，不要說常人難以企及，縱連修行之人也鮮少具備這種大無畏之踐行勇氣。例如台灣最著名的佛教大師與思想家印順導師，其於一九四九年在香港出版的《佛法概論》一書中的若干文字，曾引來小人向國民黨政府密報有「為匪宣傳」之嫌，讓印順法師在一九五三年差點身陷白色恐怖的文字獄之中。導師迫於人身安危，無奈地寫下違心悔過。事後，印順法師在其自傳《平凡的一生》中，記述反省自身於此事件過程中的怯懦：「我是那樣的懦弱，那樣的平凡！我不能忠於佛法，不能忠於所學，缺乏大宗教家那種為法殉道的精神」，並將此視為其出家以來最為可恥的一著。[34]由此可見「殉道精神」之難得，但也正因其難能可貴，才具備鼓舞與激奮世人之力量。

台灣的政治運動上，鄭南榕為了言論自由，於一九八九年四月七日自焚，以及詹益樺隨後於鄭南榕五月十九日出殯當天引火紋身，至今都仍鼓舞著許許多多從事政治與社會運動的人。同樣地，許昭榮的殉教式自焚，不僅保全跟加速了「戰爭與和平紀念公園」的興建，更讓見識淺薄的高市議會收回更名的決議。儘管手段激烈與極端，但殉教的肉體死亡之後，其精神往往會留給社會一股生生不息的奮發力量。於是，許昭榮老先生在這個意義下，肉體雖然消滅了，但其精神卻在殉教的同時，啟迪鼓舞著後人，為台籍老兵、也為社會公義繼續奔走。

子上打情罵俏的告示牌。

如果魏德聖導演的史詩鉅作《賽德克．巴萊》中，那種只有「真正的人」才能通向彩虹橋彼端祖靈所在之地的精神，感動了無數台灣影迷；同樣的，那傍晚，許昭榮戲劇化的一生以「寧願燒盡，不願銹壞」寫下終章，不正是「真正的人」此一精神的終極踐行者嗎？許昭榮老先生一生遭遇雖然多舛，但其硬頸傲骨的堅挺，不啻是向我等展示：縱使櫻花再美，終將以秒速五釐米的姿態落下，可屬於櫻花盛開的記憶，卻早已深邃地停格與銘刻在我們的土地上，並成為孕育與啟發我們這代人的歷史養份。「落紅本是無情物，化作春泥更護花」，行旅至此，感謝許昭榮老先生，用他的生命，護持著我們與我們的土地。

## 贊助訊息

「台籍老兵」是台灣戰後歷史刻意隱沒的一群人，許昭榮老先生以身殉道，終讓冷漠的台灣社會能稍微正視台籍老兵此一歷史遺留問題。然而，歷史的挖掘需要不斷投入人力與財力，有心的旅人或讀者則可捐款贊助「高雄市關懷台籍老兵文化協會」，讓「台籍老兵」的故事與身影，能因為十方大德的善行挹注，得以繼續書寫與記錄。

註

❶ 閻昆，〈大陸有一群台灣郎〉，《炎黃春秋》，第六期，一九九二年。

❷ 彭琳淞，〈台灣老兵許昭榮〉，《寧願燒盡，不願銹壞：台灣烈士許昭榮與台籍老兵紀念集》（高雄：高雄市文化局，二〇〇八年），頁四〇～四八。

❸ 彭琳淞，〈一視同仁：台灣人老兵運動〉，發表於「台灣近代戰爭史(1941-1949)第一屆國際學術研討會」，高雄市歷史博物館主辦，二〇一一年十月一日。

④ 關於那「多桑」的生命經驗，可參見平野久美子（潘扶雄譯），《多桑的櫻花》（台北：謬思出版社，二〇〇八年）。

⑤ 事實上，早在一九三七年七月七號蘆溝橋事件開始的日中戰爭發生後，陸續就有台灣人被徵召至中國戰場上擔任軍伕的工作，比一九四一年十二月日本偷襲珍珠港並引發太平洋戰爭時更早。例如台南安平第一公墓湯匙山立有「十二軍伕墓」，是為了祭祀一九三八年台南州赴中國戰場陣亡的安平軍伕而設。當年日本進攻上海人力不足，遂從安平徵調四百多名耐操的軍伕，前往戰場從事後勤工作，此乃台灣人首批參與二次大戰的軍伕。參見《自由時報》，〈安平祭軍伕 後代家屬連3年「掃墓」〉，二〇一二年四月二日。

⑥ Shi-chi Mike Lan（藍適齊），"Trans-national War Responsibility: Post-war Trials of Taiwanese War Criminals in the Allied Courts"，發表於「台灣近代戰爭史(1941-1949)第一屆國際學術研討會」，高雄市歷史博物館主辦，二〇一一年十月一日。

⑦ 根據當時台籍老兵的口述歷史，當時馬來西亞沙巴東岸的港市山打根集中營內一千三百多名的英澳俘虜，參與了山打根往沙巴西海岸拉瑙撤退死亡行軍時，最後只剩下六個生還，足見當時之慘狀。戰後，澳軍報復之心有多強烈，實可預期。請參見李展平，《前進婆羅州：台籍戰俘監視員》（南投：國史館台灣文獻館，二〇〇五年八月）。

⑧ 李展平，《前進婆羅州：台籍戰俘監視員》（南投：國史館台灣文獻館，二〇〇五年八月），頁四九～七〇。

⑨ Ruth Benedict（呂萬和、熊達云、王智新譯），《菊與刀》（中國上海：商務印書，一九九〇年）。

⑩ 李展平，《戰火紋身的監視員——台籍戰俘悲歌》（南投：國史館台灣文獻館，二〇〇七年），頁八四。

⑪ 劉慧真，〈「國籍」之囚：台籍戰俘監視員的離散經驗〉，發表於「台灣近代戰爭史(1941-1949)第一屆國際學術研討會」，高雄市歷史博物館主辦，二〇一一年十月一日。

⑫ 張炎憲、陳美蓉採訪整理，《建國舵手——黃昭堂》（台北：吳三連台灣史料基金會，二〇一二年），頁三〇三～三一〇。

⑬ 杉山美也子，〈太平洋戦争時期における旧日本軍從軍台湾人への戦後補償問題：日本国内法的観点を中心に〉，發表於「台灣近代戰爭史(1941-1949)第一屆國際學術研討會」，高雄市歷史博物館主辦，二〇一一年十月一日。

⑭ 薛宏甫，《台籍老兵的血淚故事》（高雄：高雄市文獻委員會，二〇〇九年）。

⑮ 許昭榮，〈動盪時代的無奈——台籍老兵血淚故事〉，《寧願燒盡，不願銹壞：台灣烈士許昭榮與台籍老兵紀念集》（高雄：高雄市文化局，二〇〇八年），頁八三～九六。

16 薛宏甫，《台籍老兵的血淚故事》（高雄：高雄市文獻委員會，二〇〇九年），頁五二～七七。

17 許昭榮，〈動盪時代的無奈——台籍老兵血淚故事〉，《寧願燒盡，不願銹壞：台灣烈士許昭榮與台籍老兵紀念集》（高雄：高雄市文化局，二〇〇八年），頁九四～九六。

18 黃煌雄，〈台籍老兵的悲愴〉，《中國時報》，二〇〇八年五月二十七日。

19 Michael Hoare, "Taiwan's Darkest Past: Emerging Histories of the World-War II Prisoner of War Camps" , paper presented at the Second Annual Conference of European Association of Taiwan Studies, Paris, 30-31 March, 2006.

20 參見台灣戰俘營紀念協會網頁，http://www.powtaiwan.org/index.php

21 《自由時報》，〈英國老姊妹 含淚訪父身故戰俘營〉，二〇一〇年十一月十七日。

22 《自由時報》，〈大直戰俘營紀念碑設立／英老戰俘淚憶當年 見證歷史〉，二〇一一年十一月十二日。

23 《大紀元時報》，〈雲林斗六成立戰俘紀念碑〉，二〇〇九年六月八日。

24 「榎浦丸」是由三菱重工神戶造船所建造，並於一九四四年三月三十一日（昭和十九年）下水。

25 《中國時報》，〈日戰俘船沉沒60載 美老兵來台悼亡〉，二〇〇五年一月十日。

26 《蘋果日報》，〈重回高雄港悼400軍魂〉，二〇〇五年一月十日。

27 《TVBS》，〈悼父親亡魂 加籍教授高雄港撒花〉，二〇〇三年二月十六日。

28 《自由時報》，〈關懷台籍老兵 動起來了〉，二〇〇八年十一月十日。

29 Percy Santos, "The Local Taiwanese Politicians: Highlighting the Urban/Rural Divide" , paper presented at the third Conference of the European Association of Taiwan Studies, Paris, 2006.03.30-31.

30 參見薛宏甫，《台籍老兵的血淚故事》（高雄：高雄市文獻委員會，二〇〇九年）。

31 金惟純，〈失去叢林的鬥士——蘇南成坐困高雄〉，《天下雜誌》，一九八六年十二月一日，頁五四～六四。

32 楊鈞池，〈1990年代日本選舉制度改革及其評估〉，《國政研究報告》，二〇〇一年十二月二十一日。

33 See Hagen Koo, *Korean Workers: The Culture and Politics of Class Formation*, Ithaca: Cornell University Press, 2001.

34 印順導師，《平凡的一生（重訂本）》（新竹：正聞出版社，二〇〇五年），頁八四～八五。

Stop
第十站
X

# 高雄港第二港口

## 旗津離島的誕生：二港口的歷史遠眺

沿著旗津的單車踩風大道直行，途中除了有整片廣袤海域一路相伴之外，還有一字排開、三兩錯落海面上，等待進入高雄港停泊裝卸貨的大小船隻。之後，宛如以兩肢臂膀曲抱的堤防，便是二港口所在。過了二港口，沿著海堤繼續前行，便可在路的盡頭看見舊式「高字型」以及新穎VTC的信號塔。

### 鑿開「二港口」的歷史想像

高雄港原本只有位於西子灣跟旗津之間的第一港口，直到一九六七年二港口開鑿工程動工後，前

▲高雄第五貨櫃中心對面以弧形之姿所環抱的入口，即是第二港口入口所在。（圖片取自高市府都發局全球資訊網「空中高雄」）

後歷時八年，於一九七五年竣工。而旗津至此也完全脫離台灣本島，以長弧條形的離島之姿，孤懸護守著高雄港灣。

儘管航商經常「吐槽」港務局宣稱二港口有十六公尺深、有效寬度一百四十八公尺，並可通行十萬噸級船舶的宣傳，但二港口進出的船舶，比起水深十一公尺、有效寬度一百公尺，只能容納三萬噸級船舶通過的一港口，的確較為壯觀，且多為巨型貨櫃輪船。❶如果要看各類散裝雜貨船，以及傳統「人字臂」吊掛，必須在接近1號港口附近的散裝碼頭，而越接近2號港口的船舶，常見的則是相對現代化的「橋式起重機」(gantry crane)與大型貨櫃船舶。

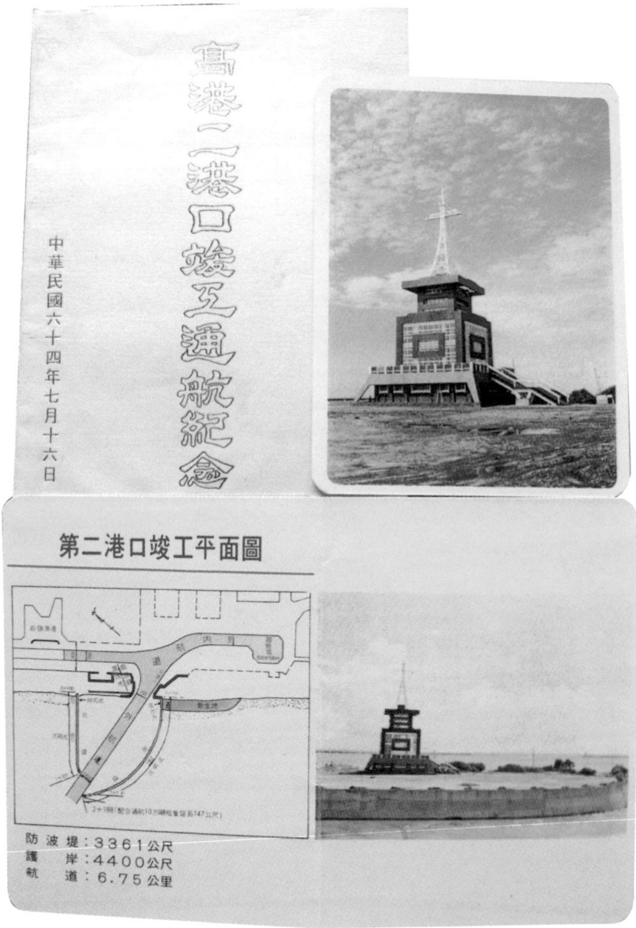


▶圖為高雄港二港口的竣工通航紀念卡。從卡片中可見當時二港口的竣工平面圖與高字塔原貌。（陳奕齊收藏）

## 叫我第一名的貨櫃裝卸

一九八〇年代，高港貨櫃碼頭工人裝載效率，可說是「世界第一等」，無人能出其右。當年，新加坡貨櫃碼頭工人每小時可吊卸二十五個貨櫃，香港十八個，美國工人頂多二十個，可是高雄港碼頭工人一小時的貨櫃裝卸量卻可達三十五個之多，效率遠超世界各港口工人。

再加上一九七〇年代歐美面臨能源危機之後，開始大量地關閉製造部門，利用訂單的方式委交台灣等發展中國家進行代工生產，讓台灣歷經製造業的大榮景。此歷史進程，帶來了歐美與亞洲新興國家之間的垂直分工：歐美國家掌握「全球商品鍊」（global commodity chain）的品牌與終端消費市場，而台灣等國家則以「委託製造代工」（OEM）的身分，在國際分工地圖上逐漸站穩西方品牌公司的供應商角色。於是，高雄港的貨櫃裝卸量便一路扶搖直上，並在二〇〇〇年之前一直穩坐世界第三大貨櫃港的季軍寶座。

▲高雄港的榮枯與貨櫃進出口裝卸息息相關。（陳婉娥提供）

當年，外國航商普遍認為高雄港貨櫃碼頭工人獨步全球的裝卸效率秘方，乃是犧牲「勞工安全」換來的；因為國外貨櫃碼頭工人基於吊卸安全，一定是以水平直角線進行起降，維持貨櫃吊卸的穩定度，以確保安全。反觀高雄港工人則是以「拋物線」的軌道進行裝卸，亦即國外通常是按照起重機操作守則，一動一動的操作，先直線拉高，再水平移動到裝卸之處，然後垂直放下。但是，高雄港貨櫃碼頭工人，則是同步拉高與移動吊卸。❷以數學畢氏定理的三角形長度來看，假如國外的貨櫃行進距離是走「3＋4」的距離，那台灣工人的拋物斜線走法將只有「5」的距離，貨櫃吊掛的效率當然會比較高。

▲遊客可嘗試觀察一下座落於二港口附近的貨櫃碼頭的起重裝卸，是否還保留著高拋物線吊掛法。（陳奕齊攝）

不過，根據當年高雄港貨櫃碼頭工人顏坤泉的說法：「當你成為熟手之後，拋物線吊的時候就不會搖晃了。至於國外他們要求的直線型的，照步來的，我們是咻上去、咻下來。」❸換言之，「熟能生巧」，似乎才是高雄港碼頭工人當年獨步全球的那一點訣竅！走近港區，不妨定睛瞧瞧，那些正在作業的高雄港貨櫃碼頭工人「拋物線」般「咻上去、咻下來」的吊卸傳統，是否還保留著？

高雄港二港口的開鑿，主要得歸功於高雄港史上最知名，以及在位時間將近二十年的港務局長——李連墀。根據海軍少將出身的李連墀局長的說法，二港口的開鑿主因是時任副總統的陳誠，在一九四九年下半年度曾到高雄港視察，便隨口說出：「高雄港這麼大的港區，這個小港口不用敵人炸，只要來條破船往港口一丟，就堵住了，港就被封了。你們研究，再開一個港口。」❹陳誠以軍事眼光看待高雄港的這一席話，在李連墀到任後無意間從高雄港工程人員的口中聽聞此事，之後便積極奔走爭取此一耗費甚鉅的開港工程。

在當時財政窘迫的時空背景下，爭取重大工程預算乃是相當困難之事，於是，港務局長李連墀以軍事目的為名，透過當時省交通處長陳聲簧（陸軍出身）轉呈給省主席黃杰（陸軍總司令與警備總司令出身），利用蔣介石至日月潭涵碧樓行館渡假之時，面請批示。於是，一九六三年六月便得到來自所謂「層峰」的指示：「高雄港應於紅毛港附近增闢第二港口一處，希迅擬計畫及概算呈報」，讓第二港口開港工程正式定案。❺

這種以「軍事目的」為名的工程預算爭取，在「國庫收支集中制」落實之前，不僅師出有名，更無人敢挑戰以「軍事安全」跟「反攻大陸」這些大義說詞而來的預算支出。事實上，早年國民黨政府各機構，通常有很強的本位主義，中央政府機關內部都會有一座「擁錢自重」的小金庫，導致國庫經常鬧窮，但各機關戶頭內卻「麥克麥克」。❻直至一九六九年始遵照美援顧問奧利維建議，大力實施「國庫集中收支制度」，才割除了早年國民黨技術官僚王昭明所形容的：「猶如軍閥割據以來的痛」，剷除各機關的小金庫，實現了集中化的財政調度分工。按照財政社會學學者吳挺鋒的說法：此一國庫集中制度的實施，意味著理性規劃支配財政花費走向的技術官僚，與擁兵、擁錢最多的軍系勢力之間，產生此消彼長的效果。❼因此，姑且不論李連墀是否真的在意軍事目的，抑或只是利用軍事名義做為預算爭取以

▲二港口吃水較深，可容納更大型的貨櫃輪進出。卸掛後的貨櫃便倚靠貨櫃車裝載，轉送全台，宛如流轉台灣經濟的血液一般。（陳奕齊攝）

方便進行港口建設，海軍少將轉任的李連墀局長，對於第二港口的催生，可說是厥功至偉。

一九四九年國民黨敗退台灣之後，在退無死所的存亡顧慮之下，軍事安排與考慮往往縈繞在蔣介石心中。尤其在蔣介石政府中，文官職缺由軍官充任的情形相當普遍，因此，蔣介石跟陳誠這些軍人出身者，對於世界戰爭史上的港口「閉塞戰術」（blockage strategy）勢必相當熟悉。尤其，將此一「閉塞戰術」操演發揚的戰役，正是以中國遼東半島旅順港要塞為攻防舞台的「日俄戰爭」。

歷史一點靈

## 關於「日俄戰爭」

說起「日俄戰爭」，便得溯及一八九五年的「日清戰爭」，或所謂的「甲午戰爭」，這場戰爭不僅是台灣歷史的重要轉捩點，同時也掀開朝鮮亡國命運的歷史扉頁。當時在日清戰事底定之後，李氏朝鮮終止與清帝國的冊封臣屬關係，而於一八九七年八月十七日改為大韓帝國，並由高宗李熙做為開國國君——光武皇帝。

日清戰爭之所以爆發，乃是清帝國與日本為了角逐朝鮮的藩屬支配權所引發。清帝國退出之後，俄羅斯勢力便取而代之往朝鮮逼近。對此外交形勢的演變，導致日本國內政壇上開始有所謂「日俄協調論」與「英日同盟論」的拉扯與較勁。「日俄協調論」的主張乃是「日本承認俄國對滿州（中國東北地區）的支配權，作為交換，同時俄國承認日本對朝鮮的支配權，達致所謂『滿韓交換論』。伊藤博文、井上馨、陸奧宗光等人持此種看法。」至於「英日同盟論」則是以山縣有朋、小村壽太郎、桂太郎等人為主，堅持日本應該與英國結成同盟共同對抗俄國：畢竟，當時英國在中東跟中亞地區正與俄國對峙著，於是俄國成了英日之間共同的主要敵人。最後，《日英同盟協約》於一九〇二年一月三十日正式簽署，日本與其內心想望但恐懼的西方大國終於結成同盟，讓日本從一八五三年美國「黑船事件」強迫開國之後的心理陰影中，重拾昂揚的自信。

然而，俄國染指朝鮮的意圖不僅未曾減退，同時，俄國並沒有遵照其與清帝國於一九〇二年四月簽署的撤兵協定，將駐在滿州的軍隊分三次逐步撤出。於是，「日俄戰爭」遂在殖民地的搶奪爭拗背景下，於一九〇四年二月劍拔弩張地展開。最後，日本獲得了激烈「慘勝」，並在美國羅斯福總統的調停下，於一九〇五年九月簽署了媾和條約。日本在十年之間，接連把清帝國跟歐洲北極熊俄羅斯打敗，國民自信指數自此開始破表。日本在「日俄戰爭」進行期間對韓國的覬覦有增無減，儘管韓國民間反日聲浪和請願聲音此起彼落，大韓帝國卻無能且無力擺脫日本的鯨吞蠶食，只能眼睜睜地被日本吞沒。早在「日俄戰爭」發生的一開始，一九〇四年八月二十二日，日本就迫使韓國簽下《日韓協約》，日俄戰爭結束之後，緊接著又於一九〇五年十一月十七日，韓國李氏高宗在樞密院與日本首席大臣伊藤博文再度簽訂一項喪失外交權的協定，最後在一九一〇年，日本再次迫使朝鮮政府簽訂了《日韓合併條約》，正式完成吞併朝鮮的大業。

「日俄戰爭」對高雄港最大的影響，則是直接促成日本政府於一九〇八年開展第一期高雄港築港工程。因為「日俄戰爭」帶來的戰後經濟榮景，讓台灣島內產業勃興，米、糖和阿里山林場的木材等，大量集中於高雄港等待輸出，再加上一九〇八年（明治四十一年）的西部縱貫鐵路全線通車，更使得打狗港成為南台灣物資輸出的前哨站。於是，為擴增打狗港的貨物吞吐量，築港工程便順勢展開。❽

▲日本畫家東城正太郎所繪的「三笠艦橋之圖」，描繪日俄戰爭指揮官東鄉平八郎立於主艦「三笠號」艦橋上指揮對馬海峽的海戰一景。圖中立於指揮官東鄉右後方，手拿筆記抄寫者乃是參謀秋山真之。（圖片取自維基共享，公衆領域）

## 秋山真之の魂：二港口的「開港」推手

談到「日俄戰爭」，勢必得提及一位傳奇海戰人物——日軍戰略參謀秋山真之（Akiyama Saneyuki）。正是秋山真之少佐提出了「閉塞戰術」——利用沉船封鎖旅順港，企圖將俄軍艦艇鎖死港內，一旦陸上攻克，駐旅順俄國軍隊勢必投降。儘管秋山真之的「閉塞戰術」前後實行了四次（或有說三次），但因為敵軍艦艇砲火猛烈，船隻總是未能靠近意欲沉船封鎖之地點，就被擊沉而無法收閉塞封鎖之效。❾但由於此戰結局是以日本「慘勝」收場，於是提出「閉塞戰術」以及最後的「丁字型」戰術大破俄羅斯波羅的海艦隊的秋山真之，便以「作戰天才」之名廣為世人所知，而「閉塞戰術」也成為世界軍人必然知曉的戰史故事之一。

▲秋山真之的肖像。（圖片取自維基共享，公眾領域）

畢竟亞洲小日本膽敢向俄羅斯北極熊「叫板」，在西方看來本就是一場羽量級挑戰重量級的不對稱戰爭。原本日人稱俄羅斯為「魯西亞」（Russia），隨著日俄戰事開打，自詡為太陽之國的日本，便以吹哨子壯膽的迷信，把「魯」西亞改成「露」西亞，以收朝露見太陽便蒸發消失之好兆頭。值得一提的是，台灣人日常必備家庭良藥，俗稱「臭藥丸仔」的「正露丸」，其實也是源自於日俄戰爭的副產品。當時日人為了治療戰場上罹患腳氣病的日本士兵，便研發出此一「征露丸」。彼時針對腳氣病的致病與治療，不僅牽涉「留德vs.留英」、「海軍vs.陸軍」、「和食vs.洋食」之間的矛盾，更還因此導致「征露丸殺人事件」。留德的知名文豪兼陸軍軍醫部長森鷗外（Mori Ōgai），堅持認為腳氣病源自細菌感染，但受到英國系統影響的海軍軍醫官高木兼寬等則認為此病乃飲食所致，彼此觀點南轅北轍。後來，米麥混食的海軍罹患腳氣病的士兵較少，堅持使用征露丸診治腳氣病的陸軍卻反而死傷慘重。事後，「征」露丸改為「正」露丸，以消除當中的戰爭殺伐意味。[10]

據說當時日本海軍以「整個歐洲都漂了過來」的心情，形容俄羅斯波羅的海艦隊之龐大，並認為最終下場可能是葬身東海，但日本水兵的內心還是洋溢著一股想要戰勝的意志。由於彼時日本根本沒有海軍名將，帶領日本海軍出征的東鄉平八郎便率艦上將士，一同向在一五九二年日本名將豐臣秀吉入侵朝鮮的抗日海軍英雄——李舜臣——的靈魂禱告。日本水兵這種向朝鮮海軍將領禱告的行為與心情，雖然在《朝鮮日報》駐東京特派鮮於鉦的看法認為：「這是向敵人學習的恥感」與「對強國渴望的程度已大到不惜否定自己」云云[11]，但此舉措某種程度也意味著日本有將此戰當成是「弱小的殖民地亞洲人vs.強大的殖民主歐洲人」的心情。因此也不意外地，對深陷殖民地處境的亞洲國家而言，此戰如同是東方戰勝西方帝國主義的象徵。孫中山更曾明言：「我們把日本人的勝利，看成是自己的勝利」一般[12]；因此，日俄戰爭的這段戰史，勢必廣為孫中山的國民黨信徒們所熟悉。

其實秋山真之的「閉塞戰術」並非其首創，他也是在一八九八年擔任「美西戰爭」（Spanish-American War）的「觀戰武官」[13]時，親眼目睹世界上首次的「閉塞作戰法」。當時美國艦隊將西班牙艦隊逼進了古巴聖地牙哥的軍港之中，並在出口處讓輪船自沉，企圖藉此堵塞西班牙艦隊的出路。雖然船隻最後是豎著沉沒，因而無法發揮期待的閉塞效果，不過此舉卻讓秋山真之印象極為深刻。事後，秋山真之寫了一份據稱是日本海軍史上最貼近事實分析，且有獨特見解的報告：「機密諜報第一百八十號」。[14]

一九四九年，陳誠一席唯恐第一港口出路被沉船封死，而輾轉催生了二十多年後高雄第二港口的開鑿與竣工。那麼，究竟是國民黨一路敗逃的歷史經驗，抑或是秋山真之在「日俄戰爭」中操演的「閉塞戰術」戰史流傳後人，因而啟發了陳誠等軍人的想法，並進而開啟了日後高雄港第二港口的開鑿契機？再再讓人有著無限的遐想空間。

無論實情為何，李連墀在其個人回憶錄中，本來就常以「軍人治港」的眼光，把港口建設跟國防建設劃上等號，把港口裝卸能力，等同於戰時軍需裝卸的備戰看待。

## 高雄港背後：看不見的外國人身影

不論是基於「愛面子」的心態，抑或是國民黨威權時期總愛以「大有為」政府自居，並在這大有為政府領導下，有一群優秀的技術官僚無私地擘劃著台灣經濟大未來的緣故，外國人的身影在台灣戰後政經發展上，似乎總被刻意淡化。而除了國民黨刻意的政治宣傳之外，台灣國內的許多學者實也樂於吹捧國民黨技術官僚在台灣經濟發展中的地位⓯，甚至更把這些國民黨技術官僚（指涉的清一色都是戰後

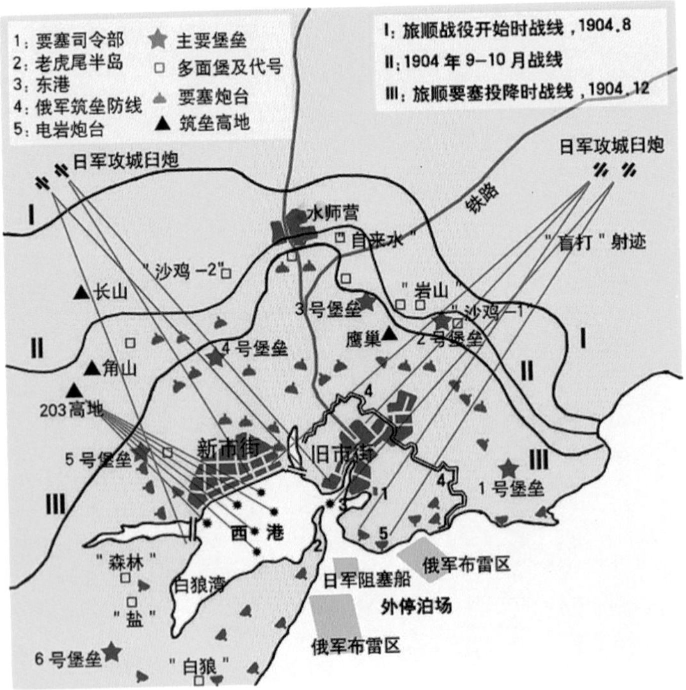


2006(CC) Kallgan（日俄战争中的旅顺战役。）@wikipedia/CC BY-SA 3.0

▲日俄戰爭海戰戰況圖。圖中可見秋山真之的「閉塞戰術法」的沉船區。

來台的外省官僚）的無私報國心情，說成源自於繼承「中國救亡圖存使命」的[16]「實業救國的儒官」云云。這種「偉人意志論」（voluntarism）的談法，隨著年邁的技術官僚個人回憶錄的出版，讓台灣歷史的解讀產生進一步偏食與扭曲的情形。

事實上，隨著美援抵台的美國官員與技術官僚，對台灣經濟發展的計畫，甚至軟體制度的建立，都曾發揮相當大的影響力。[17]先看台灣隔鄰的日本，在推進現代化最鉅的明治維新時期，日本政府也曾聘請了為數眾多的所謂「官庸外國人」，讓日本的各項現代化制度，可以藉由這些西方人引進[18]，這種借重外人的情形，在後進發展國家裡頭，實乃稀鬆平常之事。同樣地，高雄港的發展與建設計畫，也少不了外國人的付出，只是這些過往的異人身影，在高雄港務局的歷史書寫和宣傳中，若非缺席、就是重要性被貶低。

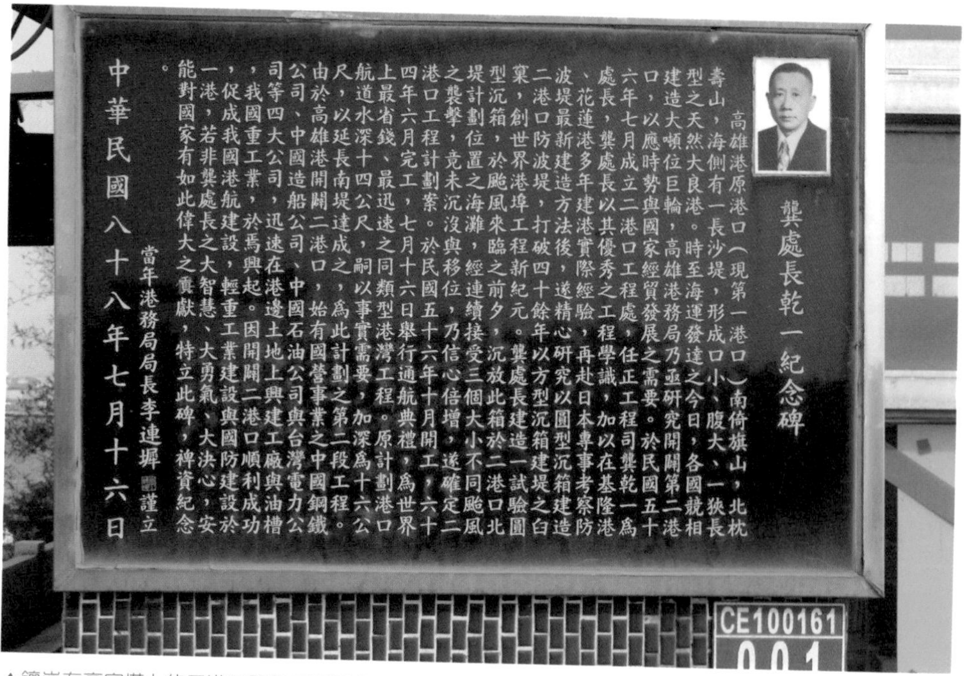


▲鑲嵌在高字塔上的二港口開鑿工程司處長龔乾一紀念碑，上頭只有用「赴日本考察防波堤」等寥寥數語帶過外國人對高雄港建設的貢獻。（陳奕齊攝）

其實從戰後高雄港第一次大型「十二年擴建計畫」，一路到高雄港整體性的發展規劃，整個過程都有洋人指導員在一旁提點。一九六六年八月，來自荷蘭鹿特丹港務局的港灣專家李瑟雷德（T. J. Risselada）抵達台灣，進行為期三十八天的基高二港擴建工程調查。[19]緊接著，同年十一月，聯合國港埠規畫顧問姜森（John D.M. Luttman-Johnson）飛抵台灣停留半年，對高雄港進行七次深入的考察跟體檢，並提出《高雄港開發計畫》一冊。[20]而在高雄港二港口的開鑿之中，也獲得柳澤米吉、以及日本港灣技師長新妻幸雄等六位日籍港工專家的協力，更從日本神戶港5號堤的「圓形沉箱」失敗經驗中摸索學習，終在時任工程處長龔乾一領導下，開發出新型「圓形沉箱」的創新技術，一舉突破沿用四十多年的方形沉箱防波堤技術[21]，並克服了二港口工程中最困難的關卡。

▲圖中可見陽明海運滿載貨櫃從二港口離去奔向世界。圖中防波堤外緣，依舊可見圓形沉箱的砥柱支撐。（陳奕齊攝）

自己公媽自己拜：「中日對峙」在高雄港？

除了日人秋山真之對第二港口開港的可能影響，以及當時那些參與港口開鑿的日籍港工專家外，二港口還有一位不得不介紹的日本人，那就是已成為二港口所在地的原紅毛港居民宗教信仰之一的日本軍艦艦長——「海府大元帥」。

話說那廂第一港口附近的大陳新村，有兩間祀奉蔣介石的廟宇，而這廂第二港口附近，原本則有一間祀奉日本「第卅八號軍艦艦長」，並敬稱為「海府神尊」（大元帥）的保安宮。在紅毛港遷村之前，分別駐守第一與第二港口的「蔣公廟vs.日本艦長廟」，宛如是二戰時「中日對峙」的歷史大戲，在高雄港繼續上演著。

第二港口位於高雄市小港區名為「紅毛港」的地方，在尚未開鑿之時，當地漁業活動相當盛行，是一個具有數百年傳統的漁村聚落。隨著高雄港第二港口沿著旗津半島「崩隙」鑿開而成後，當地漁業便因港口開築淤積和漁場的破壞，導致漁業逐漸沒落。此外，紅毛港附近的大林埔，雖曾是盛極一時的拆船業重要場址，但也隨著高雄港拆船業的沒落而荒涼稀疏。

儘管紅毛港曾努力轉型為草蝦幼苗的養殖培育，但紅毛港仍就抵不住產業改變所帶來的破敗景象。再加上，隨著第二港口的開鑿闢建，以及紅毛港被劃歸為新的大型貨櫃中心場址，在政府的限建跟禁建政策之下，紅毛港的時空如同被封存在時光膠囊之中，停格於幾十年前的景致。直至二〇〇六年中，拖宕三十年之久的「紅毛港遷村」拆除工程終於啟動，「紅毛港」三百多年的歷史，便正式寫下最後一頁。

「紅毛港」的得名有許多說法，但顧名思義，不難讓人聯想到或許與所謂的荷蘭「紅毛番」曾經在紅毛港出沒活動有關。[22]紅毛港做為漁村聚落，早期捕撈「烏金」（烏魚）所帶來的舊時榮景依舊是紅毛港過往歷史中栩栩動人的一章。而既是漁村，出海捕魚過程中，漁網撈到海中無名屍骨乃常有之事。也因此，小小紅毛港便有三座所謂「陰廟」：「海眾廟」、「西南城」、「保安堂」等三座陰神廟。㉓

其中，位於海城里海汕五路附近的保安堂起源於一九二三年，彼時漁民出海捕魚，竟撈捕到一堆骨骸，於是漁民遂依傳統習俗搭建一座竹寮，供奉這些無名骨骸，保安堂遂是由此而建立的陰廟。迨至一九四六年，漁民出海再度撈到一個頭顱骨骸，據說頭顱主人託夢給漁民，告知自身乃日本第卅八號軍艦艦長「海府」，在太平洋戰爭中陣亡，並要求信徒依「海府」指示，在保安宮現址蓋廟，當成一般神明膜拜，而神尊將保佑漁民出海平安豐收云云。㉔

一九九〇年，保安宮乩童起乩，並以日本話喃喃自語，指示信徒帶著金身，前往琉球沖繩島參拜「日本海軍戰歿者慰靈塔」（護國神社）。半信半疑的信徒，礙於神命不可違，遂依據海府

▲圖為原紅毛港保安堂。圖中的保安堂是骨骸供奉之處，至於迷你復刻版的軍艦則供奉在左手邊加蓋的屋子中，（陳奕齊攝）

▲據說此為按照海府大元帥意旨建造的「卅八號軍艦」。（陳奕齊攝）

神尊之神諭指示前往尋訪。信徒也果真在琉球當地發現一紀念碑，碑上記載著「日本海軍震洋隊第卅八號軍艦在太平洋戰爭中被擊沉，全艦官兵陣亡」的史實，因而解開也證實了「海府神尊」的歷史故事。㉕翌年，信徒依照海府神尊指示，請哈瑪星造船匠黃秀世打造一艘縮小版的「卅八號軍艦模型」，過程中「海府」屢次託夢要求軍艦必須原汁原味復刻，艦上的三十八名士兵、航海用具、甚至酒類等，一樣也不能少，否則「海府」會一一清點，並託夢索取㉖，保安堂才由此成了全台唯一有奉祀日本軍艦的廟宇。

當第二港口開闢之時，「海府神尊」亦曾託夢，希望能「借」與建第二港口的砂石，擴大該堂的規模，於是在一九七四至一九七五年間，廟方便擴大在廟埕前修建一牌樓建築。當時的保安堂廟埕外觀看似一般廟宇，但保安堂後頭依舊有一座如墓園的後屏，說明其做為陰廟的特殊性。

爾後，據說「海府神尊」已封神為「海府大元帥」，顯靈的「聖誕」為農曆八月八日，每三年一次到日本「進香」，輪流至琉球護國神社或東京靖國神社。同時，「保安堂」放送持念的是日本海軍軍歌，因此早晚皆可聽到日本軍歌從保安堂廟埕上方的擴音器中，慷慨激昂地流洩而出。㉗

儘管傳說跟神話毋須較真，但依舊有人認真地從水文資料、沉船地點、日本戰艦類型與部署等角

▲圖片翻攝自保安堂中所收藏的照片，從中可見保安堂中乩童起乩之時，手拿日本武士刀而非鯊魚劍等台式法器。（陳奕齊攝）

度，考察「海府」神尊的真正身分，並舉證認為「海府」神尊不太可能是「震洋第卅八號軍艦」艦長，而比較接近一九四四年十一月由西貢出發前往菲律賓首都馬尼拉的航程中被擊沉的「第卅八號海防艦」。[28]

供奉著日本軍艦及其艦長的紅毛港保安堂，近年早已成了日本旅客旅遊景點之一。但隨著遷村，紅毛港的大小廟宇也連帶遷至高雄市鳳山區明鳳社區，這也使得社區一平方公里的幅圓內竟聚有高達二十間的廟宇，成為全台廟宇密度最高的社區。至於保安堂則遷至高雄市鳳山區紅毛港新村的國慶七街新址，並蓋起了一間日台混搭風格的新廟宇。原本分別鎮守第一與第二港口的蔣介石跟日本軍官「海府元帥」的對峙格局，也就此畫下句點。

下次在高雄港眺望港口之時，可別忘了這段中日的夾纏情結，曾經是對立光譜兩端的兩造神祇，在高雄港區空間中踐行著台灣俗民那種「公媽不同款，隨人自己拜」的智慧，被各自信仰與奉祀著的歷史！

▲圖為興建中的新保安堂廟宇，座落於鳳山與小港桂林交界處的紅毛港社區。外觀相當突出，頗具後現代風情的台日混搭造形，讓行人忍不住多看一眼。（陳奕齊攝）

## 成為神，人人有機會！

台灣人信仰多神的宗教觀念，只要在生時，曾有足被世人感念之德澤，或者死後能發揮靈異保佑力量，即可能在往生後成為被供奉的神明。而台灣各地祀奉的神祇中，除了有保安堂祭祀日本人之外，花蓮太魯閣的「托波克蕃社」中，也有一位被原住民奉為神明的日本警察武富榮藏。此外，台南市安南區同安路一二七號的「飛虎將軍廟」（鎮安堂）所供奉的王爺公，即是二次大戰捨己救居民的飛行員杉浦茂峰。在嘉義東石副瀨村富安宮裡頭，也供奉著一尊被稱之為「義愛公」的日人森川清治郎神像[29]，還有苗栗縣南庄鄉客家聚落中的勸化堂，奉祀著日本警察廣枝音右衛門的神像等等。[30]

邇近十年，還有甫列位為神界新鮮人不久的案例。二〇〇四年農曆八月，宜蘭縣冬山鄉太和村十三份坑的「小林三武郎」，正式從「有應公」晉陞為土地公的「小林仔公」。小林桑生前是當地森林警察，為人樂善好施，跟國民黨來台後動輒官威擺譜、壓榨當地貧民的巡山員相當不同；當地人為了感念小林桑，遂將其客死異鄉之屍骨收存，當成有應公祭拜。[31]

當然，台灣社會「陌生新神明」的事蹟，也有搞烏龍而令人丈二金剛摸不著頭緒之事。例如屏東枋寮鄉隆山村東龍宮，祀奉著日人「田中綱常」海軍少將及其部屬良山等四人，按廟祝石三界之說法，田中將軍等人於一八七四年牡丹社事件中戰亡。某次廟祝石先生無意間獲得田中將軍的心靈感召，遂於一九九六年出資購地，並於一九九八年竣工落成。[32]然而查察史實，田中綱常將軍並未於牡丹社事件中亡故，更曾擔任台北縣知事與日本貴族院議員，直至一九〇三年才過世。

除了亞洲人之外，連信奉基督宗教的歐洲人，在台灣都可能成為「神明」被祀奉著。例如新北市林口區嘉保里海濱即有一間「荷蘭將軍」廟，主神即是十七世紀荷蘭與西班牙戰爭時的荷蘭軍人遺骸。[33] 此外，在墾丁也有一個頗為知名的「八寶公主」廟，據說祀奉的乃是十七世紀來自荷蘭的瑪格莉特公主，因為無端戰役在台灣香消玉殞之後，在南台灣輾轉成為當地人奉祀的神祇。[34]

二〇〇八年九月，墾丁社頂社區一位老婦在山區採雞肉絲菇時，迷路五天方被尋獲、毫髮無傷。根據報導，洪婦事後描述她被一名身材高大、赤髮的女魔神帶走，最後是把內褲脫掉送給女魔神後才得以脫困。在以訛傳訛之下，變成了是八寶公主及其隨從因三百年前被社頂原住民部落殺害的血債餘恨未解，化身為魔神仔把社頂老婦困在山中，此一傳言造成八寶公主信徒的不滿，一時間惹成社頂小鎮的風波。後來，地方人士在八寶公主廟進行祈福和解儀式後，整個「八寶公主是女魔神仔」的事件，方得以落幕。[35]

在台灣，成為神，真可說是「人人有機會，個個沒把握」！德國社會學家韋伯在《新教倫理與資本主義精神》一書中提出，新教倫理那種不知自身是否為上帝選召的焦慮，帶來了企圖以現世成就，作為榮寵跟證成自身為上帝選召者的動機，意外地成了資本主義精神的發動機；只是，我等社會「成為神」(to be a god) 的焦慮不夠強大，否則不知此一焦慮是否能給宛如一灘死水的台灣社會帶來什麼意外之喜呢！

## 高雄港企業經營第一人：李連墀

李連墀，出身海軍供應部少將司令，在一九五一年十月一日接任高雄港港務局局長，擔任局長一職長達十九年又四個月，並於一九八二年二月六日以七十歲高齡榮退。戰後高雄港的幾項重大建設跟發展，如「十二年擴建計畫」、貨櫃碼頭興建、二港口工程、過港隧道等等，幾乎都是在李連墀局長手中完成或規劃。這位軍人治港的局長，外國航商口中的「李將軍」（Admiral Lee）、或者「貨櫃李」（Container Lee），其實可說是第一位把高雄港當成「服務型企業」經營的第一人，而跟威權時期下的國營事業或政府機構的「官府衙門」心態，相當不同。

在「空港」（airport）的交流與交通方式尚不如今日一般普及的年代下，「海港」（seaport）做為串連世界的交通節點，可說是當年國際化的重要前哨站。一九六七年，時值二港口開鑿的同時，李連墀亦建議在南北防波堤的兩端分別建造「高字型」信號台，即是今日分別位於旗津與對岸原紅毛港的「高字塔」。

▶站立在照片中間的老者，即是高雄港最知名的局長李連墀。圖為筆者二〇〇五年四月至高雄市左營海軍醫院安養中心訪問李局長時所攝。照片雖手震模糊，卻是僅存不多的珍貴留影。（陳奕齊攝）

這個委由建築師黃起灣設計的高字型信號台，建於七公尺高的台地上，台高十九點二五公尺，在台頂上再建一高度十七公尺的信號塔，合計為四十三點二五公尺。李連墀的建議，一方面原是希望樓下可提供簡單飲食讓引水人休息，另一方面，則供停靠此地的引水人，可以在與信號塔人員聯繫通訊之後，迅速將船舶引進。㊱ 詎料，位於南端紅毛港的高字塔卻一直處於閒置，雖曾一度成為軍營，但隨即便被廢棄，成為早年

▲圖為原本位於紅毛港的高字塔外觀。（陳奕齊攝）

▲圖中可見位於旗津島末端的舊高字塔與新穎VTC信號塔。（陳奕齊攝）

的「蚊子館」。[37]

一九九九年，因為老舊危險之故，位於紅毛港閒置高字塔上的信號鐵塔被拆除。與此同時，高字塔的特殊造型，也獲得文建會「城鄉新風貌計畫」的青睞，並在高雄市政府營造下成為藝術園區。紅毛港遷村工程啟動之後，高字塔暫時歸還高雄港務局，但市政府希望能把這三面臨海、位居岬角高地，可說是高雄港觀看「大船入港」的最佳視野，規劃成「紅毛港文化園區」，並於二〇一二年六月正式開放。至於位在旗津島尾端的北區高字塔信號台，也在二〇〇一年功成身退，並由緊鄰身旁的新穎現代化信號台給取代。

歷史一點靈

## 港口最高薪的職業——引水員（Maritime Pilot）

船舶操縱駕駛，必須具備相當專業的技術，不論是風向或水流作用，都可能輕易地讓船舶偏離原本軌道。違論每個港口都有其特殊地理、氣候、海象、水深和法規等，一旦來自世界各地，大小功能不一的船隻準備灣靠，港口水域可說特別容易發生船難。因此，來自異國的船隻要進港停泊之時，往往需要有熟悉該港情形的船長加以指揮，方能降低事故，安全泊靠。[38]這些，就是「引水員」的主要職責。

這種「引水」制度的歷史，可上溯至古希臘羅馬時期，所在地港灣的一些經驗老到的船長（通常是在地漁民）會受聘於欲進入灣靠的船隻，以便讓船上貨物順利入港卸貨。當然，除了航行安全問題之外，大多數國家的「強制引水」規定，也意味著在地國引導入港的主權象徵。因此，一艘輪船進港，通常都得升起三面旗幟：在地國國旗、通關簡易核可的黃旗、確認該國引水人已在船執行安全引港的H字型紅白相間的引水旗。[39]例如一九五〇年四月，建政後的中共頒佈《關於外籍輪船進出口管理暫行辦法》，認定外籍引水員的動作是侵犯中國境內引水權之舉，而把外籍輪船原本可決定的自由引水改成強制引水。翌年一九五一年三月，上海人民政府接管長期壟斷上海港的「銅沙引水公會」，並在六月將最後一名英籍引水員解職，一舉結束百年來由外國人把持上海引水權的局面，被視為是中國主權的回復與再次伸張。

關於「引水員」，一般若不是視為「航行指揮」（take charge of navigation），就是以其做為「航行顧問」（give advice in navigation）[40]，一旦引水工會接到港務局通報之後，當值的引水人便搭著小艇出海，到了欲入港灣靠的大船旁，徒手攀著船邊繩梯上船，接管後續的船隻停靠作業。[41]因此，擁有高技術能力與經驗的引水員論件計酬，每領一艘船價碼在六千到九千不等，一個月下來少說也有五、六十萬的收入。[42]據說以前經濟上揚之期，基隆港的引水員月薪更可達百萬以上。[43]

綜觀引水人的養成過程，報考人首先必須是航海相關科系畢業，考上船上三副資格後，每經兩年實作經驗方有機會晉升二副、大副，進而考取船長的資格和取得執照。之後，還必須具備擔任一萬總噸的大船三年以上的船長經驗，才有機會報考引水員。[44]但引水員證照發放的壟斷常引起批評，甚至有航商也認為缺乏競爭的引水員，服務效率跟態度欠佳；於是，二〇〇三年考試院以「回歸市場機制」之說詞，將「限定名額」的引水人特考放寬為「資格考」。[45]

雖然資格考就如同證照發放一般，但是，取得證照並不代表可以進入港區就業上工，而是必須等到職缺釋放之時，才可通知補位。十年前，全國差不多才八十位引水員左右，高雄港當時有四十二位，目前縮減至四十名左右。因此，引水員令人豔羨的高收入，除了是這個行當需要高技術與相關專業知識之外，其實「港區勞力市場的壟斷」——「卡特爾」（labor cartel），才是高薪的主因，甚至目前仍舊處於被壟斷的勞動卡特爾狀態。儘管近年引水員的收入隨著船隻入港的減少而大不如前，但仍有三、四十萬元之譜的高薪。[46]

儘管這座原本位於紅毛港，在李連墀建議下興建的高字型信號塔，因為功能不彰而長期閒置，並被認為是華而不實的地標[47]，但這其實反應出李連墀企圖把高雄港當成一個服務型企業來經營的心態。這兩座高字型的地標性建築，原本是李連墀打算做為二港區的入口意象，並期待二港口開鑿之後，高雄港能如同一九二〇年日人將打狗舊名更改為「高雄」時的「高躍雄飛」心情一般，從此高雄港的貨物吞吐、船隻噸位與國際航運等發展上，一舉步步「高」升！[48]此外，李連墀也在退休之前的一九八一年，選定七賢路的高雄港區入口處矗立起一座具有中國式風格的意象入口「高雄港牌樓」。[49]這些作為，說明了這位軍人企業家早已企圖經由各種意象性地標，打造出屬於高雄港的「企業識別」（Corporate System Identity），企圖整體性地營造高雄港做為一種服務型企業的視覺意象。

李連墀把高雄港當成營利企業經營的措施，當屬其在威權動員時期中，把政府出資打造的新穎貨櫃碼頭出租給航商自行經營管理，成了港區貨櫃碼頭「公有民營」，或者是港區服務設施「委外經營」的先聲。據李連墀的盤算，貨櫃碼頭租金以建造成本的十分之一來計，若建造十個碼頭，則無異於每一年回收一座碼頭的建造成本。[50] 算得很精的李局長，果真隨著世界航運貨櫃化的趨勢，終讓高雄港貨櫃量不斷往上攀升，並在一九九三年取得世界第三大貨櫃港的光榮紀錄。

但必須謹記的是，李連墀依舊是軍人出身，因此，軍人治港的軍事初衷必然不會忘卻。儘管貨櫃碼頭出租給航商，但貨櫃跟碼頭的裝卸設備卻是由高雄港務局本身購置提供，航商裝卸則必須向港務局承租。此舉據李連墀的說法，乃是為了防止戰爭發生之時，外國航商撤退之後一併把裝卸設備帶走，則戰時碼頭裝卸將形同癱瘓。[51]

歷史有趣的是，隨著一九八〇年代美國貿易與財政雙赤字壓力，美國開始對貿易夥伴國家提出「不公平貿易」的指控，並屢屢祭出「貿易三〇一」的制裁手段。李連墀這種禁止國際航商擁有私有裝卸設備的政策，亦就成了美國在一九八〇年代逼迫高雄港開放與自由化的絕佳理由。美國聯邦海事委員會（FMC）把高雄港的這種規定視為加諸於美國航商的不公平貿易措施[52]，於

▲位於高雄市七賢路底往高雄港區的華式牌樓地標，上有李連墀題字。（陳奕齊攝）

是，經受不住美國貿易制裁的壓力，美國航商終於可以擁有自己的裝卸設備。見到美國航商可以擁有私人先進裝卸設備的本地航商，也就起身以差別待遇帶來對本地航商的不公平競爭為由，開始向政府陳情施壓以比照辦理。[53]

終於，戰時狀態思維控管下的高雄港區，就這樣一點一滴在美國不公平貿易壓力下逐步鬆綁。先是美國和歐洲航商資本、後來是本地航商資本，最後終於迎來了高雄港區自由化與民營化的年代！

▲走入歷史前夕的蕭涼紅毛港一景（陳奕齊攝）。

▲紅毛港在數十年的拆遷爭議中，正式拉下歷史的帷幕，讓紅毛港人上百年的文化延續就此告別（陳奕齊攝）。

## 曲終人未散

當年隨著高雄港二港口的開鑿，港口所在地的紅毛港，先從限建到禁建，遷村的準備高喊了三十年。而隨著貨櫃船大型化的世界航運趨勢，紅毛港地區港埠用地變成了「洲際貨櫃中心」第一期用地，延宕多年的遷村也終在二〇〇六年正式啟動。同時，洲際貨櫃中心第一期已於二〇一一年三月正式開幕營運54，而將在二港口外海填海築堤、建造碼頭的洲際貨櫃中心第二期工程，也於同一時間宣告開跑。

隨著第二期的工程展開，高雄港二港口將在不久的未來成為內港，不再是港口進出口的位置，間接地走入歷史。誠如德國哲學家黑格爾所說：「智慧女神的夜鷹，總在黃昏時起飛。」隨著二港口的船舶吐納地位逐步逝去的此刻，或許，正是重覽這個不知送往迎來多少貨櫃船隻的二港口故事與點滴記憶的時機吧！

▲圖為高雄港洲際貨櫃中心第一期。（圖片取自高市府都發局全球資訊網「空中高雄」）

參_計畫概述(二)
一、民間招商BOT部份
■主要內容：
1. 興建4席長375公尺、水深-16公尺碼頭。
2. 興建75公頃貨櫃場。
3. 興建附屬建物包括倉棧、辦公室、機具保養場、碼頭作業室、管制站與出入口、加油站、停車場、圍籬等。
■經費：181.24億元
■時程：94年至102年
二、公共工程部份
■主要內容：
政府興建基礎設施包括外海圍堤、港區水域浚挖、聯外道路、二港口航道拓寬及加深、附屬建築物等。
■經費：32.9億元
■時程：94年至101年
肆_交通動線
經鳳北路接沿海四路及沿海三路後，接高雄都會區快速道路系統。新闢80米計畫道路至中林路延伸段，至鳳鼻頭後再接高雄都會區快速道路系統。
伍_計畫效益
本計畫投資金額總計428.94億元，計畫期程94年至101年，營運期自100年至145年。完成後可提供1萬TEU貨櫃船泊靠，每年增加約300萬TEU貨櫃裝卸能量，提供2萬7千人就業機會。
洲際貨櫃中心二期
洲際貨櫃中心遠期
洲際貨櫃中心一期
二港口
SECOND HARBOR ENTRANCE
第一港口
台灣中油
CHINA PETROLEUM CO.
台灣造船公司
CHINA SHIPBUILDING CORP.
壽山
MT. SHOW

▲圖為交通部「洲際貨櫃中心」建設規劃圖。圖中顯示，規劃建造中的洲際貨櫃中心會逐步包覆目前的二港口，使其成為內港。（圖片取自交通部重大交通建設主題網）

紅毛港文化園區觀光輪

▲左圖是「小港壹號」，是原本紅毛港人的對外交通渡輪船，而後轉變成右圖的紅毛港文化園區觀光輪「海汕號」。試營運那天，回到園區的許多紅毛港老人們不禁淚下，眼眶濕潤。（陳奕齊攝）

## 交通資訊

### 「紅毛港文化園區」

「紅毛港文化園區」已於二〇一二年六月重新開張，地址是小港區南星路二八〇八號。座落於原本紅毛港二港口岬角之處，可經由陸路或水路前往；陸路須由小港區沿海路進入中林路穿越大林埔地區，沿著南星路方可抵達。

▲在市府文化局的規劃下，紅毛港文化園區於二〇一二年六月重新開放。圖為市府宣傳手冊上的全景圖，文化園區雖然新穎，但總少了「人」的感覺。（陳奕齊收藏）

▶變妝拉皮後的高字塔，正準備以旋轉餐廳的方式招攬遊客。（陳奕齊攝）

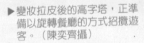

至於水路則分別有小港碼頭線以及駁二藝術特區線可供搭船，小港碼頭位於小港區台機路的小港漁港，駁二則可在駁二特區3號船渠碼頭上船。

然而該文化園區有一大缺點，那就是文化實體與內涵不足，整體看來頂多像一座公園。因為位於園區內的老屋幾乎都是重蓋而成，沒有保留原本的實體與內涵，讓園區更像是一座微縮版的中影文化城，淪為廉價的複製場景而已。

以荷蘭為例，其知名的露天漁村博物館與農村博物館，老屋幾乎都是原汁原味地從原本拆卸後的漁農村遷移集中而成，同時也保留裡頭的生活形態，讓「活生生的歷史」（living history）與氛圍得以重現。反觀紅毛港文化園區的再現，說明了文化歷史在台灣依舊欠缺真誠的對待，實是「殘念」！

▲二港口夕陽依舊美麗，但人事景物卻早已全然變異。（陳奕齊攝）

## 註

❶ 謝幼屏，《航商在高雄港租賃貨櫃碼頭之規模經濟研究》（台北：交通部運輸研究所，二〇〇三年）。

❷ 羅錦裕，〈新時代的舊碼頭：高雄港揚帆待發〉，《天下雜誌》，一九八六年十二月一日，頁六八～七二。

❸ 顏坤泉訪問（筆者採訪），地點：顏坤泉自宅，時間：二〇〇七年三月五日。顏坤泉是南台灣傳奇工人，更是解嚴前夕籌組台塑南亞自主工會的推手，並成為工運份子。關於顏坤泉的故事，可以參見陳奕齊，《黨國治下的台灣「草民」史》（台北：前衛出版社，二〇一〇年）。

❹ 張力、吳守成、曾金蘭（訪問），〈李連墀先生訪問記錄〉，《海軍人物訪問記錄第一輯》（台北：中研院近史所，一九九八年），頁一～一一一。

❺ 張守真（訪問），《口述歷史：李連墀先生》（高雄：高雄市文獻委員會，一九九六年）。

❻ 一般人都以「麥克麥克」來形容口袋錢多之意。「麥克麥克」乃來自於上海的洋涇濱英語 much，把 [tʃ] 發成 [ke] 所致，如以描寫蔣介石生平起落的小說《金陵春夢》第一集第二十二回中提到的：「革命成功，我既不能大吃大喝，狂嫖濫賭，又不能麥克麥克，成為財主。」

❼ 吳挺鋒，《財政政治的轉型：從威權主義到新自由主義》（台中：東海大學社會學博士論文，二〇〇四年）。

❽ 芝忠一，《新興の高雄》（高雄：新興の高雄發行所，一九三〇年），頁二一六～二一九。

❾ 俞天任，《有一類戰犯叫參謀》（中國北京：語文出版社，二〇〇九年）。

❿ 朱逌欣，〈腳氣病的三國演義〉，《台灣醫界》，第五十三卷第十期；簡白，〈征露丸殺人事件〉，《聯合報副刊》，二〇〇五年三月二十六日；《中國時報》，〈不管喇叭或葫蘆都是老牌正露丸〉，二〇〇六年七月二十九日。

⓫ 鮮於鉦，〈東京特派評論：安重根與伊藤博文〉，《朝鮮日報中文網》，http://chn.chosun.com/big5/site/data/html_dir/2008/04/01/20080401000022.html，二〇〇八年四月一日。

⓬ L.S. Stavrianos, Global Rift: The Third World Comes of Age, New York: William Morrow and Company, 1981, pp.389.

⓭ 「觀戰武官」的概念，乃起於早年歐洲國家打仗之時，中立第三國可以申請軍官到戰場觀戰，學習如何戰爭。不過據說「觀戰武官」也相當危險，陸軍還可以選擇後方位置，但在軍艦上的觀戰軍官，可能會被不長眼的砲彈給擊沉。後來這個詞彙已經消失，因為「世界大戰」早讓中立第三國概念幾乎成為不可能，取而代之的可能是危險

的「戰地記者」。參見俞天任，《有一類戰犯叫參謀》（中國北京：語文出版社，二〇〇九年），頁三六。

⓮ 從二〇〇九年底，連續在NHK播放三年共十三集的日劇《坂上之雲》，即是以秋山真之為主角，描寫了「閉塞戰術」的實施情況。

⓯ 參見林金源、朱雲鵬，〈台灣早期外匯制度改革的背景及決策過程：水到渠成還是臨門一腳？〉，論文發表於「第二屆實證經濟研討會」，二〇〇一年。

⓰ 參見瞿宛文，〈台灣經濟奇蹟的中國背景：超克分斷體制經濟史的盲點〉，《台灣社會研究季刊》，第七十四期，二〇〇九年六月，頁四九～九三。

⓱ See Tak-wing Ngo & Yi-Chi Chen, "The Genesis of Responsible Government under Authoritarian Conditions: Taiwan During Martial Law", *The China Review*, Vol.8:2 (Fall) ,pp. 15-48.

⓲ 陳柔縉，《台灣西方文明初體驗》（台北：麥田，二〇〇五年），頁一〇一～一〇二。

⓳ 國史館檔案，目錄號：471，案卷號：001-10，案名：高雄港長期發展計畫卷。

⓴ 張守真，〈民國56年姜森的「高雄港開發計畫」〉，收錄於《高雄港一百週年學術研討會論文集》（高雄：高雄市文獻委員會，二〇〇八年），頁五五～八八。

㉑ 李連墀，《高港回顧》（高雄：高雄港務局，一九九五年），頁四〇～五一。

㉒ 李億勳，《紅毛港文化故事》（高雄：高雄市文化局，二〇〇六年）；曾玉昆，《高雄市地名探源》（高雄：高雄市文獻委員會，一九九七年）。

㉓ 《中國時報》，〈紅毛港遷村案傷「神」〉，二〇〇五年五月十九日。

㉔ 《聯合報》，〈供俸日軍艦 小港有奇廟〉，二〇〇〇年一月十五日，第十九版。

㉕ 王瑞伶，〈海府尊神？日本軍艦當神拜〉，《聯合報》，二〇〇〇年四月五日，第三十九版。

㉖ 李億勳，《紅毛港文化故事》（高雄：高雄市文化局，二〇〇六年），頁六八～六九。

㉗ 王瑞伶，〈保安堂 拜日本軍艦和艦長〉，《聯合報》，二〇〇三年三月三日，第二十二版。

㉘ 參見〈高雄小港（原紅毛港）保安堂的海府將軍傳說〉一文，網址：http://www.wretch.cc/blog/ljnpsmingamy/22494988.

29. 林曙光，《打狗歲時記稿》（高雄：高雄市文獻委員會，一九九五年），頁二一〇。

30. 尾原仁美，《台灣民間信仰裡對日本人神明的祭祀及其意義》（台北：國立政治大學民族研究所碩士論文，二〇〇七年）；小林善記，《台灣論》（台北：前衛出版社，二〇〇一年），頁一九四。

31. 《自由時報》，〈異鄉成神 日籍土地公想回家〉，二〇〇六年八月二十三日。

32. 《東森新聞》，〈枋寮東龍宮供奉日軍將領 神明起乩要靠翻譯〉，二〇〇四年八月二十七日。

33. 董芳苑，《台灣人的神明》（台北：前衛出版社，二〇〇八年），頁三六二～三六四。

34. 《中國時報》，〈墾丁八寶廟 祭祀荷蘭遇難公主〉，二〇〇七年九月二十八日。

35. 《中國時報》，〈八寶公主變魔神 法會求和解〉，二〇〇八年九月十三日；《中國時報》，〈神會記仇？索命說被斥無稽〉，二〇〇八年九月十三日；《自由時報》，〈300年人神恩怨 觀音調停 乩童說英文〉，二〇〇八年九月十三日。

36. 李連墀，《高港回顧》（高雄：高雄港務局，一九九五年），頁五五～五六。

37. 莊金國，〈高字塔特展 紅毛港前世今生〉，《新台灣新聞週刊》，第三一七期，二〇〇二年四月二十日。

38. 林彬、郭惠農，〈引水制度在船舶交通管理系統（VTS）中之地位與法律關係〉，《海運學報》，第八期，二〇〇一年，頁六三～七一。

39. 張雋梅，〈引水人——引船入港第一人〉，《我的高雄港》（高雄：高雄市新聞處，二〇〇一年），頁三六～三八。

40. 曾國雄、張志清、陳家鴻，〈論引水契約之法律性質〉，《海運學報》，第九期，二〇〇一年，頁一～十一。

41. 羅融，〈錢多事繁風險大 引水人不好當〉，《新台灣新聞週刊》，第二五八期，二〇〇一年三月二日。

42. 《自由時報》，〈當引水員 月薪五十萬〉，二〇〇五年六月四日。

43. 《聯合晚報》，〈基隆港引水員 薪水剩三分之一〉，二〇〇九年二月十五日。

44. 愚庵，〈大船入港，小船帶路——國民外交最前線，船長都尊敬的引水人：胡延章〉，《高雄畫刊》，第四期，二〇〇七年九月，頁十六～十八。

45. 《蘋果日報》，〈引水人年薪高達600萬 回歸市場競爭首度改資格考〉，二〇〇三年十月六日。

46 《中國時報》，〈貨船少 基隆港引水人減薪四成〉，二〇〇九年七月二十日，C3版。

47 王御風，〈高雄第二港口發展史〉，《紅毛港開門》（高雄：高雄市新聞處，二〇〇二年八月），頁二六～三三。

48 李連墀，《高港回顧》（高雄：高雄港務局，一九九五年），頁五五～五六。

49 許正雄，〈【寶島人物】高雄港之父李連墀當之無愧〉，《聯合報》，二〇〇〇年六月二十七日，第三十九版。

50 張力、吳守成、曾金蘭（訪問），〈李連墀先生訪問記錄〉，《海軍人物訪問記錄第一輯》（台北：中研院近史所，一九九八年），頁一～一一一。

51 張守真（訪問），《口述歷史：李連墀先生》（高雄：高雄市文獻委員會，一九九六年）。

52 American Shipper, "Chief Targets of Unfair Trade Practice Legislation", 1987（May）, pp.74.

53 《海運月刊》，〈台北市輪船商業同業公會對高雄港務局建議事項一覽表〉，一九八九年十二月，頁六二。

54 《自由時報》，〈陽明投資高港 第六貨櫃中心三月底開幕〉，二〇一二年一月二十日。

| 頁碼 | 主題、來源與授權方式 |
| --- | --- |
| 232 | 主題：旗后山房子聚落<br>來源：http://urban-web.kcg.gov.tw/airks/web_page/KDA130300.jsp?KDA012001=20090508102754 |
| 242 | 主題：高雄市電影圖書館<br>來源：http://commons.wikimedia.org/wiki/File:Kaohsiung_Film_Archive.JPG<br>授權：2010(CC) Luuva（高雄市電影圖書館）@wikipedia/CC BY-SA 3.0 |
| 252 | 主題：艾森豪訪台<br>來源：http://www.taipics.com/images/people/eisenhower/e19603.jpg |
| 253 | 主題：一江山烈士追悼大會<br>來源：http://zh.wikipedia.org/wiki/%E4%B8%80%E6%B1%9F%E5%B1%B1%E5%B2%9B%E6%88%98%E5%BD%B9#mediaviewer/File:Chiang_Kai-shek_and_his_son_Chiang_Ching-Kuo_in_Memorial.jpg |
| 254 | 主題：一江山戰俘<br>來源：http://nl.wikipedia.org/wiki/Marine_van_het_Volksbevrijdingsleger#mediaviewer/File:KMT_prisoners_of_war_in_Battle_of_Yijiangshan_Islands.jpg |
| 260 | 主題：日治時期碼頭苦力<br>來源：http://www.taipics.com/images/cities/kaoshiung2/taiwan_formosa_vintage_history_cities_kaoshiung2_taipics006.jpg |
| 274 | 主題：蔣介石靈堂<br>來源：http://www.taipics.com/images/people/politicians/taiwan_formosa_vintage_history_people_politicians_taipics067.jpg |
| 300 | 主題：高雄加工出口區<br>來源：http://urban-web.kcg.gov.tw/airks/web_page/KDA130300.jsp |
| 304 | 主題：前鎮商港區<br>來源：http://urban-web.kcg.gov.tw/airks/web_page/KDA130300.jsp?KDA012001=20090508092302 |
| 332 | 主題：空中俯瞰被誤炸的榎浦丸<br>來源：http://60-250-180-26.hinet-ip.hinet.net/theme/theme-59/59-016.jpg |
| 332 | 主題：埋葬榎浦丸戰俘遺骨<br>來源：http://60-250-180-26.hinet-ip.hinet.net/theme/theme-66/66-027.jpg |
| 333 | 主題：美軍轟炸高雄港日籍船隻<br>來源：http://www.west-point.org/family/japanese-pow/photos.htm |
| 346 | 主題：高雄第五貨櫃中心、第二港口入口<br>來源：高雄市政府都市發展局網站 |
| 353 | 主題：三笠艦橋之圖<br>來源：http://commons.wikimedia.org/wiki/File:MIKASAPAINTING.jpg |
| 354 | 主題：秋山真之肖像<br>來源：http://commons.wikimedia.org/wiki/File:Akiyama_Saneyuki.jpg |
| 356 | 主題：秋山真之閉塞沉船圖示<br>來源：http://commons.wikimedia.org/wiki/File:Compaign_of_Lushun_1904.jpg?uselang=zh<br>授權：2006(CC) Kallgan（日俄战争中的旅顺战役。）@wikipedia/CC BY-SA 3.0 |
| 372 | 主題：高雄港洲際貨櫃中心第一期<br>來源：http://urban-web.kcg.gov.tw/airks/web_page/KDA130300.jsp?KDA012001=20100921173847 |

| 頁碼 | 主題、來源與授權方式 |
| --- | --- |
| 157 | 主題：秘魯前日裔總統藤森<br>來源：http://id.wikipedia.org/wiki/Berkas:Fujimori_proc%C3%A8s.jpg<br>授權：2009(CC) Iamtheboo（Alberto Fujimori during his trial）@wikipedia/CC BY-SA 3.0 |
| 172 | 主題：日治時期高雄港台灣香蕉出口<br>來源：http://www.taipics.com/images/cities/kaoshiung1/taiwan_formosa_vintage_history_cities_kaoshiung1_taipics077.jpg |
| 196 | 主題：香港招商局大廈<br>來源：http://commons.wikimedia.org/wiki/File:Shun_Tak_Centre_Overview_201105.jpg?uselang=zh<br>授權：2011(CC)Wikipedia user -Wing1990hk（Shun Tak Centre 信德中心）@wikipedia/CC BY-SA 3.0 |
| 199 | 主題：陽明海運貨櫃輪<br>來源：http://www.flickr.com/photos/35626429@N08/3539418255/http://commons.wikimedia.org/wiki/File:Ym_People_at_Keelung.jpg?uselang=zh<br>授權：2009(CC)pete（Ym People at Keelung）@Flickr/CC BY 2.0 |
| 201 | 主題：高雄港景緻<br>來源：http://k720.kcg.gov.tw/Show/ViewW?scnid=242 |
| 212 | 主題：旗后山空照圖<br>來源：http://urban-web.kcg.gov.tw/airks/web_page/KDA130400.jsp?KDA012001=20090506161804&KDA011001=20101117103130 |
| 215 | 主題：空拍打狗隙<br>來源：http://urban-web.kcg.gov.tw/airks/web_page/KDA130300.jsp?KDA012001=20090508092203 |
| 217 | 主題：日治時期的旗后燈塔<br>來源：http://www.taipics.com/images/other_places/lighthouses/taiwan_formosa_vintage_history_other_places_lighthouses_taipics011.jpg |
| 218 | 主題：林姑娘廟<br>來源：林姑娘廟臉書專頁，https://www.facebook.com/jowmae.limkowneow.onglek.Group |
| 219 | 主題：林姑娘埋骨墳墓<br>來源：林姑娘廟臉書專頁，https://www.facebook.com/jowmae.limkowneow.onglek.Group |
| 221 | 主題：旗后砲台內部空間<br>來源：http://commons.wikimedia.org/wiki/File:Fort_Qihou_Gaoxiong_barracks.JPG<br>授權：2010(CC) Felis domestica（旗後砲臺）@wikipedia/CC BY-SA 3.0 |
| 222 | 主題：旗后砲台被打落題字<br>來源：http://commons.wikimedia.org/wiki/File:%E5%A8%81%E9%9C%87%E5%A4%A9%E5%8D%97.JPG |
| 223 | 主題：劉永福肖像<br>來源：http://commons.wikimedia.org/wiki/File:Liu_Yongfu.jpg |
| 224 | 主題：黃飛鴻肖像<br>來源：http://commons.wikimedia.org/wiki/File:Wong_fei_hung.jpg |
| 226 | 主題：萬巴德肖像<br>來源：http://commons.wikimedia.org/wiki/File:Mason_Patrick_1844-1922.jpg |
| 227 | 主題：中西聖藥<br>來源：http://www3.icm.gov.mo/gate/gb/www.macauheritage.net/80/cn/content.aspx?page=originalFile |

# 網路圖片來源與CC授權說明

| 頁碼 | 主題、來源與授權方式 |
| --- | --- |
| 24 | 主題：愛河空中俯瞰<br>來源：http://urban-web.kcg.gov.tw/airks/web_page/KDA130300.jsp |
| 27 | 主題：古早年代的愛河<br>來源：http://www.taipics.com/images/cities/kaoshiung3/taiwan_formosa_vintage_history_cities_kaoshiung3_taipics060.jpg |
| 28 | 主題：蔣介石與艾森豪<br>來源：http://www.taipics.com/images/people/politicians/taiwan_formosa_vintage_history_people_politicians_taipics002.jpg |
| 29 | 主題：蔣介石<br>來源：http://www.taipics.com/images/people/politicians/taiwan_formosa_vintage_history_people_politicians_taipics002.jpg |
| 41 | 主題：早年愛河景象<br>來源：http://www.taipics.com/images/cities/kaoshiung3/taiwan_formosa_vintage_history_cities_kaoshiung3_taipics029.jpg |
| 56 | 主題：卜卡薩<br>來源：http://commons.wikimedia.org/wiki/File:Bokassa_colored.png<br>授權：2011(CC)DP28（Jean-Bedel Bokassa (1970s)）@wikipedia/CC BY-SA 3.0 |
| 68 | 主題：愛河入港、光榮碼頭<br>來源：http://urban-web.kcg.gov.tw/airks/web_page/KDA130300.jsp?KDA012001=20090508102849 |
| 84 | 主題：做十六歲<br>來源：http://commons.wikimedia.org/wiki/File:Chuniaomugong.JPG<br>授權：2006(CC)Koika（出鳥母宮）@wikipedia/CC BY-SA 3.0 |
| 86 | 主題：「因為愛」廣告<br>來源：http://juicy0226.pixnet.net/blog/post/41680276-%E5%A6%B3%E6%84%9B%E4%BB%96--liata |
| 104 | 主題：美軍繪製高雄港地圖<br>來源：http://commons.wikimedia.org/wiki/File:City_Plans_Takao.jpg |
| 106 | 主題：日治時期高雄碼頭<br>來源：http://www.taipics.com/images/cities/kaoshiung2/taiwan_formosa_vintage_history_cities_kaoshiung2_taipics007.jpg |
| 110 | 主題：日治時期高雄港出口一景<br>來源：http://www.taipics.com/images/cities/kaoshiung2/taiwan_formosa_vintage_history_cities_kaoshiung2_taipics066.jpg |
| 113 | 主題：高雄港區主航道俯瞰<br>來源：http://k720.kcg.gov.tw/Show/ViewW?scnid=242 |
| 128 | 主題：3號船渠與10號碼頭<br>來源：http://k720.kcg.gov.tw/Show/ViewW?scnid=234 |
| 137 | 主題：高雄港牛車<br>來源：http://www.taipics.com/images/cities/kaoshiung3/taiwan_formosa_vintage_history_cities_kaoshiung3_taipics074.jpg |
| 143 | 主題：美軍轟炸高雄港日本軍艦<br>來源：http://www.taipics.com/images/cities/kaoshiung2/taiwan_formosa_vintage_history_cities_kaoshiung2_taipics061.jpg |

國家圖書館出版品預行編目(CIP)資料

打狗漫騎——高雄港史單車踏查 / 陳奕齊著. -- 初版.
-- 臺北市 : 前衛, 2015.05
384面 ; 17×23公分
ISBN 978-957-801-769-6(平裝)

1.人文地理 2.腳踏車旅行 3.高雄市

733.9/131.4 104004504

# 打狗漫騎——高雄港史單車踏查

著　　者　陳奕齊
責任編輯　鄭清鴻、張怡寧
美術編輯　Nico
封面設計　蔡南昇
出 版 者　前衛出版社
10468台北市中山區農安街153號4樓之3
Tel：02-25865708　Fax：02-25863758
郵撥帳號：05625551
e-mail：a4791@ms15.hinet.net
http://www.avanguard.com.tw
出版總監　林文欽
法律顧問　陽光百合律師事務所
出版日期　2015年5月初版一刷
2023年7月初版四刷

總 經 銷　紅螞蟻圖書有限公司
台北市內湖區舊宗路二段121巷19號
Tel：02-2795-3656　Fax：02-2795-4100
定　　價　新台幣450元


Printed in Taiwan　ISBN 978-957-801-769-6